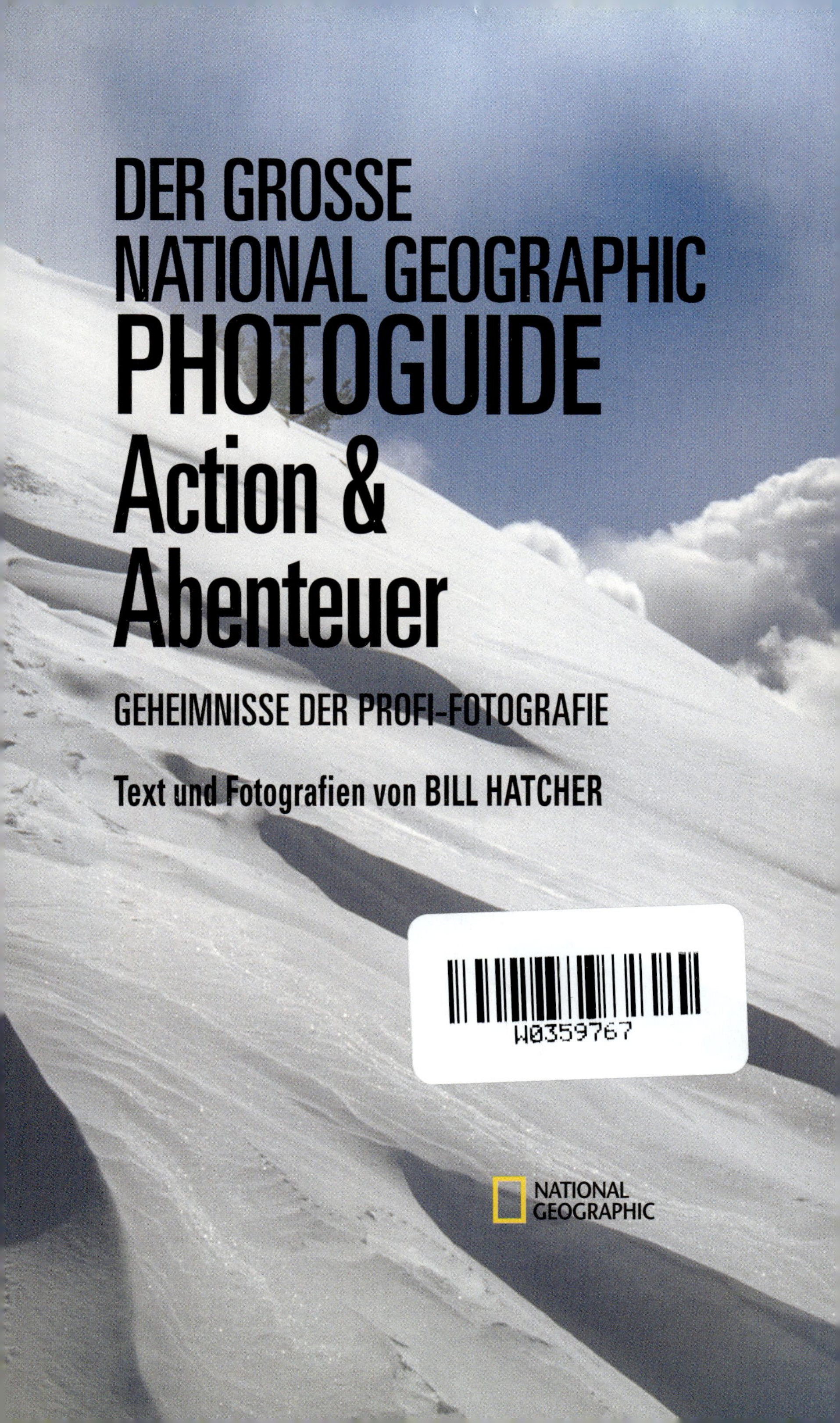

DER GROSSE NATIONAL GEOGRAPHIC PHOTOGUIDE
Action & Abenteuer

GEHEIMNISSE DER PROFI-FOTOGRAFIE

Text und Fotografien von **BILL HATCHER**

NATIONAL GEOGRAPHIC

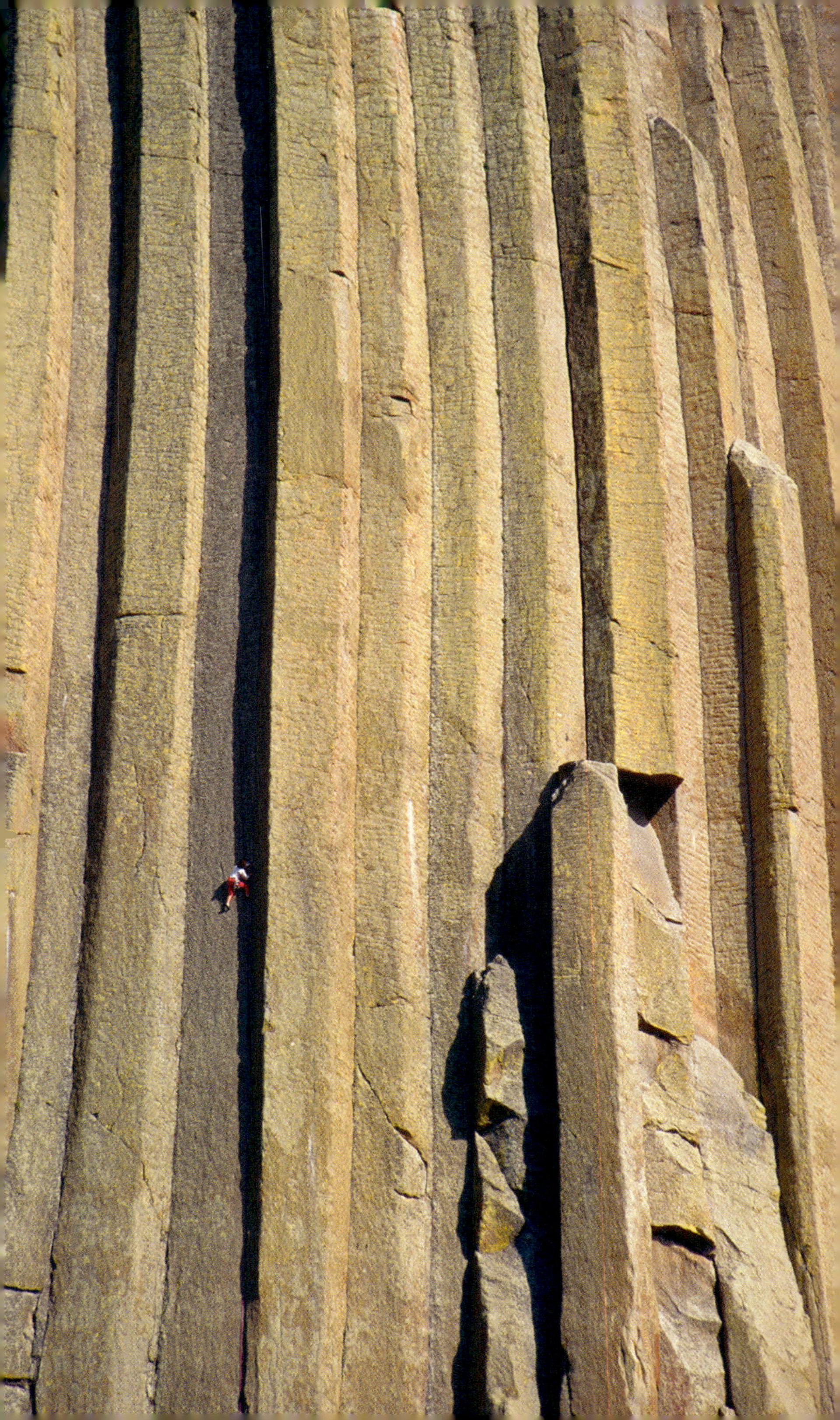

DER GROSSE

NATIONAL GEOGRAPHIC PHOTOGUIDE

Action & Abenteuer

GEHEIMNISSE
DER PROFI-FOTOGRAFIE

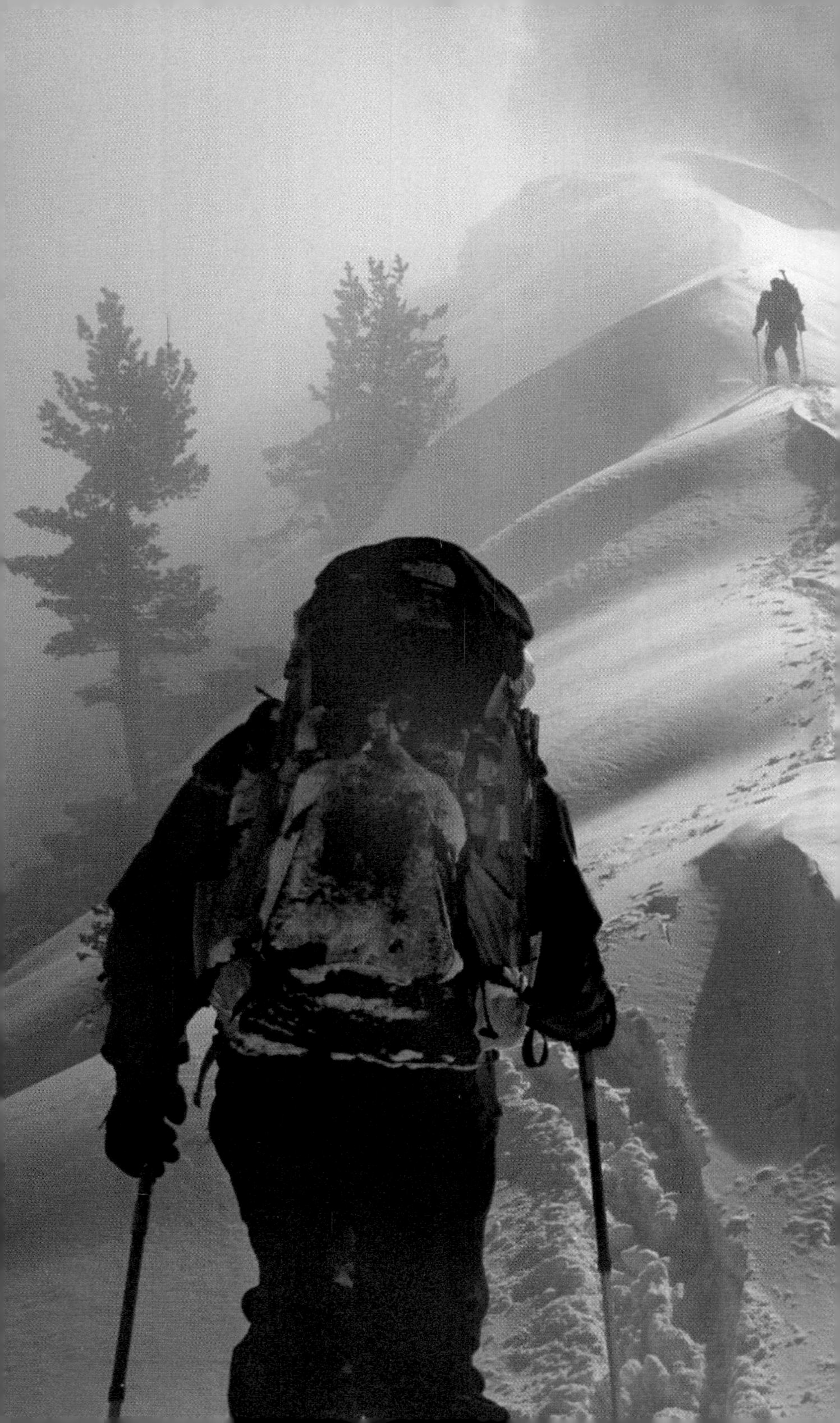

INHALT

SEITEN 2–3: Diese Aufnahme von Skifahrern, die bei Schneesturm einen Hang hinaufklettern, erzählt eine Geschichte von der Herausforderung und Gefahr der Berge.

NÄCHSTE SEITE: Um die vertikalen Linien des Devil's Tower aufs Bild zu bekommen, entfernte ich mich vom Fuß des Steilhangs und arbeitete von einer höheren Position aus mit einem 200-Millimeter-Objektiv. Die winzigen Kletterer vermitteln einen Eindruck von den Größenverhältnissen der riesigen Steinsäulen.

A-ben-teuer, das
1: gefährliche Begegnung
2: kühnes, wagemutiges Unternehmen
3: ungewöhnliche, aufwühlende Erfahrung

Woran denken Sie, wenn Sie das Wort Abenteuer hören? An unbekannte Orte, Aufregung, Gefahr, Furcht, persönliche Herausforderung? Die besten Abenteuerfotos lösen genau diese Reaktionen aus. Im Unterschied zu anderen Bereichen der Fotografie erfordert die Abenteuerfotografie unbedingt die aktive Teilnahme am Geschehen. Gute Abenteuerfotos kitzeln die Nerven des Betrachters, vermitteln ihm das Gefühl, an dem zu partizipieren, was er sieht. Jeder ist schon einmal von einem großen Abenteuer heimgekehrt und hat enttäuscht seine Fotos betrachtet, weil er den emotionalen Gehalt und die Authentizität der Reise in den Aufnahmen vermisste. Was ist geschehen? Wir haben etwas Phantastisches erlebt, aber unsere Fotos sind langweilig.

Kameras vermögen schlicht und ergreifend nicht unsere Empfindungen und Gefühle einzufangen, nur weil wir den Auslöser drücken. Doch man kann durchaus lernen, die Anstrengung eines Aufstiegs im kalten Gebirge, den Rausch einer Floßfahrt auf einem reißenden Fluss oder den kräftezehrenden Marsch durch eine glutheiße Wüste ins Bild zu fassen. Dazu muss man allerdings das, was man sieht, übersetzen und gleichsam durch die Kamera fühlen. Dann wählt man einzelne Elemente aus einer Szene, genauso, wie ein Schriftsteller einen Ort mit ausgewählten Worten beschreibt.

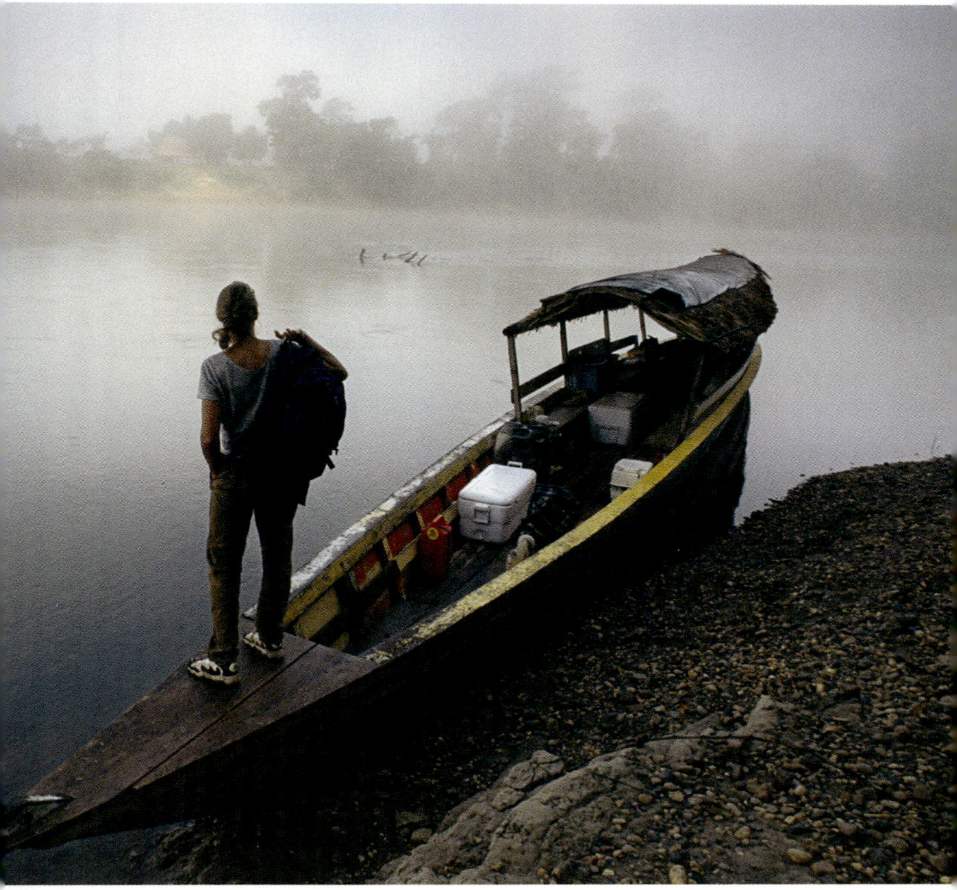

In den folgenden Kapiteln wollen wir Abenteuersportarten und Abenteuerexpeditionen aus dem Blickwinkel der Fotografie betrachten. Beide Bereiche überschneiden sich bei Aktivitäten wie Klettern, Wildwasserfahrten, Wandern, Skilauf und Trekkingtouren durch Wüsten oder Gebirge. Wir zeigen und erklären, welche Herausforderung es bedeutet, an abgelegenen Orten zu fotografieren, was man bei der Wahl der Kamera beachten sollte und mit welchen Techniken man die besten Ergebnisse erzielt. Dieser Band soll Ihnen helfen, die Fotografie mit Ihren Freizeitaktivitäten zu verbinden.

Der nebelverhangene Fluss ist kein Zufallstreffer. Wir wussten, dass früh an einem kalten Morgen häufig Nebel über Flüssen und Seen liegt und konnten die Aufnahme daher planen.

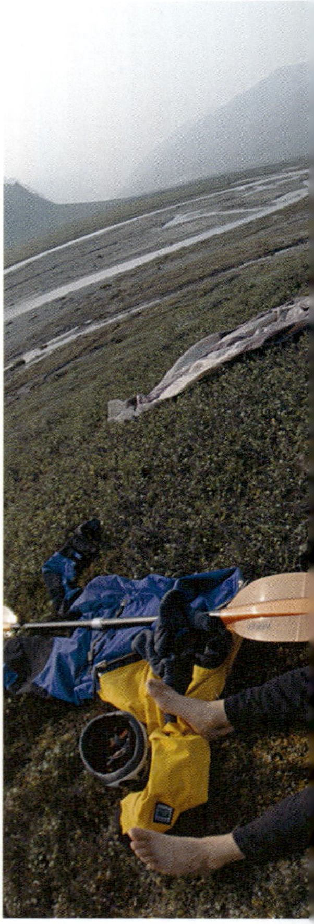

WER MIT DER KAMERA INS Feld zieht, sollte sich vorher genau überlegen, was er unterwegs benötigt. Da jede Exkursion einzigartig ist, muss man vor allem Art und Zahl der Ausrüstungsgegenstände sorgfältig planen. Berufsfotografen haben keinen kompletten Materialkoffer, den sie überall mit hinnehmen, und auch Sie sollten darauf verzichten. Zwei Dinge gilt es zu bedenken, nämlich erstens, welche Last man über längere Strecken tragen kann, und zweitens, was man überhaupt ins Visier nehmen möchte.

Kameraausrüstungen sind in der Regel schwer und sperrig, was sich gerade bei Abenteuerfototrips als hinderlich erweist. Verschiedene Strategien helfen, Schwierigkeiten zu vermeiden. Die Entscheidung für die richtige Ausrüstung fällt leichter, wenn man vorher genau überlegt, was man vorhat. Im Wesentlichen kann man zwei Exkursionsarten unterscheiden, nämlich Rucksackreisen durchs Gelände, bei denen man die gesamte Ausrüstung die ganze Zeit über mit sich trägt, oder aber Fotoexkursionen mit einem Basislager, in dem Gepäck und Ausrüstung lagern, während man selbst, nur mit dem Nötigsten beladen, an einer Floßfahrt oder einem Ausritt ins Gebirge teilnimmt. Für diese beiden Exkursionstypen sollte man ganz unterschiedliche Packstrategien anwenden.

Einmal musste ich innerhalb von zwei Monaten für zwei extrem unterschiedliche Fotoreportagen packen. Die erste führte in die Brooks Range nach Alaska, und ich packte Rucksack und Tasche mit dem Allernötigsten für die kommenden zwei

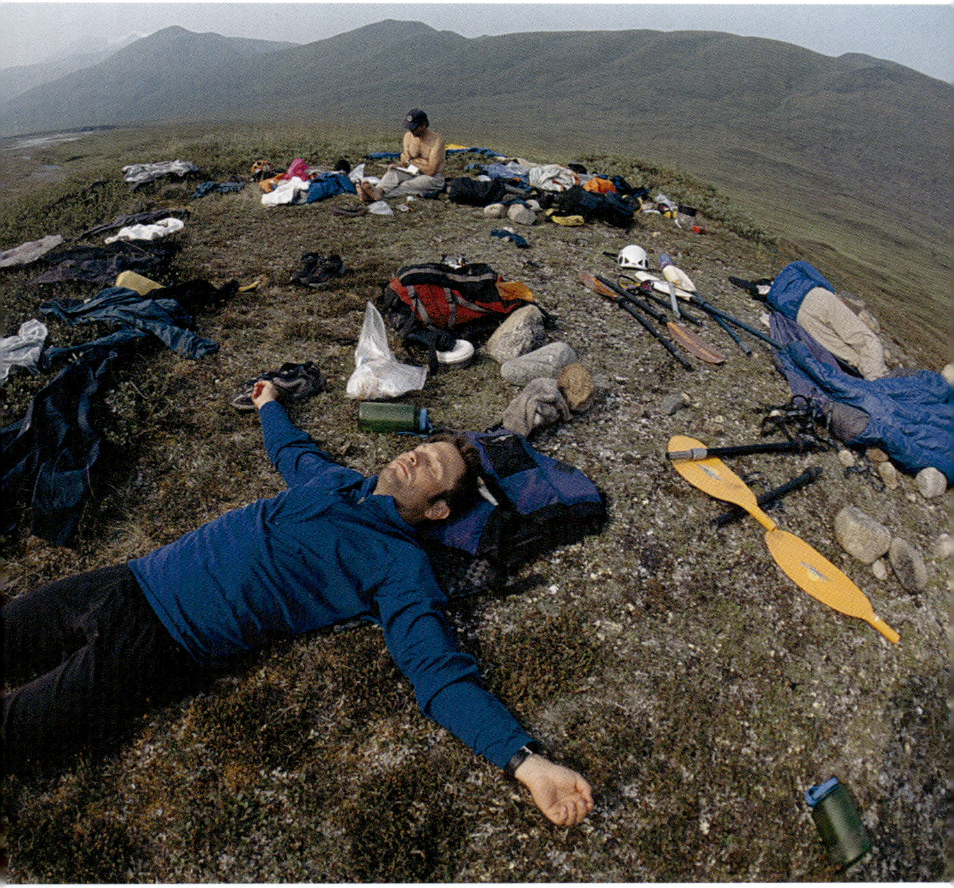

Wochen. Ziel der zweiten Reise war eine Insel vor der Küste von Panama, wo ich ein Basislager errichtete und von dort aus arbeitete.

In Panama kamen einige von uns mit zehn Fototaschen und Campingausrüstung an. Die Ausrüstung umfasste vier Kameras, zwei Videokameras, Sound-Equipment, zahlreiche Objektive, Blitze, Unterwasserkamerabehälter, Fernbedienungen, Reflektoren, verschiedene kleinere Taschen, Sonnenkollektoren und Marine-Deep-Cycle-Batterien zum Aufladen von Digitalkamera- und Videobatterien. Hinzu kamen fünf Zelte, Koch-

Um die Vielzahl möglicher Ausrüstungsgegenstände zu fotografieren, wurde ein 16-Millimeter-Fisheye-Objektiv mit 180-Grad-Winkel verwendet. Der erschöpfte Bergsteiger im Vordergrund und die Landschaft im Hintergrund erzählen eine ganze Geschichte.

geschirr, Tische, Stühle, Lampen, Nahrung für sieben Personen und zwei Wochen, Kletterausrüstungen und Seile, eine tragbare Baumplattform und ein kleines Gummiboot. Um so viel Gepäck zu transportieren, benötigten wir einen Laster und einen Fahrer, der die Sachen vom Flughafen an den Strand von Panama City fuhr. Dort charterten wir ein Boot und brachten alles zu unserem Basislager 60 Meilen vor der Küste.

Tipp

Für große, schwere Objektive und lange Belichtungszeiten ist ein Stativ nützlich, doch hemmt es die Beweglichkeit von Abenteuerfotografen. Überlegen Sie genau, ob Sie das Stativ wirklich benötigen. Ein Einbeinstativ ist leichter und besser für Outdooraufnahmen mit großen Objektiven geeignet.

Meine Reise in die Brooks Range verlief ganz anders. Während der zweiwöchigen Expedition durch Alaska bestand meine Kameraausrüstung, die ich in einer wasserdichten Kameratasche bei mir trug, aus einem Gehäuse, zwei Objektiven, drei Filtern und 30 Filmrollen. Mein 45 Pfund schweres Gepäck umfasste ferner Lebensmittel und einen Schlafsack, ein tragbares Boot und ein Paddel, um Flüsse zu befahren oder zu überqueren, außerdem eine Ersatzkamera, die ich aber niemals benötigte.

In Alaska wog meine gesamte Kameraausrüstung weniger als sieben Pfund, doch genau wie in Panama hatte ich über jeden Bestandteil nachgedacht und verfügte deshalb über ein arbeitstaugliches, effizientes System. Diese beiden Beispiele sind extrem, doch habe ich sie gewählt, um anschaulich zu machen, wie wichtig es ist, beim Packen genau zu überlegen und das Richtige mitzunehmen.

Wenn Sie anfangen, Ihre Ausrüstung zusammenzustellen, sollten Sie sich zunächst Situationen vorstellen, in denen Sie fotografieren möchten. Bevor ich losfahre, beschaffe ich mir genaue Informationen über mein Ziel und versuche, die Arbeitsbedingungen und -möglichkeiten einzuschätzen. Wenn Sie zum Beispiel an einer Fotosafari in Afrika teilnehmen, ist es sinnvoll, ein großes Teleobjektiv einzupacken. Wenn Sie dagegen eine Fahrt mit beschränktem Raum machen, etwa auf einem Segelboot, zu Pferd oder mit Kletterausrüstung an einem Steilhang, empfiehlt sich eher ein Weitwinkel- bzw. Zoomobjektiv.

Die Ausrüstung transportieren

Bevor wir uns der perfekten Ausrüstung zuwenden, ist es zunächst einmal wichtig, geeignete Transportbehälter für die Exkursion zu besorgen. Alle Abenteuerreisen belasten die Schutzhüllen der Kamera und der anderer Ausrüstungsgegenstände. Den besten Schutz bieten wasserdichte, stoßfeste, schaumgepolsterte Hartschalenboxen aus Plastik. Es gibt sie in allen Größen, doch am besten eignen sich briefkastengroße, etwa zwölf Zentimeter tiefe Boxen. Sie schützen Kameras zuverlässig vor Wasser, Staub und vor allem den auf Reisen unvermeidlichen Stößen. Die konstante Vibration und das Rütteln, wenn man über Schotterpisten fährt oder in kleinen Flugzeugen unterwegs ist, haben bei meinen Objektiven und

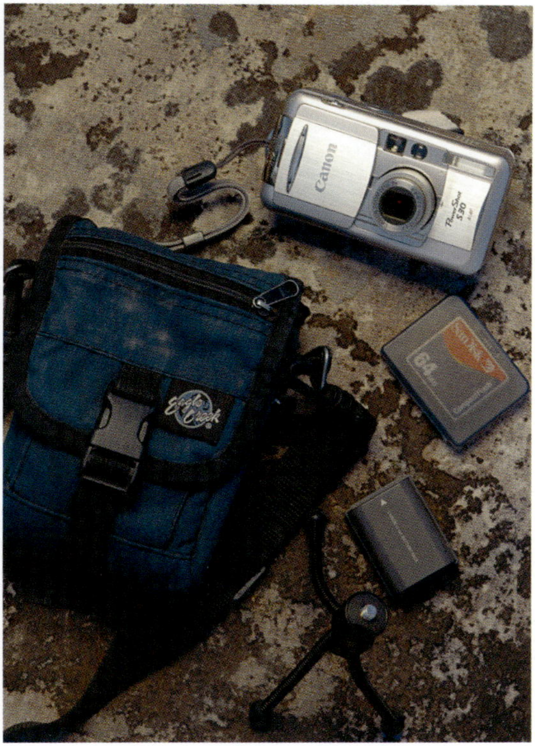

Kompakte Digitalkameras sind klein, ausgesprochen leicht und perfekt geeignet, wenn Sie nur leichtes Gepäck mitnehmen können. Zu einem typischen Kompaktsystem gehört eine kleine, gepolsterte Kameratasche mit Schultergurt. Nebenstehend: Kompakte Autofokusdigitalkamera mit Zoomobjektiv, zwei Speicherkarten in Schutzhüllen, Zusatzbatterie und Minitischstativ.

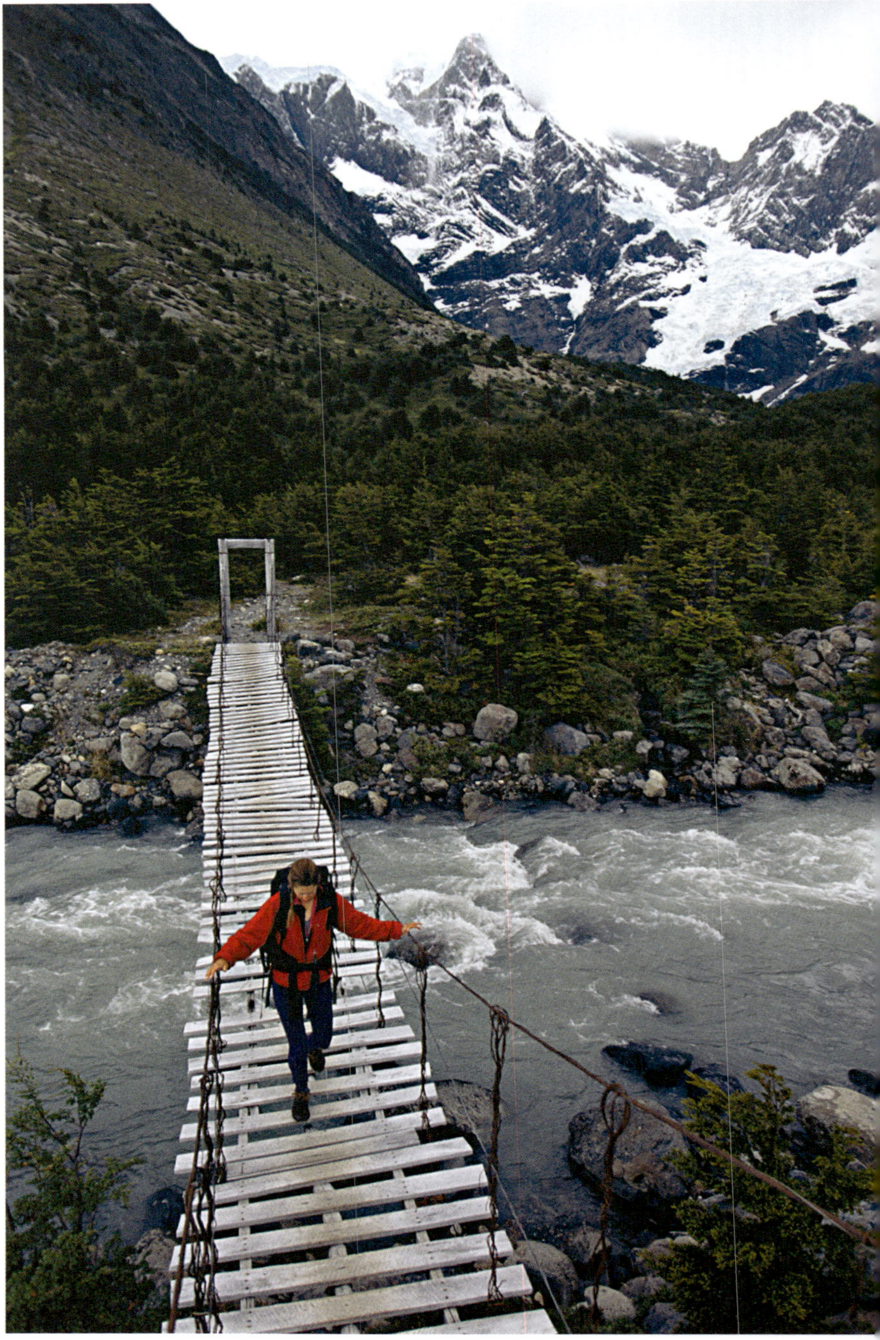

Kameras sogar schon einmal die Schrauben gelockert. Bei einer anderen tagelangen Fahrt über Pisten in Afrika, die alle meine Knochen durchgeschüttelt hatte, fiel das vordere Glas aus meinem 20-Millimeter-Objektiv. Weil der Hartschalenkoffer so guten Schutz vor Transportschäden bietet, sollten Sie nach Möglichkeit Platz für ihn schaffen. Man kann ihn leicht in weniger stabilen Taschen unterbringen, ohne dass dies dem Inhalt schadet. Sobald ich mein Ziel erreicht habe, packe ich meine Kameras in eine bequemere Kameratasche um, die ich mir über die Schulter hänge.

Man kann Kameras auf unterschiedliche Weisen tragen. Die meisten Abenteuerfotografen verwenden Hüftgürteltaschen mit Schultergurt. Wenn der mit der Tasche gelieferte Schultergurt aus billigem Nylon besteht, sollten Sie ihn entfernen und durch ein komfortableres Modell mit einer Antirutschvorrichtung ersetzen, denn häufig trägt man die Kameratasche über einer glatten Regenjacke aus Nylon.

Hüfttaschen entsprechen den meisten flexiblen Kamerataschen, doch gibt es sie in unterschiedlichen Ausführungen. Sie können sie nur mit dem Schultergurt verwenden oder den integrierten Hüftgürtel umlegen. In diesem Fall verteilt sich das Gewicht der Kameratasche besser, und die Tasche ist gut stabilisiert und gesichert, wenn Sie einmal schnell rennen müssen, um ein Motiv zu erwischen, wenn Sie zu Pferd unterwegs sind oder einen Berg hinaufklettern. Sie können die Hüfttasche an der Seite oder über dem Rücken tragen und sie im Bedarfsfall rasch nach vorn ziehen.

Die meisten Schultertaschen bieten Platz für eine Kamera mit Objektiv, ein weiteres Objektiv, einen Blitz, Ersatzbatterien, fünf bis acht Rollfilme oder Digitalkarten, einige Filter und Akkus. Da Sie die Kamera unterwegs in der Regel um den Hals hängen haben, wiegt die Tasche über der Schulter nur sehr wenig. Die größten Hüfttaschen fassen große Teleobjektive. Zusatzausrüstung wie

Das am häufigsten verwendete Objektiv für Abenteueraufnahmen ist das Weitwinkelzoomobjektiv. Mit ihm können Sie auch bei geringem Bewegungsspielraum gute Ergebnisse erzielen. Hier habe ich mit einem 17–35-Millimeter-Zoomobjektiv gearbeitet. Vom oberen Ende der Brücke aus bot sich eine einzigartige Perspektive sowohl auf die Brücke selbst als auch auf die dahinter aufragenden Berge.

weitere Batterien, Stativ, Ersatzteile und Objektive, zusätzliche Filme oder Chips und große Objektive können Sie in einem Rucksack tragen, in einer Hartschalenbox im Wagen lassen oder, wenn Sie sich nicht weit vom Camp entfernen, in ihrem Zelt lagern. Lose Kamerateile, die keinen Platz in der Tasche oder der Box finden, bringt man am besten in Gefrierbeuteln und leichten, gepolsterten Zubehörtaschen unter.

Wenn Sie keine Hüfttaschen mögen, bietet auch ein Kamerarucksack guten Schutz. Er eignet sich gut zum Reisen und hat Platz in den Handgepäckboxen von Flugzeugen. Bei Landschafts- und Tierfotografen sind Rucksäcke für große Kameras und Teleobjektive sehr beliebt, doch für Abenteuerfotografen eignen sie sich nicht so gut, weil man sie nicht so schnell öffnen kann wie die kleineren Hüfttaschen. Eine große Tasche für sämtliches Zubehör ist im freien Feld einfach zu groß und unhandlich. Wenn Sie einfach nur hinausgehen wollen, um zu fotografieren, die Kamera ohnehin am Hals hängt und Sie lediglich einen Behälter für ein Objektiv, den Blitz und einen Film oder eine weitere Speicherkarte benötigen, eignet sich jede kleine Tasche mit Schultergurt, Reißverschluss (damit kein Schmutz eindringen kann) und einer Lasche, die Regen abhält.

Ich verwende am liebsten mittelgroße Kameras. Diese hier wiegt rund drei Pfund und ist flexibel einsetzbar. Hier ist eine Digitalkamera zu sehen, doch eine gewöhnliche 35-Millimeter-Kamera wiegt kaum ein Pfund mehr. Mittelgroße Kameras eignen sich für die meisten Situationen, ein zusätzlicher Blitz und ein Ministativ erweitern das Spektrum. Zur Ausrüstung gehören zwei Objektive (18–105 Millimeter) im 35-Millimeter-Format. Das Weitwinkelobjektiv lässt sich, falls erforderlich, durch ein Teleobjektiv (70–300 Millimeter) ersetzen, das auch nicht wesentlich schwerer oder sperriger ist.

Kameras

Es gibt viele verschiedene Kamerasysteme. Am verbreitetsten sind derzeit wohl 35-Millimeter-Film- oder Digitalspiegelreflexkameras. Bei einer Spiegelreflexkamera können Sie im Moment der Aufnahme durch das Objektiv sehen. Spiegelreflexkameras sind kompakt und bieten eine große Auswahl an Objektiven, separaten Blitzgeräten und weiterem Zubehör. Die Kameras haben gegenüber anderen Typen überdies den Vorteil, dass man ihre Objektive auswechseln kann.

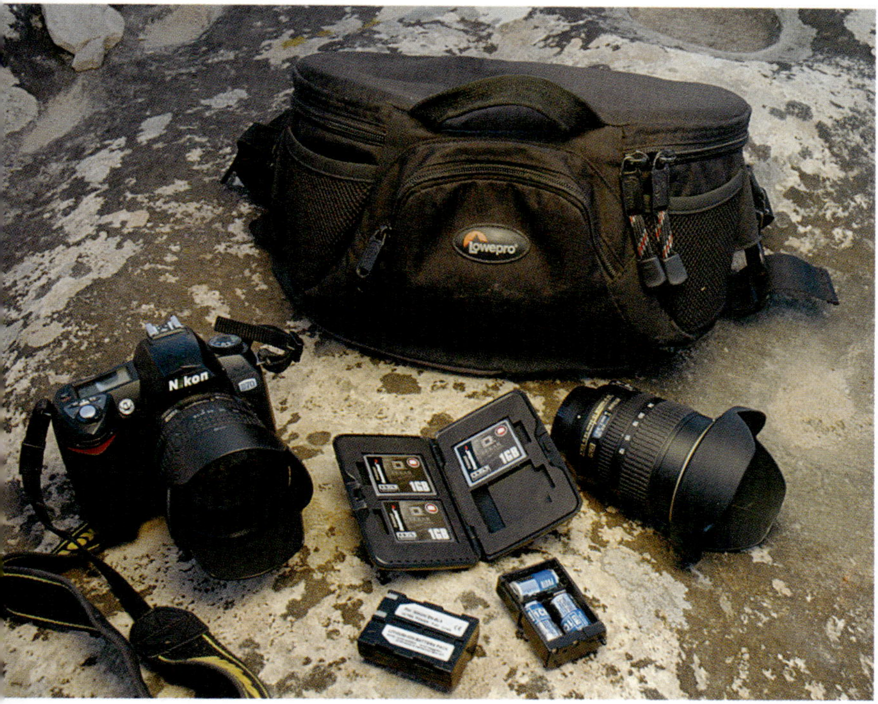

Ferner besitzen sie eine Vorspulautomatik, so dass man Aufnahmen in rascher Folge machen kann, einen empfindlichen Lichtmesser und ein Autofokusobjektiv. Es ist sehr hilfreich, wenn es darum geht, Bewegungen oder Aktivitäten einzufangen, eines der Hauptinteressengebiete der Abenteuerfotografie. Die Gehäuse von Profi-Spiegelreflexfilm- und -Digitalkameras sind in der Regel so versiegelt, dass Staub und Feuchtigkeit nicht eindringen können. Sie eignen sich daher besonders gut für Fotografen, die unter schwierigen Bedingungen arbeiten. Allerdings sind diese Kameras oft sehr teuer, haben viele Sonderfunktionen und ein schweres Gehäuse, Eigenschaften, die dem Gelegenheitsfotografen wenig nützen. Eine gute Wahl trifft man in der Regel mit einer Spiegelreflexkamera der Prosumer-Klasse. Diese Kameras sind etwas weniger ausgefeilt als die Topmodelle,

Oben: Hüfttasche mit Taillen- und Schultergurt (auf Länge und Größe achten); SLR-Digitalkameragehäuse mit Blitz; 28–105 (35-Millimeter-Format äquivalentes) Teleobjektiv mit Aufsatz; 18–35 (35-Millimeter-Format äquivalentes) Weitwinkelobjektiv mit Aufsatz; vier Speicherkarten; zwei Ersatzbatterien; Pinsel; CCD/CMOS-Sensor-Reinigungsbürste; Stift und Notizbuch.

haben aber oft viele ihrer Eigenschaften, sind preiswerter und kompakter. Ebenfalls beliebt sind Autofokuskameras. Sie sind billiger als Spiegelreflexkameras und wesentlich kompakter. Sie besitzen keine auswechselbaren Objektive und – bei Digitalmodellen – qualitativ weniger hochwertige Karten als Spiegelreflexkameras, außerdem stört

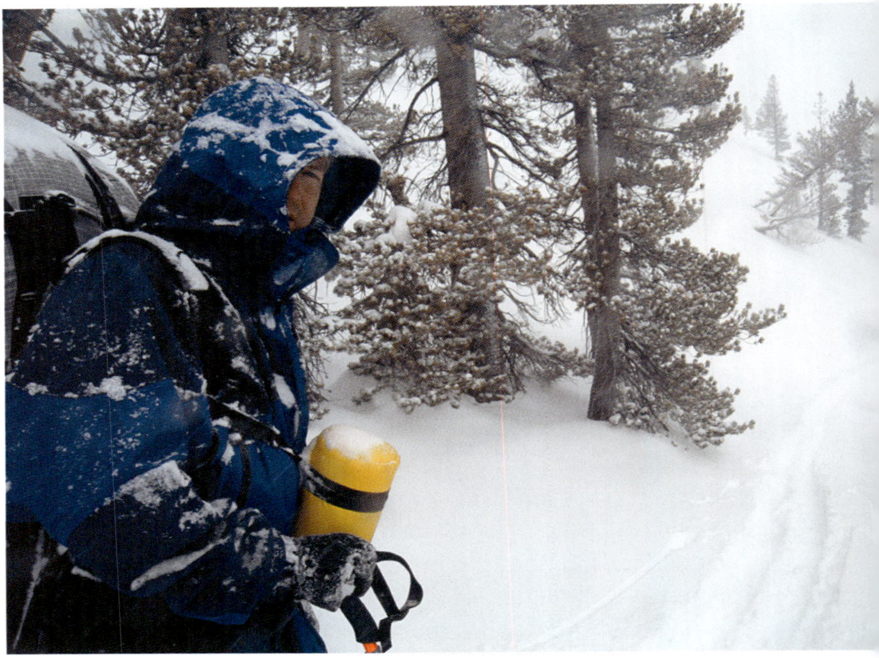

An kalten, verschneiten Tagen können Sie Ihre Kamera ruhig verwenden, wenn Sie das Objektiv vor der Aufnahme kurz mit dem Pinsel reinigen. Halten Sie den Pinsel griffbereit, damit Sie jederzeit fotografieren können.

der *Shutter lag* (die bei Digitalkameras übliche verzögerte Reaktion beim Druck auf den Auslöser). Die Fotos der Modelle im oberen Preissegment unterscheiden sich nicht von denen einer Spiegelreflexkamera. Warum dann nicht gleich eine solche wählen? Autofokuskameras eignen sich als gute, kompakte und preiswerte Zweitkamera, wenn man noch eine Spiegelreflexkamera besitzt. Eine besonders gute Wahl sind Autofokusunterwasserkameras, denn ihre Gehäuse kosten nur einen Bruchteil dessen, was für Spiegelreflexunterwasserkameragehäuse verlangt wird.

Über das Für und Wider von Digitalkameras wird viel gestritten. Die Argumente erinnern ein wenig an jene, die die Verfechter der Schwarzweißfotografie sich einst mit den Anhängern der Farbfotografie lieferten, oder jene, welche die Fans von Großbildkameras ins Feld führten, als die ersten 35-Millimeter-Kameras aufkamen. Digitale Bilder sind ausgezeichnet und mit Sicherheit die Zukunft der Spiegelreflexfotografie. Dennoch werden auch gewöhnliche Rollfilmkameras Bestand haben, so, wie es heute auch noch Schwarzweißfilme und Großbildkameras gibt.

Heutige Digitalkameras – auch solche, die nicht zum Profisegment gehören – arbeiten in aller Regel gut. Schwachstellen sind der hohe Energieverbrauch, der starke Akkus nötig macht, die sperrigen externen Festplatten, die ebenfalls mit wiederaufladbaren Batterien funktionieren, und die teuren und empfindlichen Karten. Natürlich spielen all diese Faktoren nur dann eine Rolle, wenn man sich einen Monat oder länger an einem Ort ohne Stromquelle aufhält. Wenn Sie durch entlegene Gegenden wandern oder längere Zeit ohne Zugang zu einer Stromquelle unterwegs sind, sollten Sie dieses Problem sorgfältig bedenken und entsprechend planen.

Tipp

Halten Sie Ihre Kameras stets sauber. In staubigen oder sandigen Gegenden sollten Sie möglichst keinen Film, bei Digitalkameras keine Objektive wechseln. Warten Sie, bis sich der Wind gelegt hat, oder öffnen Sie die Kamera in einem staub- und sandfreien Innenraum.

Objektive

Für Outdoor- und Adventurefotografen ist das Zoomobjektiv am wichtigsten. Zoomobjektive haben ausgezeichnete optische Eigenschaften. Vor allem aber kann man mit ihnen die Perspektive dessen ändern, was man vor sich sieht, ohne sich selbst von der Stelle zu bewegen. Wenn Sie ein Objektiv kaufen, sollten Sie sich für eines mit unterschiedlichen Brennweiten entscheiden.
50 Millimeter gelten als normale Brennweite, weil diese in etwa dem entspricht, was wir mit bloßen

Augen sehen. Mit abnehmender Zahl (bis 28 Millimeter) vergrößert sich der Blickwinkel, weshalb man von einem Weitwinkelobjektiv spricht. Gleichzeitig nimmt die Tiefenschärfe zu. 28 Millimeter entsprechen einem Standardweitwinkelobjektiv, doch die meisten Profifotografen besitzen auch ein 18-Millimeter-Weitwinkelobjektiv, mit dem man unter sehr beengten Bedingungen aus nächster Nähe immer noch einen aufrecht stehenden Erwachsenen fotografieren kann. Weitwinkelobjektive eignen sich perfekt für Klettertouren und andere Sportarten mit eingeschränkter Beweglichkeit. Das Gegenstück zum Weitwinkelobjektiv ist das Teleobjektiv (gewöhnlich bis zu 200 Millimeter), das die Objekte näher heranholt. Tierfotografen arbeiten häufig mit bis zu vier Kilo schweren 600-Millimeter-Objektiven. Für Abenteuerfotografen reichen 70- bis 300-Millimeter-Objektive.

Die große Fototasche bietet Platz für eine Profiausrüstung. Sie umfasst ein Kameragehäuse und drei bis vier große, lichtstarke 2,8-Zomm-Objektive. Hinzu kann ein Spezialobjektiv wie ein 60-Millimeter-Makro oder ein 16-Millimeter-Fisheye kommen. Eine kleine Tragestasche ergänzt die große Hüfttasche, alles zusammen wiegt fünf bis sechs Kilo. Damit sind Sie für jede Situation gerüstet.

Als Nächstes sollten Sie auf die Lichtstärke achten. Je kleiner der angegebene Wert ist – f/2,8 oder 1,4 –, umso höher ist die Qualität des Objektivs und umso schwerer, größer und teurer dürfte es sein. Extrem lichtstarke Objektive verfügen über eine große Anzahl von Linsen und sind entsprechend teuer. Profifotografen arbeiten gerne mit solchen Objektiven, weil sie die qualitativ besten optischen Eigenschaften haben und sich gut für Aufnahmen bei schlechten Lichtverhältnissen eignen.

Die große Blendenöffnung lichtstarker Objektive basiert auf demselben Prinzip wie ein Wasserhahn. Je größer die Öffnung, umso mehr, je kleiner die Öffnung, umso weniger Licht fällt ein. Weniger lichtstarke Objektive mit höheren Zahlen (f/4 oder f/5,6) verwenden Linsen mit kleinerem Durchmesser, so dass weniger Licht durchdringen kann. Solche Objektive kosten und wiegen weniger und sind kleiner.

Dafür sind sie aber auch nicht so robust wie lichtstarke Objektive und bringen bei schlechten

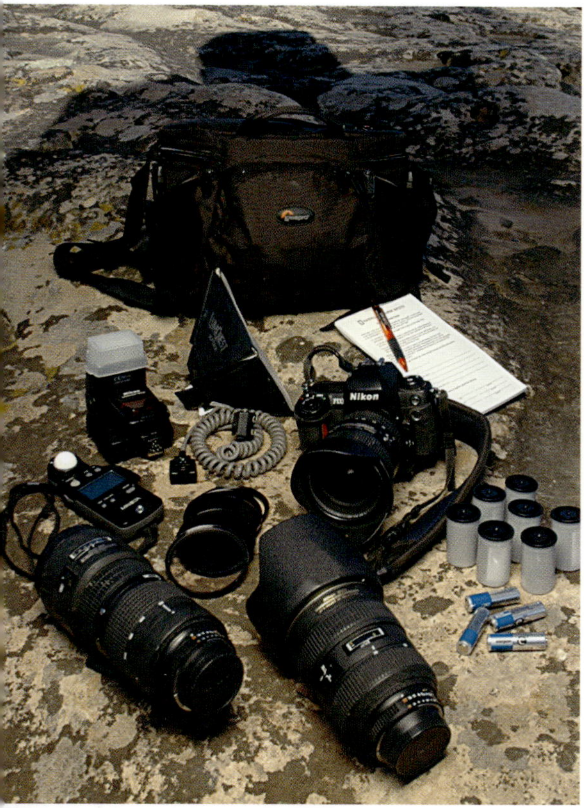

Nebenstehend: Eine große Hüfttasche mit breitem Schultergurt; eine 35-Millimeter-SLR-Kamera; ein 17–35-Millimeter-2,8-Objektiv; ein 70–200-Millimeter-2,8-Objektiv (ersatzweise ein 80–400-Millimeter-Objektiv mit Bildstabilisator); ein Blitz mit indirekter Blitzvorrichtung; Belichtungsmesser; eine Minibox; ein TTL-Blitzkabel; Filter, darunter ein Polarisationsfilter, ein 81B-Korrekturfilter, ein 3-Stufen-Neutraldichtefilter und ein 2-Stufen-Getrennt-Neutraldichtefilter; Ersatzbatterien für Kamera und Blitz; mindestens acht Ersatzfilme; Kamerapinsel; Stift, Notizblock und Plastikbeutel zur Aufbewahrung von Filmen.

Lichtverhältnissen weniger gute Ergebnisse. Mit einigen nicht so lichtstarken Objektiven kann man aber durchaus scharfe Aufnahmen machen. Fotomagazine informieren über Objektive mit gutem Preis-Leistungs-Verhältnis. Den auf der Produktverpackung angepriesenen Vorzügen sollten Sie dagegen nicht uneingeschränkt Glauben schenken.

Erfahrene Fotografen verwenden am liebsten lichtstarke Weitwinkelobjektive mit 17 bis 35 Millimetern und einer Lichtstärke von 2,8 sowie 70–200-Millimeter-Teleobjektive mit derselben Lichtstärke. Auf dem Markt sind viele verschiedene Zoomobjektiv-Kombinationen. Ich selbst benutze am liebsten das kompakte, scharfe,

Folgende Seite: Auf einem Abenteuertrip weiß man nie, was einem begegnet. An einem zu kleinen Ausrüstungsset werden Sie kaum Freude haben.

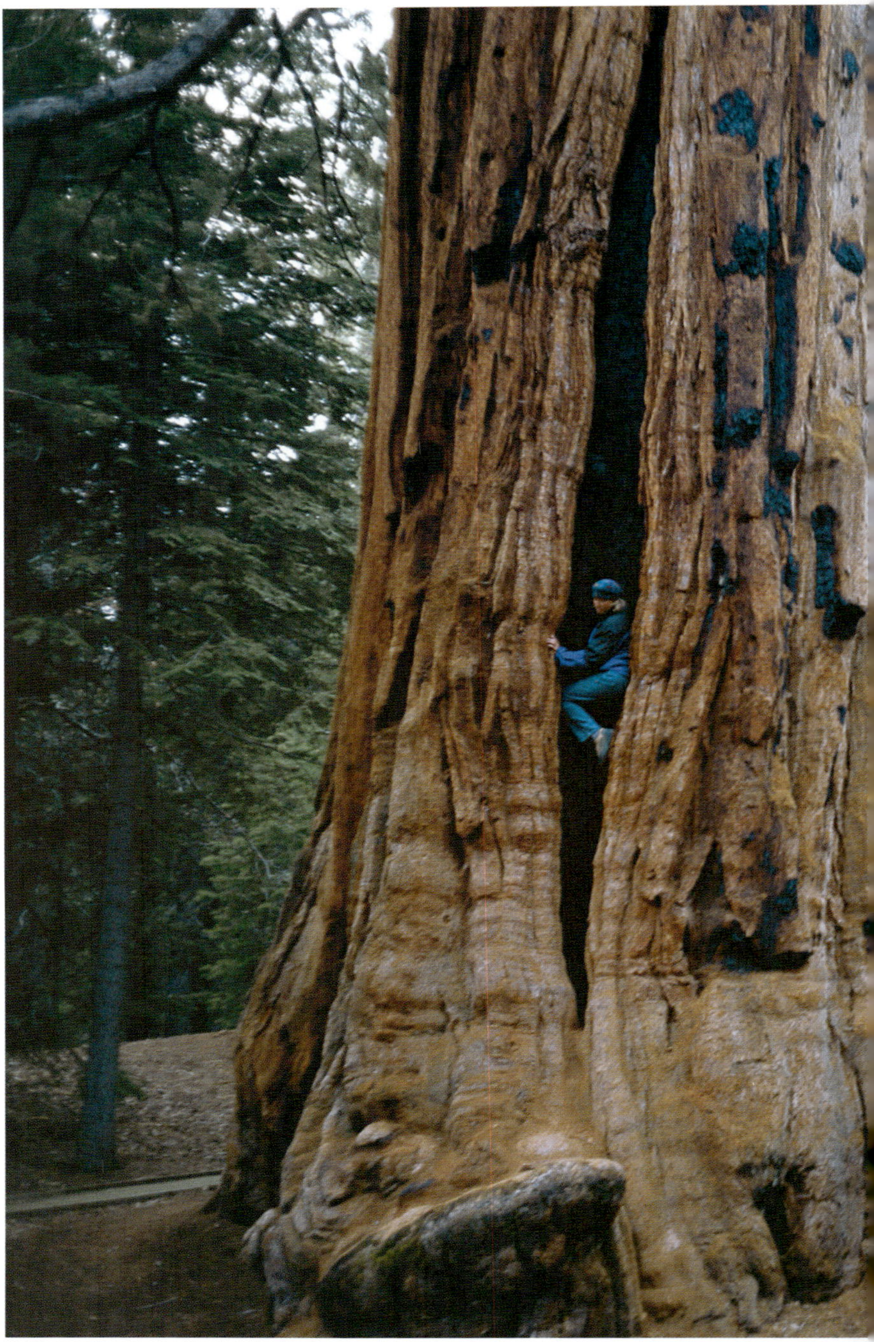

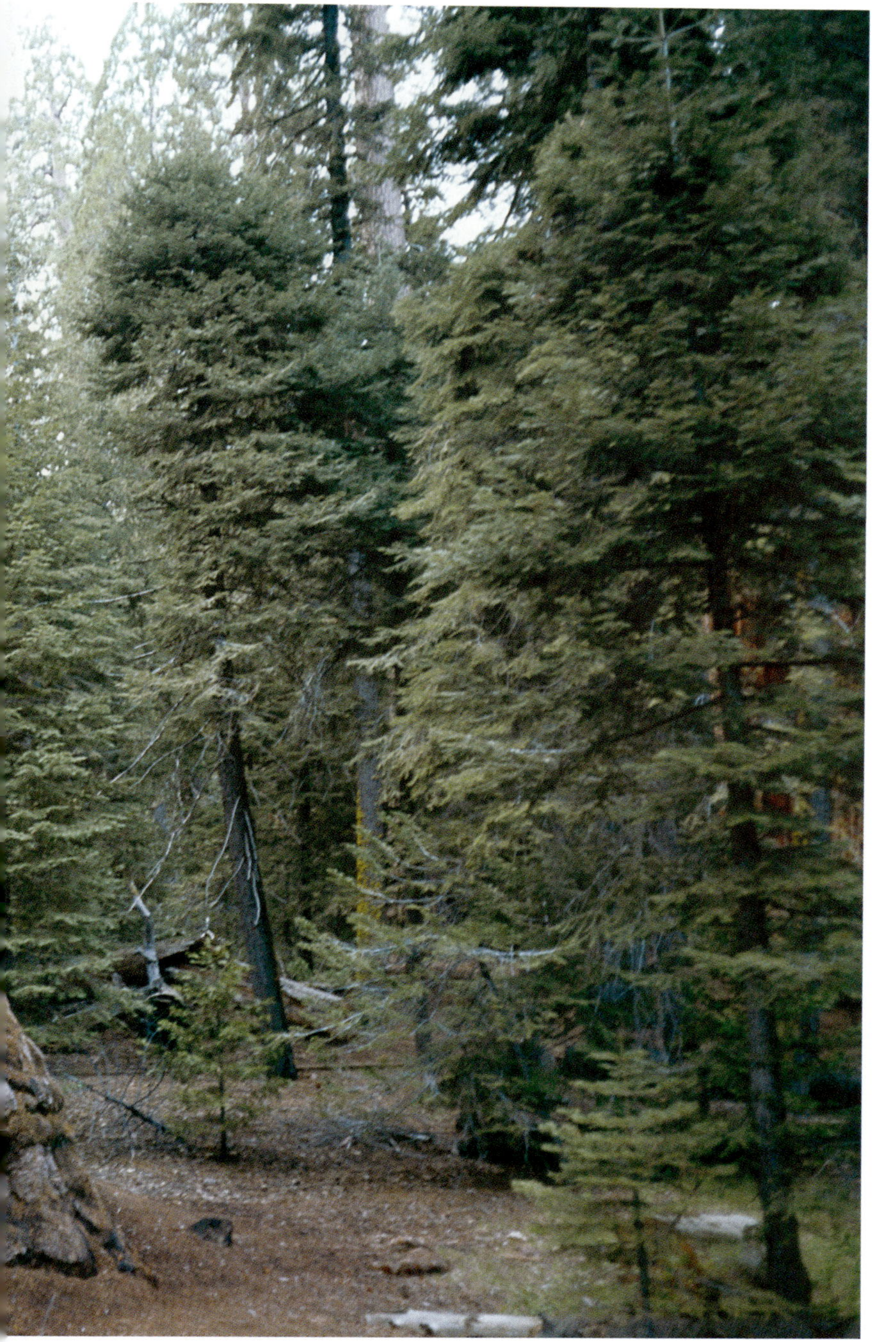

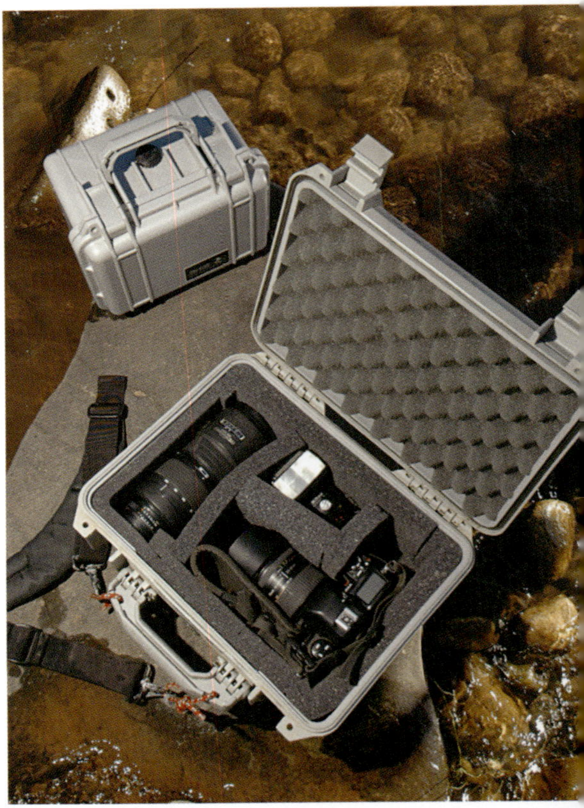

Wasser- und staubdichte Hartschalenkoffer gibt es in vielen Größen. Sie bestehen – wie dieses Modell – aus Hartplastik mit Schaumstoffinlay. Zu meinem Koffer gehört ein Schultergurt, so dass ich für Aktivitäten wie Floßfahrten die Hände frei habe.

leichte 24–85-Millimeter-2,8–4-Weitwinkelzoomobjektiv, das unter allen Bedingungen gute Ergebnisse erzielt.

Mit einem Allzweckobjektiv wie diesem als Grundlage und einem 16- oder 18-Millimeter-Weitwinkel- sowie einem 75–300 oder 70–400 Teleobjektiv mit Bildstabilisator als Ergänzung kommt man schon sehr weit. Wenn Sie nur ein Objektiv benutzen möchten, sollten Sie sich für ein 28–200-Millimeter-Kompaktobjektiv entscheiden, das sich für Weitwinkel- und Teleaufnahmen gleichermaßen gut eignet.

Wenn Sie ein Objektiv für eine Digitalkamera kaufen, sollten Sie bedenken, dass alle SLR-Objektive für 35-Millimeter-Formate produziert werden. Bei den meisten digitalen SLR-Kameras mit Ausnahme einiger besonders teurer Modelle ist das Chipformat jedoch kleiner. Wenn das Bild durch ein 35-Millimeter-Objektiv auf den kleineren Digitalsensor projiziert wird, erfasst dieser nur den mittleren Teil des Bildes. Um den korrekten Objektivwinkel auf Digitalkameras zu übertragen, können Sie die angegebene Zahl mit 1,5 multiplizieren. Ein 16-Millimeter-Objektiv entspricht dann einem 24-Millimeter-Objektiv, ein 200-Millimeter-Objektiv einem 300-Millimeter-Objektiv. Kamerahersteller stellen Weitwinkelzoomobjektive speziell für kleinere Digitalformate her. Diese Objektive funktionieren jedoch nicht ohne weiteres mit 35-Millimeter-Kameras.

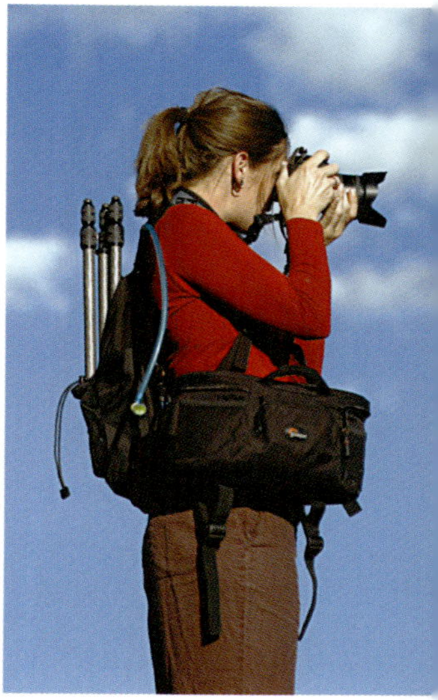

Hüfttaschen mit Schultergurt gehören zur Standardausrüstung für Abenteuerfotografen. Ein kleiner Zusatzrucksack bietet Platz für ein Stativ, Kraftriegel, Wasser und eine Regenjacke, alles, was Sie für eine morgendliche oder abendliche Exkursion vom Camp aus benötigen.

Blitz, Filter und Zubehör

Ein tragbarer Blitz gehört zu den wichtigsten Zubehörteilen für Outdoorfotografen. Manchmal ergeben sich Gelegenheiten für tolle Aufnahmen an Orten, die man nur einmal kurz passiert und an denen man nicht anhalten und auf optimale Lichtverhältnisse warten kann. In diesen Situationen hilft ein Blitz weiter. Ich fotografiere auch häufig bei stechender Mittagssonne mit einem Blitz. Im dichten Wald mache ich 95 Prozent meiner Bilder mit Blitz. Nehmen Sie den Blitz mit, und üben Sie, ihn richtig einzusetzen.

Heute gibt es zahlreiche Möglichkeiten, die Farben von Filmen und digital erzeugten Bildern zu bearbeiten, doch einige einfache Filter können nicht schaden. Zu meiner Grundausrüstung gehört ein Polarisationsfilter, der sich gut eignet, um Lichtreflexe am Wasser auszublenden und um Wolken dramatisch zu verdunkeln. Außerdem besitze ich einen 81A- oder B-Filter, um kaltes blaues Licht auszugleichen bzw. um Haut oder

Steinen einen wärmeren Farbton zu verleihen. Darüber hinaus verwende ich einen zwei- oder dreistufigen Neutraldichtefilter, mit dem man Licht im hellen Bereich des Bildausschnitts abschwächen kann, etwa wenn man Berge fotografiert, die sich in einem See spiegeln, und das reflektierte Bild zwei Stufen dunkler ist als das Licht auf den Bergen. Der Filter gleicht die Lichtverhältnisse aus, verändert jedoch nicht die Farben, weshalb man ihn Neutralfilter nennt.

Schließlich nehme ich noch stets einen Kamerapinsel mit, um Objektive von Staub und Sandkörnern zu reinigen. Wenn Sie das Innere Ihrer Kamera mit dem Pinsel reinigen, müssen Sie darauf achten, dass keine Pinselhaare in der Kamera bleiben. Auch die Sensoren von Digitalkameras müssen regelmäßig gereinigt werden, besonders, wenn Sie in der Wüste fotografieren. Sie können die Kamera entweder von einem professionellen Reinigungsdienst säubern lassen

Auf längeren Exkursionen in die feuchten Tropen, durch Wüsten oder in besonders kalte Gegenden muss man seine Ausrüstung besonders intensiv pflegen. Wenn ich bei starkem Regen oder in Sandstürmen fotografiert habe, reinige ich meine Kameras komplett.

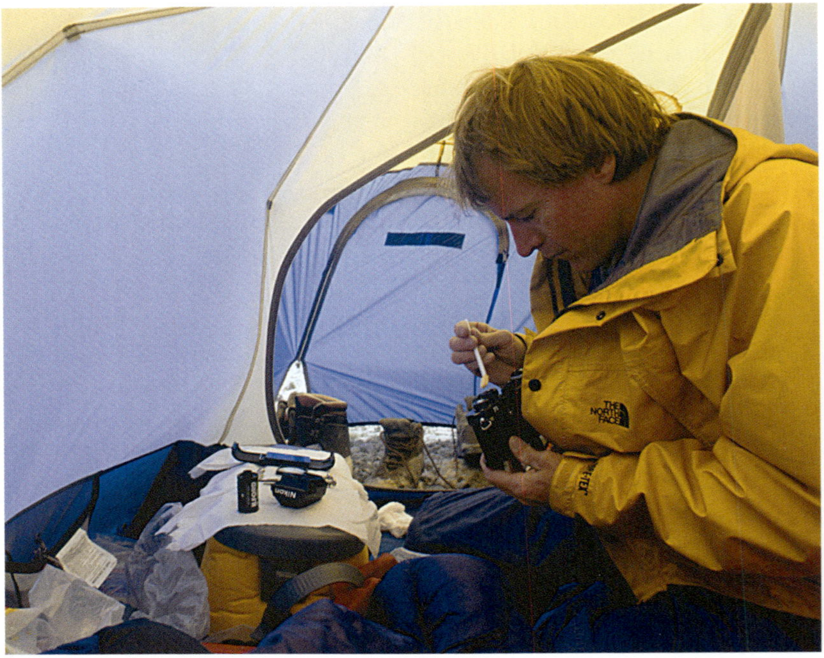

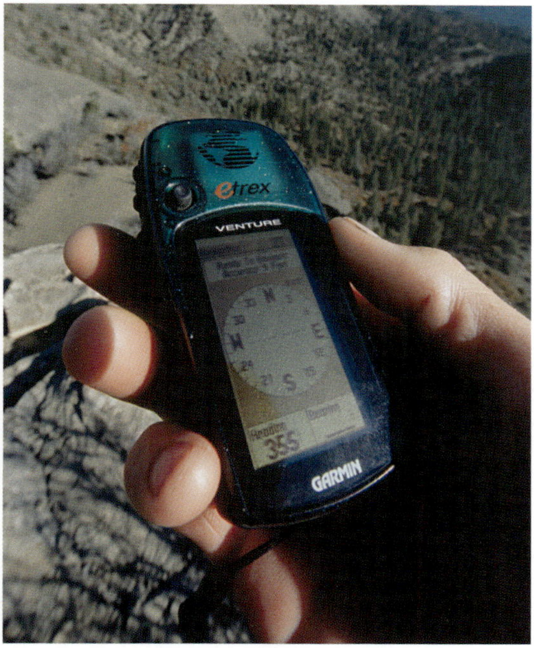

Ein handliches GPS-System oder ein Kompass, der anzeigt, wo die Sonne auf- und untergeht, leistet bei Exkursionen gute Dienste.

oder mit verschiedenen Produkten arbeiten. Am gängigsten sind Methanoltupfer und elektrostatische Pinsel. Arbeiten Sie mit äußerster Vorsicht, um den CMOS- oder CCD-Sensor nicht zu beschädigen.

Ich nehme in der Regel keine Pressluft auf meine Exkursionen mit, weil die Flaschen zu sperrig sind. Falls Sie mit Pressluft arbeiten, sollten Sie bedenken, dass das empfindliche Innere einer Kamera durch den Druck der Pressluft beschädigt werden kann. Pressluft kann im Kontakt mit kalter Außenluft auch gefrieren und dann Digitalkamerasensoren und Linsenbeschichtungen beschädigen. Unbedingt dabei haben sollten Sie aber Ersatzbatterien und -filme oder -karten. Schließlich packe ich außerdem immer Kraftriegel und genügend Wasser ein, um meine eigenen Energiereserven aufzufrischen.

GORDON WILTSIE
Echte Abenteuerfotografie

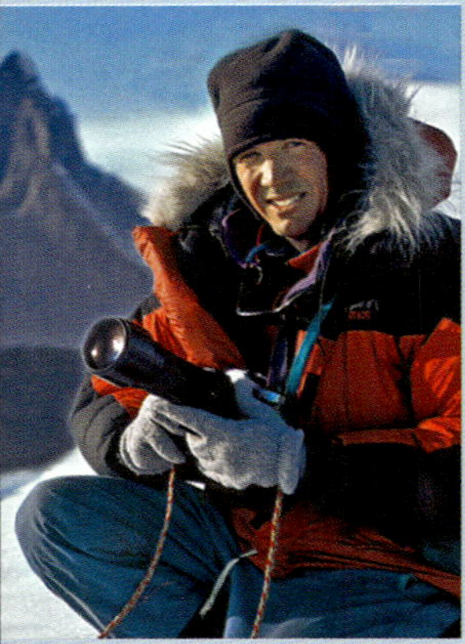

Mike Sharp

GORDON WILTSIE WUCHS in Bishop, Kalifornien, auf, einem Bergstädtchen zwischen Sierra Nevada und White Mountains. Schon als junger Mann war Wiltsie ein ausgezeichneter Bergwanderer, Kletterer und begeisterter Fotograf. Er bezeichnet sich selbst als Autodidakten, doch dort, wo er lebte, nämlich in einer der schönsten Berglandschaften Amerikas, blieb es nicht aus, dass ihm bekannte Landschafts- und Outdoorfotografen über den Weg liefen.

Wiltsies Karriere als Fotograf begann mit einem Beitrag, den er 1975 in der Zeitschrift *Ascent* veröffentlichte. Er begründete seinen Ruf in der Outdoor- und Adventureszene. Ein Artikel im folgenden Jahr in der Zeitschrift *Outside* machte ihn einem noch größeren Leserkreis bekannt.

Es folgten viele Reportagen für NATIONAL GEOGRAPHIC, darunter mehrere Titelstorys. Wiltsie gilt seitdem weltweit als Experte im Bereich von Expeditions- und Abenteuerfotografie. Bereits als er noch das College besuchte, veröffentlichte er Abenteuerfotos in amerikanischen Zeitschriften. Sie waren äußerst beliebt auf dem damals gerade erwachenden Markt der Abenteuerfotografie, so dass Wiltsie zunächst kaum noch Zeit für kulturelle Themen, seine eigentliche fotografische Leidenschaft, fand.

Während einer Expedition in die Cordillera Sarmiento, einen Gebirgszug im Süden Chiles, bestieg Wiltsies Team einen der höchsten Gipfel der Region. Als Wiltsie in einiger Entfernung eine bizarr geformte Schneezacke erblickte, stellte er sich vor, wie toll sie mit Bergsteigern auf dem Weg zum Gipfel aussehen würde.

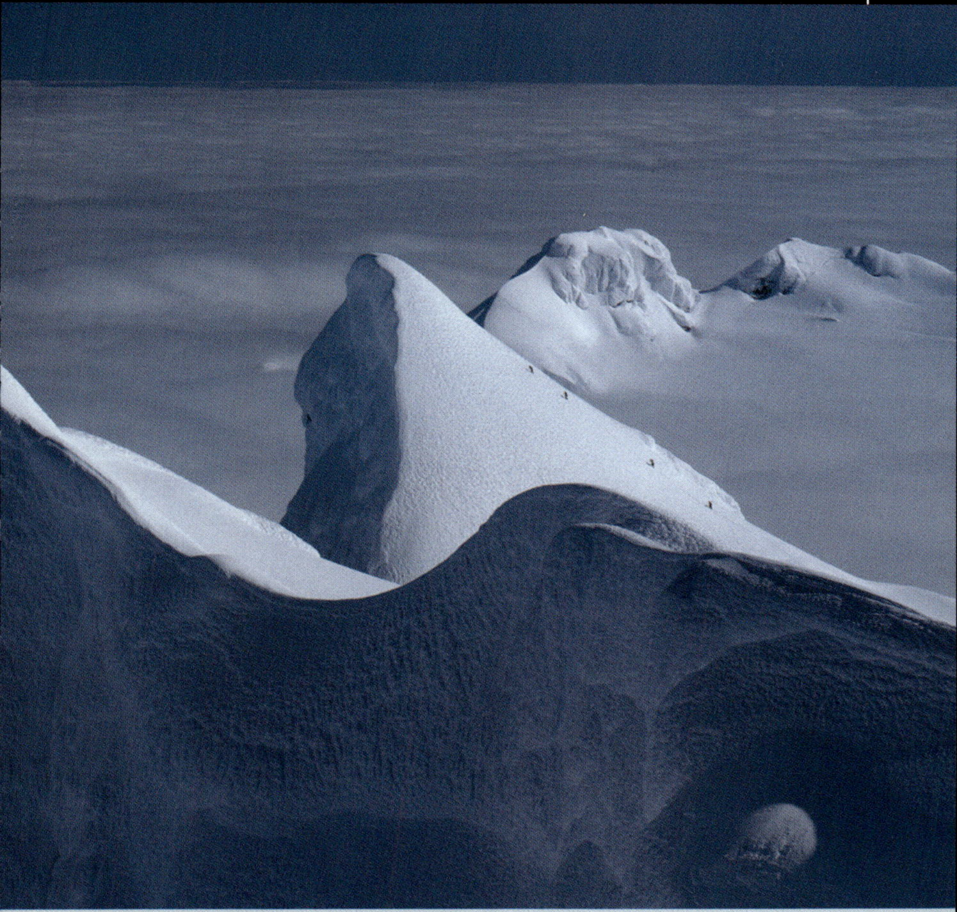

Während seine Kameraden Gremlin's Cap erklommen, betete er, dass das Eis in seinem 80– 200-Millimeter-Zoomobjektiv schmelzen würde, bevor sie den Gipfel erreichten. In der Zwischenzeit machte er diese Aufnahme mit einem 50-Millimeter-Objektiv, das seine Freunde inmitten der Szenerie zeigt.

Während seines Fotografiestudiums an der Universität von Santa Cruz, Kalifornien, bereitete Wiltsie durch eine Seminararbeit einen längeren Aufenthalt in Nepal vor, wo er unter anderem Nepalesisch, Hindi und Tibetisch lernte. »Mein Studium in Nepal legte den Grundstein zu einer lebenslangen Faszination für bedrohte Kulturen, die ich ins Bild zu setzen versuche«, erzählt er. In jener Zeit begann er auch, als Führer und Fotograf im Himalaya zu arbeiten. »Zu Beginn meiner Laufbahn ging ich davon aus, dass ich mich in meiner Arbeit als Fotograf vorrangig auf die Länder des Himalaya konzentrieren würde, doch dann arbeitete ich auch in der Antarktis als Führer

Diesem 80-jährigen nepalesischen Reisbauern begegnete Wiltsie 1977 auf einer Trekkingtour um den Annapurna. Der alte Mann bat ihn, kein Foto zu machen, weil er nicht anständig gekleidet sei. Während eines heftigen Monsungewitters verbrachten sie aber einige Zeit in einer Schutzhütte, und der Bauer wurde zugänglicher, als Wiltsie und seine Frau Meredith auf Nepalesisch mit ihm sprachen. Als die Wolken sich verzogen hatten, war er bereit für das Foto. »Machen Sie lieber zwei«, sagte er, »dann können Sie mir eines schicken.« Zwei Jahre später brachte Wiltsie es persönlich vorbei. Wie bei vielen Porträts von fremden Menschen konnte das Bild nur gelingen, weil eine Beziehung zwischen Fotograf und Motiv bestand. Darüber hinaus arbeitete Wiltsie schnell und mit einem 105-Millimeter-Objektiv, das dem Gesicht schmeichelt und es dem Fotografen erlaubt, diskreten Abstand zu wahren.

und Fotograf und lieferte einige Storys für NATIONAL GEOGRAPHIC. Ich erhielt weitere Aufträge für den Andenraum, die kanadische Arktis und China«, berichtet Wiltsie. Die Antarktiserfahrung wurde im Februar 1998 mit einer Titelgeschichte bei NATIONAL GEOGRAPHIC belohnt. Sie handelte von einer Kletterexpedition ins wenig bekannte Queen Maud Land.

Mittlerweile hat Wiltsie an über 100 Expeditionen außerhalb der USA teilgenommen. Nach wie vor ist er Experte für Gebirge und Abenteuer, doch mittlerweile wendet er sich wieder verstärkt seinem ursprünglichen Interessenschwerpunkt zu, der Kulturgeschichte und den Bergvölkern. Unter anderem berichtete er in jüngerer Zeit über Mumien in den peruanischen Anden und die Winterwanderung der Darhad in der nördlichen Mongolei. Ein Auftrag dauert in der Regel fünf bis sieben Wochen. »Man muss beim Fotografieren immer die gesamte Story im Kopf behalten«, sagt Wiltsie. »Jede Aufnahme ist Teil eines großen Puzzles, das mehr aussagen muss als das einzelne Bild. Man sollte die Dinge stets aus nächster, mittlerer und großer Entfernung betrachten«, fügt er hinzu. »Sonst geschieht es leicht, dass man aus jeder Aufnahme ein Kalenderbild zu machen versucht, aber das eigentlich Interessante übersieht, das hinter den Kulissen geschieht.«

Bei Wiltsies Expeditionen spielt auch der Gruppenzusammenhalt eine Rolle. Er vertritt in diesem Zusammenhang eine einfache Philosophie: »Man sollte darauf achten, dass man den Ablauf der Expedition nicht behindert. Jeder kann versuchen, sich in die Gruppe einzufügen, indem er Routinearbeiten ausführt, Lasten trägt und andere tägliche Verrichtungen übernimmt. Fotografen arbeiten am besten hart, um nicht weiter aufzufallen.« Es ist auch wichtig, dass das Team die eigenen Ziele kennt. »Man sollte seine beruflichen Bedürfnisse vorab mit dem Teamleiter und jedem Mitglied der Expedition klären. Machen Sie allen

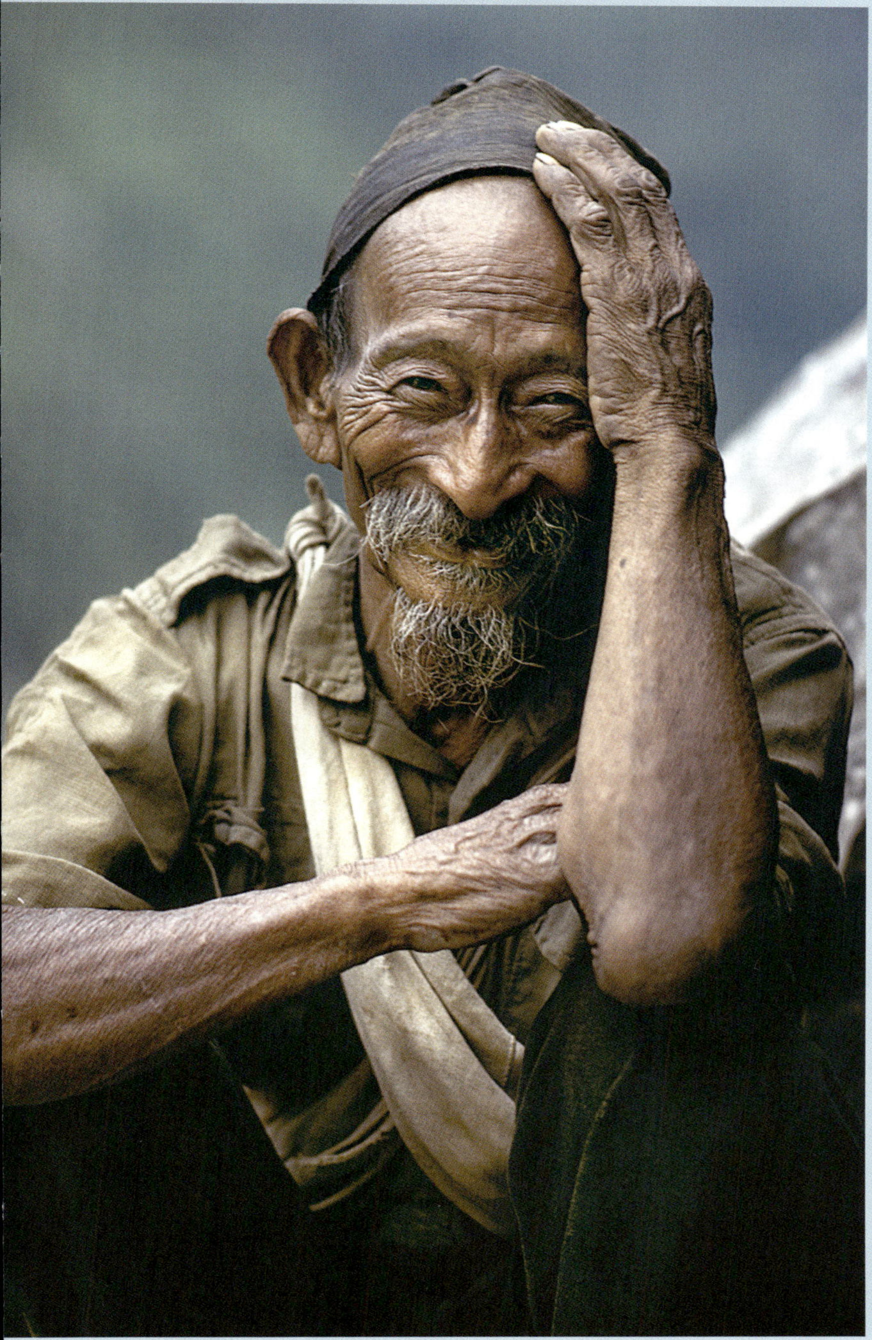

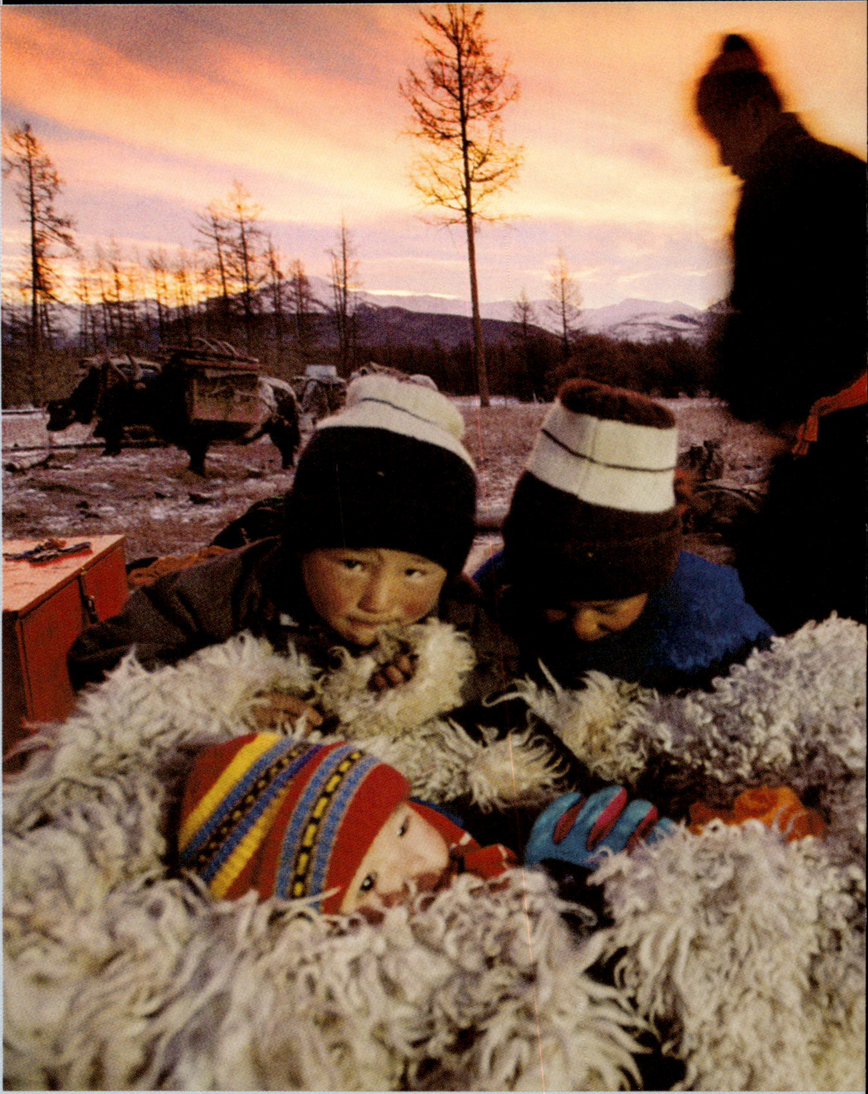

verständlich, wie sie zum Gelingen der Fotos beitragen können. Wenn ein Teil des Teams sich über die Anwesenheit des Fotografen ärgert, hat das oft schlechte Erfahrungen oder sogar lebensbedrohliche Situationen zur Folge.«

»Vermeiden Sie unbedingt jede Art von Aufdringlichkeit. Wenn Sie fremde Menschen fotografieren, sollten Sie stets um Erlaubnis bitten oder so schnell arbeiten (und ihnen anschließend

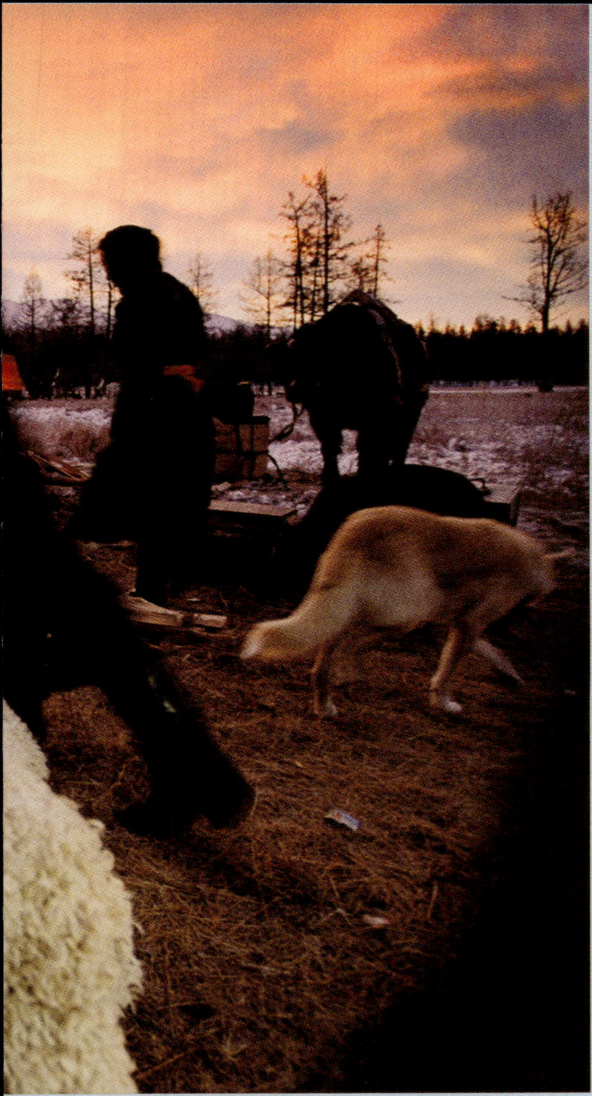

Im Rahmen einer Expedition begleitete Wiltsie die Darhad in der nördlichen Mongolei auf ihrer halbjährlichen Wanderung. Der Übersetzer im Team machte ihn auf das Motiv aufmerksam. Um den dunklen Vordergrund und den viel helleren Sonnenaufgang auszugleichen, verwendete er einen zweistufigen Neutraldichtefilter vor seinem 20-Millimeter-Objektiv und zwei Blitze, die er mit dunkelbraunem Zellophan abdeckte. Er setzte einen auf die Kamera, stellte ihn auf minimales Licht ein und hielt den anderen rechts von der Kamera, so dass er gerade genug Licht für den Vordergrund lieferte. Dann wartete er ruhig ab, bis die Szene wieder völlig natürlich wirkte.

zulächeln), dass sie es entweder gar nicht merken oder sich nicht gestört fühlen. Wenn man um Erlaubnis bittet, ist das Ergebnis nicht mehr spontan, doch wenn man genügend Zeit mitbringt, so dass alle sich entspannen können, werden die Resultate meist umso besser. Gehen Sie sensibel vor, und verzichten Sie lieber auf eine Aufnahme.«

Wiltsie meint, dass viele Fotografen zu stark auf ihre Kameras vertrauen und sich zu sehr auf

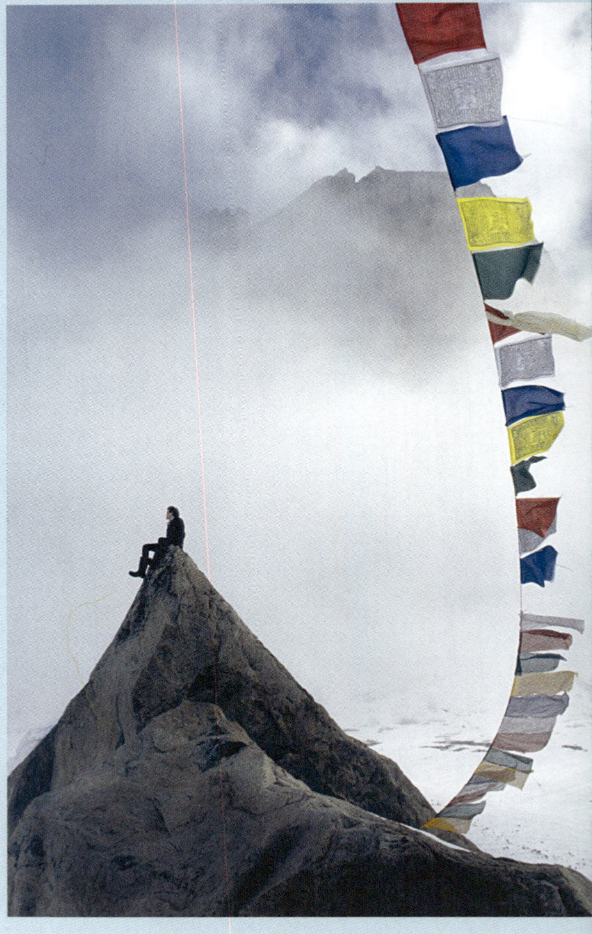

Vor dem Aufstieg auf einen 1200 Meter hohen Berg auf Baffin Island (Kanada) hatte Teammitglied Alex Lowe eine Leine mit tibetischen Gebetswimpeln aufgehängt, um das Basiscamp zu segnen. Als Lowe später auf einem Felsen rastete, machte Wiltsie diese Aufnahme mit einem 20-Millimeter-Objektiv, um die schwingende Leine zu betonen. Dann bewegte er sich vorsichtig von einer Seite zur anderen, um den Bogen und die Anordnung der Formen zu optimieren. Das Bild enthält viele Dreiecke, die zu den bevorzugten Kompositionselementen des Fotografen gehören.

deren automatische Funktionen verlassen. »Im Zeitalter der Autofokuskameras kann jedermann anständige Bilder machen. Um mehr zu bieten, muss man die Technik wirklich beherrschen«, fügt er hinzu. »Seien Sie schnell und beweglich. Keiner hat Lust zu warten, bis man langwierig die Lichtverhältnisse geprüft und den Fokus eingestellt hat. Ärgerlich werden Expeditionsteilnehmer, wenn sie anhalten und warten müssen, bis man die Kamera herausgekramt hat. Man muss mit wachen Augen und wachem Geist herumlaufen und die Kamera stets schussbereit haben. Halten Sie Ausschau nach einzigartigen Momenten – nach Aktionshöhepunkten, aussagekräftiger Mimik, besonderen persönlichen Begegnungen oder ungewöhnlichen Lichtverhältnissen.«

Wiltsies Fotos wirken stets natürlich, so, als hätten Technik und Blitz keine Rolle gespielt, obwohl er oft einen separaten Blitz verwendet. Man benötigt den Blitz häufig, um Details in Bereichen ohne direkten Lichteinfall besser zur Geltung zu bringen, um ein Leuchten in die Augen eines Motivs zu zaubern oder Farben unter ungünstigen Witterungsverhältnissen zu betonen. Mit einem automatischen Blitz gelingt dies nur selten. Für die meisten der hier abgedruckten Fotos verwendete Wiltsie eine einfache, leichte Kamera und ein kleines, batteriegetriebenes Stroboskop.

Tipps von Gordon Wiltsie

- Machen Sie sich genau mit jeder Aktivität, Sportart oder Umgebung vertraut, die Sie fotografieren möchten. Wenn Sie selbst nicht gerne klettern oder Ski fahren, werden Sie diese Aktivitäten vermutlich nicht gut aufs Bild bekommen. Auch ist es schwer, etwas Neues zu schaffen, wenn Sie sich nicht intensiv mit dem Motiv beschäftigt haben.
- Versuchen Sie nicht, andere Abenteuerfotografen nachzuahmen. Was vor Jahren Furore machte, wurde so oft kopiert, dass es nichts Neues mehr bietet.
- Abenteuerfotografie ist immer riskant. Gehen Sie keine Gefahr ein, um ein Bild zu schießen.
- Fügen Sie sich ins Team ein, und leisten Sie Ihren Beitrag zum Gelingen der Expedition. Werden Sie Insider, halten Sie sich nicht am Rand.
- Halten Sie Ihre Kamera stets einsatzbereit. Die besten Momente und Motive kommen meistens überraschend.
- Halten Sie Ausschau nach ungewöhnlichen Ausschnitten und Blickwinkeln. Oft vermittelt ein Teil einer Person oder Szene mehr als eine Gesamtansicht. Denken Sie an die Marlboro-Werbung. Hier sieht man oft nur Gürtelschnallen oder Zaumzeug, das über einem Zaun hängt, und hat doch das Gefühl von Freiheit und Abenteuer.
- Fotografieren soll Spaß machen! Wählen Sie Ziele und Motive, die Ihnen liegen und die Sie mögen.

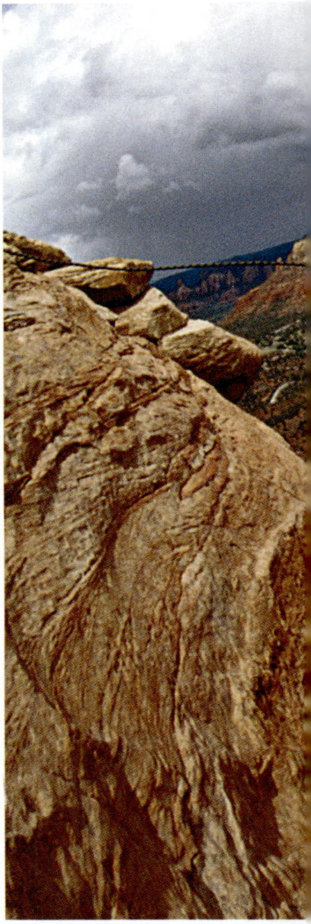

Komposition

Für die perfekte Komposition gibt es keine festgeschriebenen Gesetze. Für jede Situation, auf die sich eine Kompositionsregel anwenden lässt, gibt es eine andere, bei der man zu gleichen oder besseren Ergebnissen gelangt, wenn man die Regel durchbricht. Um etwas über die Komposition von Fotos zu lernen, blättert man am besten in Büchern bevorzugter Fotografen oder Künstler und schaut sich an, wie sie ihre Bilder anlegen. Wenn Sie ein Foto sehen, das Ihnen gefällt, sollten Sie sich folgende Fragen stellen: Was mag ich an diesem Foto? Was gefällt mir nicht? Wie wird das Motiv eingerahmt? Ist die Szene eher schlicht oder komplex? Welche Kompositionstechniken verwendet der Fotograf, um Emotionen auszulösen? Welche Rolle spielen Farbe, Schnitt und Struktur? Wie betont er das Hauptmotiv und verringert die Rolle von Nebenelementen? Wenn sie aufmerksam beobachten, werden Sie feststellen, dass selbst alltägliche Szenen sich auf unterschiedliche Weise gestalten lassen und ein einfaches Thema oder eine komplexe Geschichte interessant illustrieren können.

Innehalten, Motiv und Ausschnitt wählen, fotografieren

Ein junger Fotograf sagte mir einmal, dass jedes lohnende Motiv sich nicht nur für eine, sondern für ein Dutzend Aufnahmen eignen würde. Er

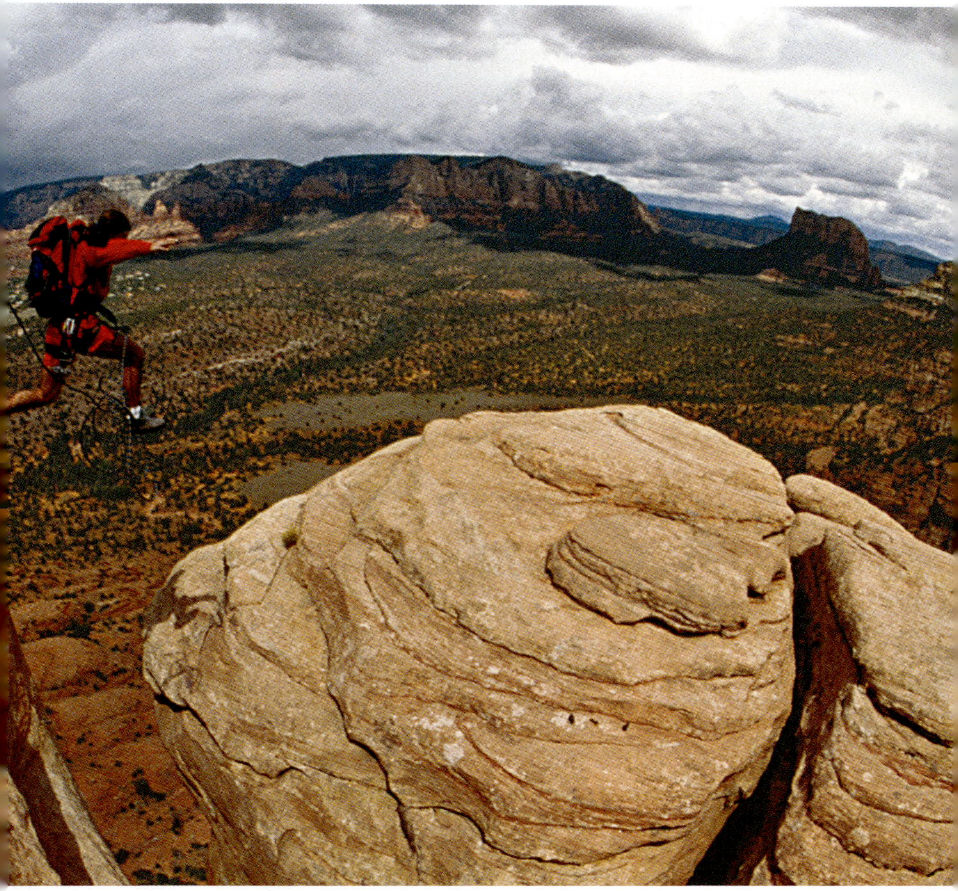

wollte damit ausdrücken, dass es zunächst einmal darum geht, gute Motive zu erkennen. Folgen Sie dabei Ihrem Instinkt. Wirklich gute Fotos entstehen aus der Intuition heraus. Wenn Sie etwas entdecken, das Sie dazu veranlasst, die Kamera ans Auge zu heben, dann sollten Sie alle Elemente der Szene genau betrachten. Wenn Sie gefühlt haben, dass dieses Foto sich lohnt, dann ist das Motiv es wert, in die Tiefe zu gehen. Genieren Sie sich nicht, ein Objekt, eine Szene oder eine Person zwei Dutzend Mal aufzunehmen, wenn sie Ihr fotografisches Auge ansprechen. Die Regeln, die

Dieses Foto wurde sorgfältig komponiert. Die springende Person ist das Hauptmotiv, doch die spektakuläre Landschaft, der stürmische Himmel und der Abgrund unter dem Springer tragen zum Reiz der Komposition entscheidend bei.

wir auf den folgenden Seiten vorstellen, sollen Ihnen helfen, Aufnahmen zu Ihrer Zufriedenheit zu gestalten. Fragen Sie sich, warum Sie das Motiv gewählt haben. Handelt es sich um eine einfache Komposition, etwa um einen schönen Sonnenuntergang mit leuchtenden Farben, oder um ein Bild aus vielen Elementen, die gemeinsam eine Geschichte erzählen? Überlegen Sie, ob Sie mit der Aufnahme einen einzelnen Gedanken oder ein Gefühl zum Ausdruck bringen möchten oder eine Geschichte erzählen wollen. Ein Foto kann Gefühle auslösen, es kann als Metapher oder Symbol fungieren. Oft wird das Auge unwillkürlich von einem kleinen, einzelnen Element in einem größeren Gesamtkontext angezogen. Schauen Sie genau hin! Viele Fotografen machen

Hier begrenzt eine natürliche Öffnung eindrucksvoll den Bildausschnitt. Die Platzierung eines Motivs in einem solchen natürlichen Rahmen ist eine effektive Kompositionstechnik. Als Rahmen eignen sich auch Zelteingänge, Eiszapfen oder Bäume.

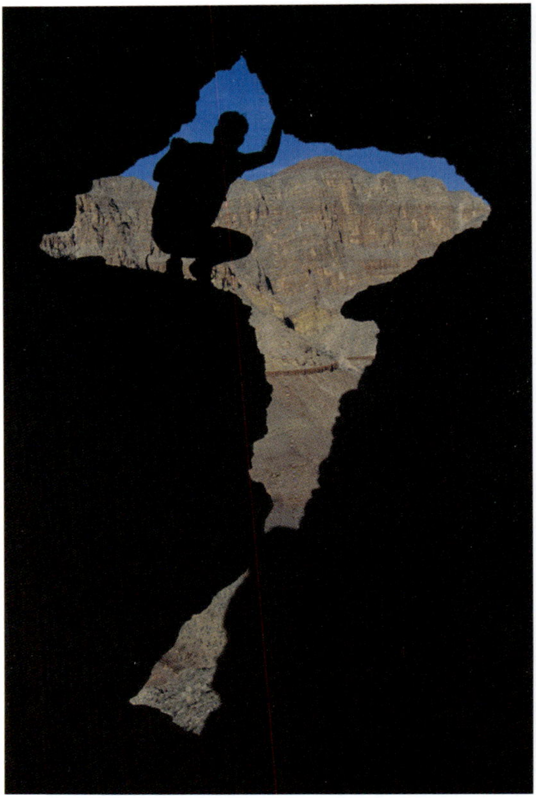

den Fehler, dass sie ihr Hauptmotiv nicht klar genug eingrenzen. Gehen Sie also näher an Ihr Motiv heran. Beobachten Sie, was rund um das Hauptmotiv geschieht. In welcher Beziehung stehen die Nebenelemente zum Hauptmotiv? Wenn sie für das Hauptmotiv keine Rolle spielen, sollten Sie Ihre Aufnahme so komponieren, dass die unwichtigen Elemente daraus verschwinden. Sehen Sie noch einmal in jede Ecke des Ausschnitts, bevor Sie auf den Auslöser drücken. Stellen Sie sicher, dass alle Teile im gewählten Ausschnitt auch wirklich auf das Foto gehören. Der Ausschnitt sollte nur solche Elemente enthalten, die tatsächlich unverzichtbar sind. Haben Sie keine Angst vor Experimenten, und machen Sie ruhig unterschiedliche Aufnahmen von ein und derselben Szene. Dies ist bereits zu diesem Zeitpunkt eine Art der Bildbearbeitung. Versuchen Sie es einmal mit einem horizontalen, dann mit einem vertikalen Bildaufbau. Und denken Sie stets daran, was Sie mit Ihrem Foto erzählen möchten. Ein gelungenes Foto enthüllt dem Betrachter, was der Fotograf sagen wollte. Überlegen Sie, ob Ihr Foto ausdrückt, was Sie gerade fühlen.

Tipp

Verwenden Sie nicht immer nur den Sucher, um den Bildausschnitt zu begrenzen. Halten Sie Ausschau nach natürlichen Rahmen, etwa nach Bögen oder schattigen Wänden einer Schlucht, die das Motiv hervorheben.

Die Farben

Vielleicht wundern Sie sich, dass wir in einem Kapitel über den Bildaufbau über Farben reden. Doch die Farbe ist ebenfalls ein Element der Gesamtkomposition und spielt gerade in der Sport- und Abenteuerfotografie eine wichtige Rolle. Man kann Farben in einem Bild so anordnen, dass sie dem Dargestellten Dynamik verleihen oder die Szene ruhiger wirken lassen.

Betrachter fühlen sich aus unterschiedlichen Gründen von einem Foto angesprochen, oft jedoch gerade auf Grund der Farbwahl. In vielen Fällen beruht diese auf persönlichen Vorlieben, was zu merkwürdigen Kombinationen führen kann. Schauen Sie sich beispielsweise in diesem Zusammenhang die Zusammenstellung von Text und Hintergrund vieler Websites an. Einige Grundkenntnisse über die Wirkung von Farben und Farbkombinationen können Ihnen helfen, die Gefühle, die hinter einem Foto stehen, besser

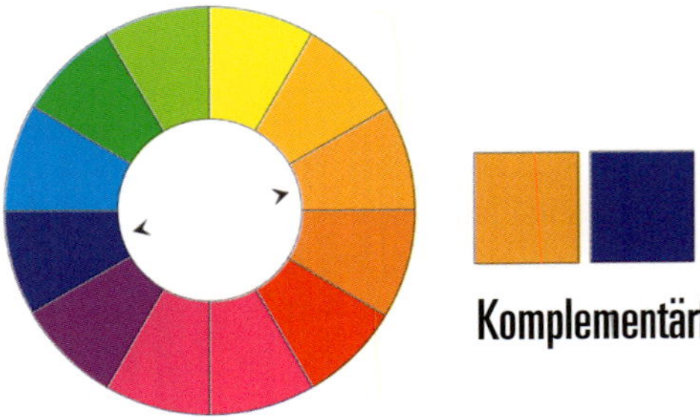

Komplementärfarben

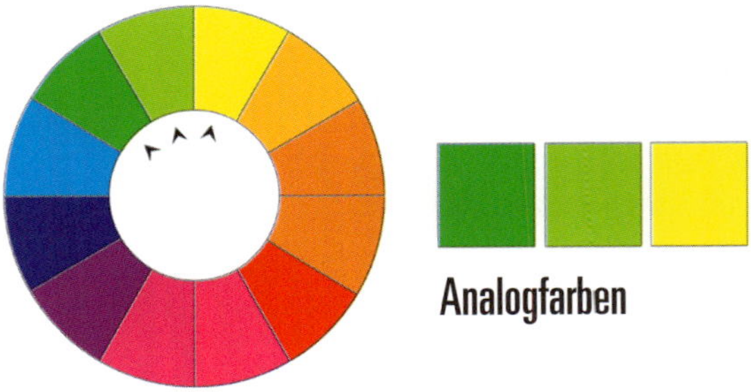

Analogfarben

zum Ausdruck zu bringen. Zu diesem Zweck ist es hilfreich, ein Farbspektrum zu betrachten. Das obere Spektrum basiert auf den Grundfarben Rot, Gelb und Blau und wird in der Kunst verwendet. Für Computer- und Druckarbeiten existieren andere Farbspektren. Bei dem abgebildeten Spektrum befindet sich die Farbe Orange gegenüber der Farbe Blau. Farben, die einander direkt gegenüberstehen, bezeichnet man als Komplementärfarben. Dasselbe gilt also auch für Rot und Grün bzw. Violett und Gelb. Komplementärfarben neutralisieren sich gegenseitig zu Weiß, doch der Kontrast zwischen ihnen

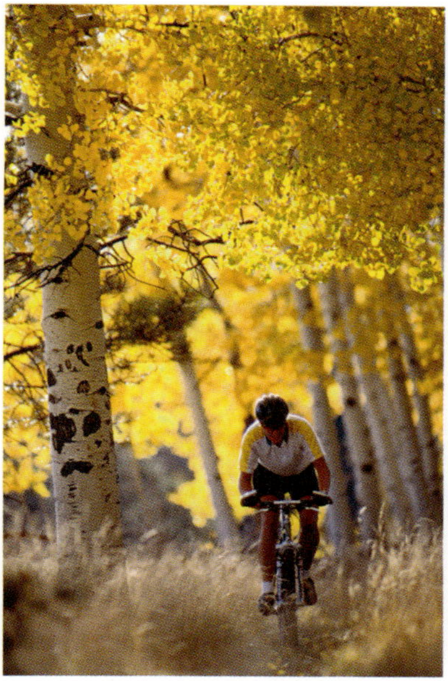

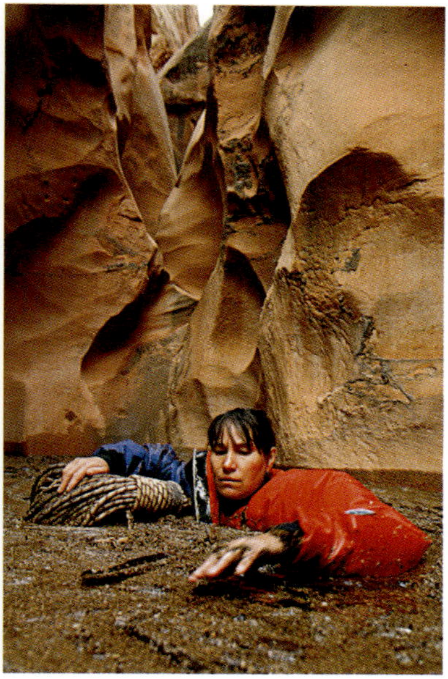

Durch Farben kann man Gefühle oder Bewegungen akzentuieren. Die Farben des Radfahrers und der Birken sind analog, das Bild wirkt ruhig. Das grelle Rot an der Jacke der Schwimmerin betont dagegen die Bewegung und Dramatik.

betont jede der Farben und verleiht ihr Leben und Dynamik. Soll das Rot auf Ihrer Aufnahme leuchten, sollten Sie etwas Grünes oder Blaues in der Nähe anordnen. Mit Hilfe von Komplementärfarben kann man auch Aktivitäten wesentlich dynamischer gestalten. Stellen Sie sich einen Mountainbikefahrer in gelber Kleidung vor einem grünen Waldhintergrund und dann dieselbe Szene mit einem blau gekleideten Fahrer vor.

Farben, die auf dem Spektrum nebeneinander liegen, bezeichnet man als Analogfarben, etwa Rot und Orange bzw. Blau und Grün. Sie bilden keine Kontraste und erzeugen dadurch eher eine ruhige, entspannende Stimmung. Wenn Sie diese Gesetzmäßigkeiten kennen, können Sie Ihren Bildaufbau bewusster gestalten.

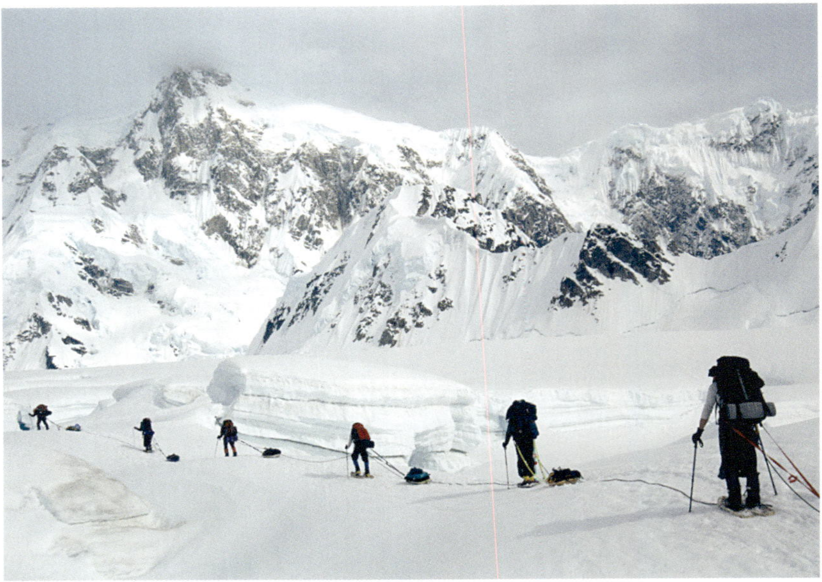

Die angeseilten Kletterer dienen als Führungslinie und lenken den Blick des Betrachters in das Bild hinein. Auf dem unteren Foto dient der von vorn nach hinten verlaufende Brückenbogen als Führungslinie.

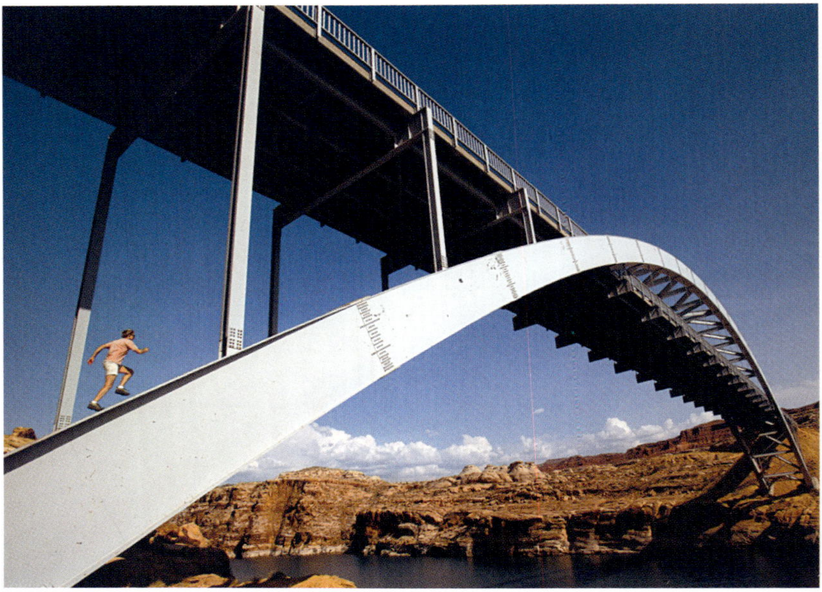

Führungslinien

Um den Blick des Betrachters auf das Hauptmotiv zu lenken oder dieses zu betonen, verwenden Fotografen häufig Führungslinien. Es kann sich dabei um ein einfaches Seil im Vordergrund handeln, das zu einem Kletterer im oberen Bildausschnitt führt. Wenn Sie ein Sportereignis fotografieren, das großflächig im Freien stattfindet, sollten Sie Ausschau nach natürlichen Führungslinien halten, etwa einer Flussbiegung, die das Auge des Betrachters auf ein weiter entferntes Floß lenkt. In den westlichen Kulturen lesen Menschen Texte von links nach rechts und oben nach unten. Unsere Augen sind seit unseren ersten Leseerfahrungen in der Kindheit darauf trainiert. Eine Führungslinie, die von der linken zur rechten Seite des Bildausschnitts verläuft, bietet dem Betrachter eine vertraute Hilfestellung.

Beginnt die Führungslinie auf einem Foto rechts und lenkt den Blick des Betrachters nach links, wird er dies als ungewöhnlich empfinden. Wenn Sie sich dessen bewusst sind, können Sie die Gefühle, die Ihr Foto beim Betrachter auslöst, besser steuern. Sie können Akzente setzen, indem Sie die Höhe und den Beginn der Führungslinie bewusst wählen. Doch die Führungslinie lenkt nicht nur den Blick des Betrachters, sie kann auch dem Motiv mehr oder weniger Dynamik verleihen.

Tipp

Achten Sie immer auf die Zahl der verbleibenden Bilder und den Batteriestand, und halten Sie Ihre Kamera schussbereit. Wenn Film oder Karte schon fast voll sind, wechseln Sie sie unbedingt rechtzeitig, bevor sich die nächste Gelegenheit für ein Foto bietet.

Perspektive

Wenn Sie im Freien fotografieren, müssen Sie besonders auf die Perspektive achten, also darauf, wie Sie das Motiv im Verhältnis zu Vorder- und Hintergrund anordnen, damit es später auf dem eindimensionalen Abzug optimal zur Geltung kommt. Sie können einen

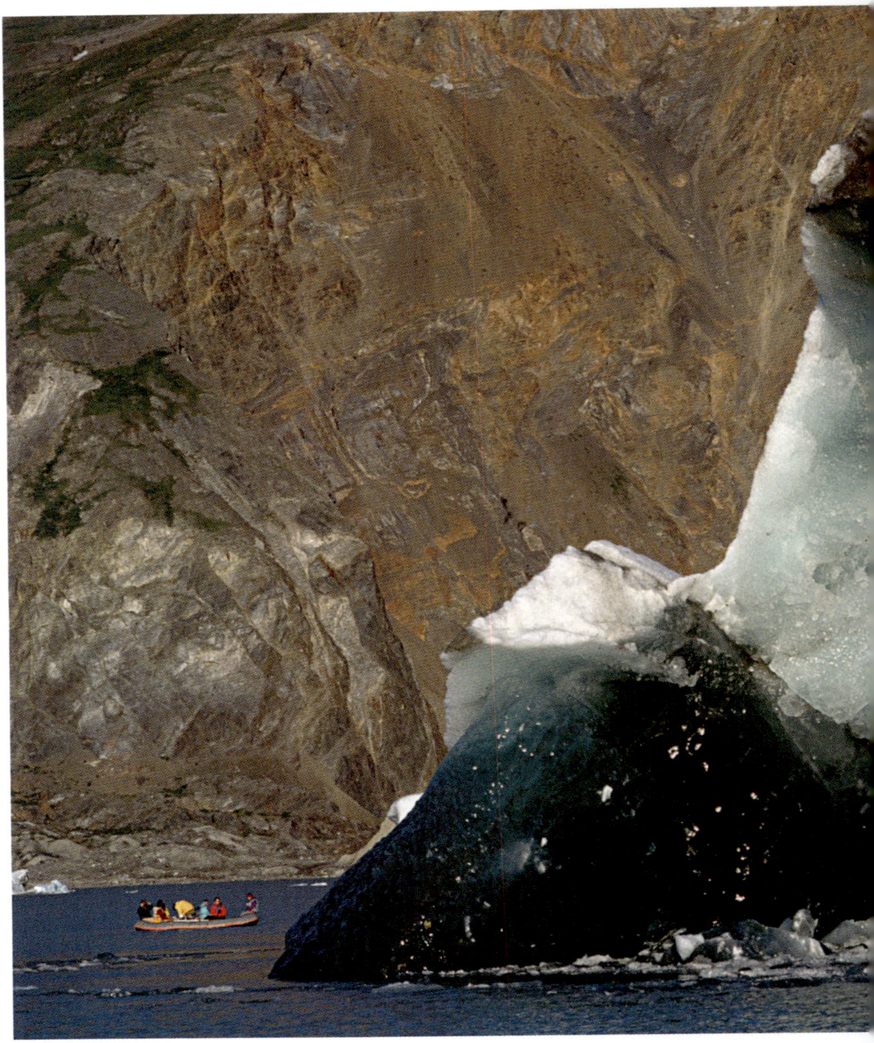

einfachen Bezugspunkt wählen, der verdeutlicht, wie groß, hoch oder spektakulär eine Landschaft, ein reißender Fluss oder eine Steilwand sind.

Sie können mittels einer bestimmten Perspektive Größenverhältnisse übertreiben oder in der Aufnahme besonders betonen. Einige einfache Regeln helfen Ihnen dabei.

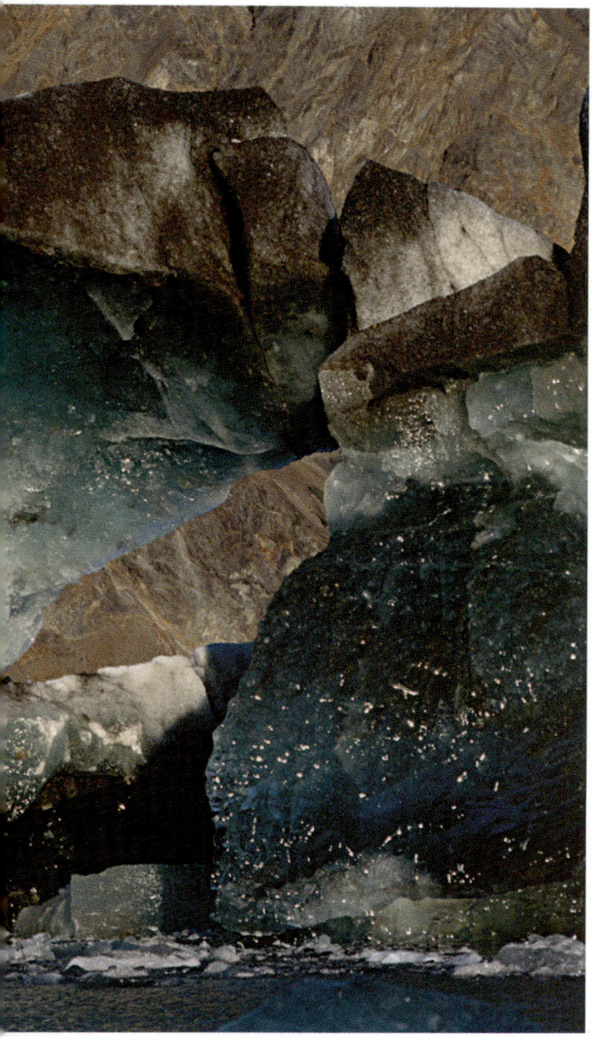

Verdecken Sie mit Ihrer Hand das Floß am linken unteren Bildrand. – Sie werden feststellen, dass das kleine Floß den Eisberg viel größer wirken lässt. Wenn Sie in weiten, offenen Landschaften wie Bergen, Wüsten oder am Meer fotografieren, sollten Sie Menschen oder vertraute Objekte im Bild platzieren, damit der Betrachter einen Eindruck von den Größenverhältnissen bekommt.

Zunächst einmal wirken Objekte umso größer, je dichter sie sich am Objektiv befinden, und umso kleiner, je weiter sie davon entfernt sind.

Die zweite Regel bezieht sich auf den Bildausschnitt: Je kleiner das Motiv im Verhältnis zum Bildausschnitt ist, desto größer ist die Umgebung im Verhältnis zum Motiv. Und natürlich können Sie die Perspektive auch durch die Wahl Ihres Objektivs beeinflussen. Wenn Sie ein eingebautes Objektiv verwenden und näher an das Motiv im Bildvordergrund herangehen, ändert sich am Hintergrund nichts. Wenn Sie dagegen ein Zoomobjektiv benutzen und es auf das Motiv im Bildvorder-

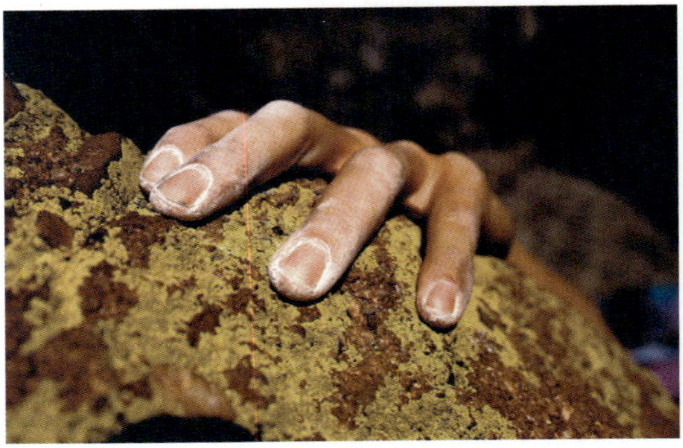

Mit manuellem Fokus, einer niedrigen Blende und geringer Tiefenschärfe richtete der Fotograf den Blick des Betrachters direkt auf die Hand. Der Hintergrund ist dadurch nicht zu erkennen und lenkt nicht vom Hauptmotiv ab.

grund einstellen, wird auch der Bildhintergrund vergrößert.

Manueller Fokus

Weitere Hilfsmittel bei der Bildkomposition sind Fokus und Blende der Kamera. Mit einem manuellen Fokus können Sie das Hauptmotiv hervorragend betonen und es vom Bildhintergrund abheben. Kombinieren Sie den manuellen Fokus mit einer niedrigen Blende, etwa f/4; dies gewährleistet eine geringe Tiefenschärfe. Bei einem Normal- oder Weitwinkelobjektiv können Sie den manuellen Fokus am besten einstellen, wenn Sie dicht an das Motiv herangehen. Wenn Sie das Hauptmotiv nicht auf diese Weise scharf stellen können, sollten Sie ein Tele- oder Zoomobjektiv benutzen. Mit beiden Methoden isolieren Sie das Motiv vom Hintergrund und stellen sicher, dass Bildvorder- und Bildhinter-

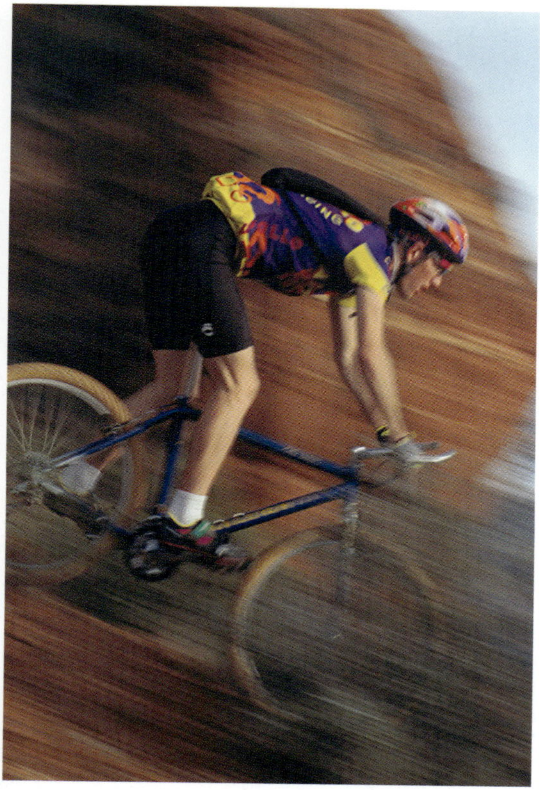

Durch Mitziehen der Kamera und eine langsame Verschlusszeit kann man bewegliche Objekte vom verschwommenen Hintergrund abheben oder ihnen Dynamik verleihen. Bei einer Großbildkamera kann man das gesamte Bild vom Vordergrund bis zum Horizont mit Hilfe der Schwenkvorrichtungen scharf stellen.

grund außerhalb des Fokusbereichs liegen. Mit einem Teleobjektiv erzielen Sie dieses Ergebnis auch bei einer f/5.6-Einstellung.

Verschlusszeit und Bewegungsschärfe

Sie können ein Motiv auch betonen, indem Sie den Bildhintergrund verschwimmen lassen – oder umgekehrt. Diese Technik wird hauptsächlich verwendet, um auf einem Foto Bewegung sichtbar zu machen. Es gibt zwei Arten der Bewegungsschärfe, und beide erzielt man mit einer langsamen Verschlusszeit. Beginnen Sie mit einer Verschlusszeit von 1/30, und experimentieren Sie dann mit langsameren oder schnelleren Ver-

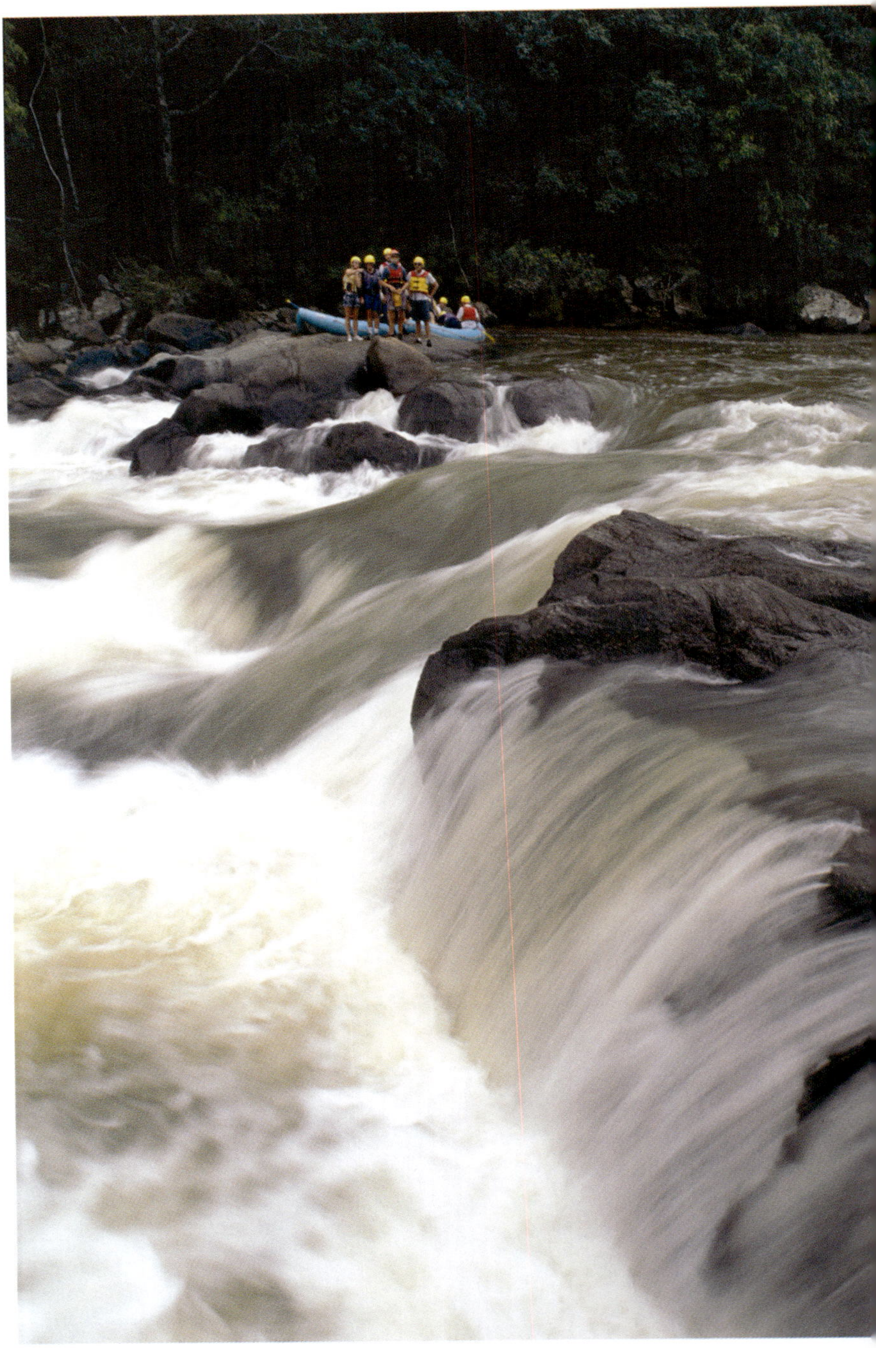

schlusszeiten, bis Sie das gewünschte Ergebnis erhalten. Bewegungen können Sie mit verschiedenen Techniken einfangen. Sie können die Kamera ruhig halten und warten, bis das bewegliche Motiv – etwa ein Fahrrad – im Sucher zu sehen ist. Die Verschlusszeit richtet sich danach, wie schnell sich das Motiv bewegt. Je näher es am Objektiv ist, desto schneller passiert es den Bildausschnitt. Wenn sich das Motiv dagegen auf die Kamera zubewegt, wirkt es langsamer, so dass Sie eine langsamere Verschlusszeit wählen und die Bewegung dennoch einfangen können. Es ist hilfreich, die Durchschnittsgeschwindigkeiten häufig fotografierter Objekte zu kennen. Wenn Sie zum Beispiel eine langsame Verschlusszeit wählen möchten, ohne dass Motiv oder Bildhintergrund verschwimmen, sollten Sie es so einrichten, dass sich das Objekt auf die Kamera zubewegt und nicht durch den Bildausschnitt.

Sie können Bewegung aber auch durch das so genannte Mitziehen sichtbar machen. Dann bleibt das Motiv scharf, während die Umgebung sich zu bewegen scheint. Sie müssen dazu dem Objekt mit der Kamera folgen, während es sich an Ihnen vorbeibewegt. Sie benötigen mit Sicherheit ein wenig Erfahrung, doch die Ergebnisse entlohnen für die Mühe. Beginnen Sie mit 1/30, und arbeiten Sie sich zu langsameren Verschlusszeiten vor. Wenn sich das Objekt langsam und gleichmäßig bewegt, können Sie eine deutlich langsamere Verschlusszeit wählen. Ich stelle die Verschlusszeit oft auf 1/4 und mache dann mit Hilfe der Antriebselektronik so schnell wie möglich so viele Aufnahmen wie möglich hintereinander. Falls das Motiv sich allerdings in eine andere Richtung bewegt als Ihre Kamera, wird es niemals perfekt scharf erscheinen. Ein Mountainbiker etwa bewegt sich nicht nur vorwärts, sondern auf unebenem Grund auch auf- und abwärts. Suchen Sie dann nach einem möglichst

Um die Stromschnellen aufzunehmen, stellte ich die Kamera auf ein Stativ und wählte eine Belichtungszeit von 1/8. Die Sportler im Hintergrund verleihen dem Bild Tiefe und Dramatik.

ebenen Streckenabschnitt. Nutzen Sie beim Fotografieren ruhig Ihre Antriebselektronik. Sie können ein bewegliches Motiv auch von einem Fahrzeug aus fotografieren, etwa ein Fahrrad von einem Auto aus. Da sich die beiden Objekte allerdings unterschiedlich schnell bewegen, erhalten Sie in der Regel keine scharfen Fotos. Besonders gut eignen sich fliegende oder schwimmende Motive wie Skispringer oder Taucher zum Mitziehen. Dann müssen Sie jedoch den Bogen mitverfolgen, den das Motiv in der Luft beschreibt. Auch bei dieser Technik gilt für Sie: ausprobieren und üben.

Mit der Drittelregel kann man ein Foto ausgewogen komponieren. Wenn sich das Hauptmotiv genau in der Bildmitte befindet, wirkt die Aufnahme oft statisch.

Die Drittelregel

Wenn Sie sich ein paar Ihrer Lieblingsfotos anschauen, werden Sie feststellen, dass der Fotograf die Hauptelemente – etwa den Himmel und den Vordergrund – in ein ausgewogenes Verhältnis gebracht hat. Allerdings gilt hier keine 50/50-Regel, und das Hauptmotiv befindet sich gewöhnlich auch nicht im Zentrum des Bildes. Der Himmel nimmt oft ein Drittel ein, der Vordergrund die zwei restlichen Drittel. Die Sonne befindet sich häufig im linken oder rechten Bilddrittel. Man spricht in diesem Zusammenhang von der so genannten Drittelregel. Dritteln Sie den Bildausschnitt einfach mit gedachten Linien horizontal und vertikal, und platzieren Sie das Hauptmotiv und die Nebenmotive auf den Kreuzpunkten oder in den Drittelflächen. Das Bild wirkt dadurch ausgewogener und dynamischer. Sie sollten diese Regel kennen und nach Möglichkeit beachten, sie aber auch getrost durchbrechen, wenn dies Ihre Botschaft besser zum Ausdruck bringt.

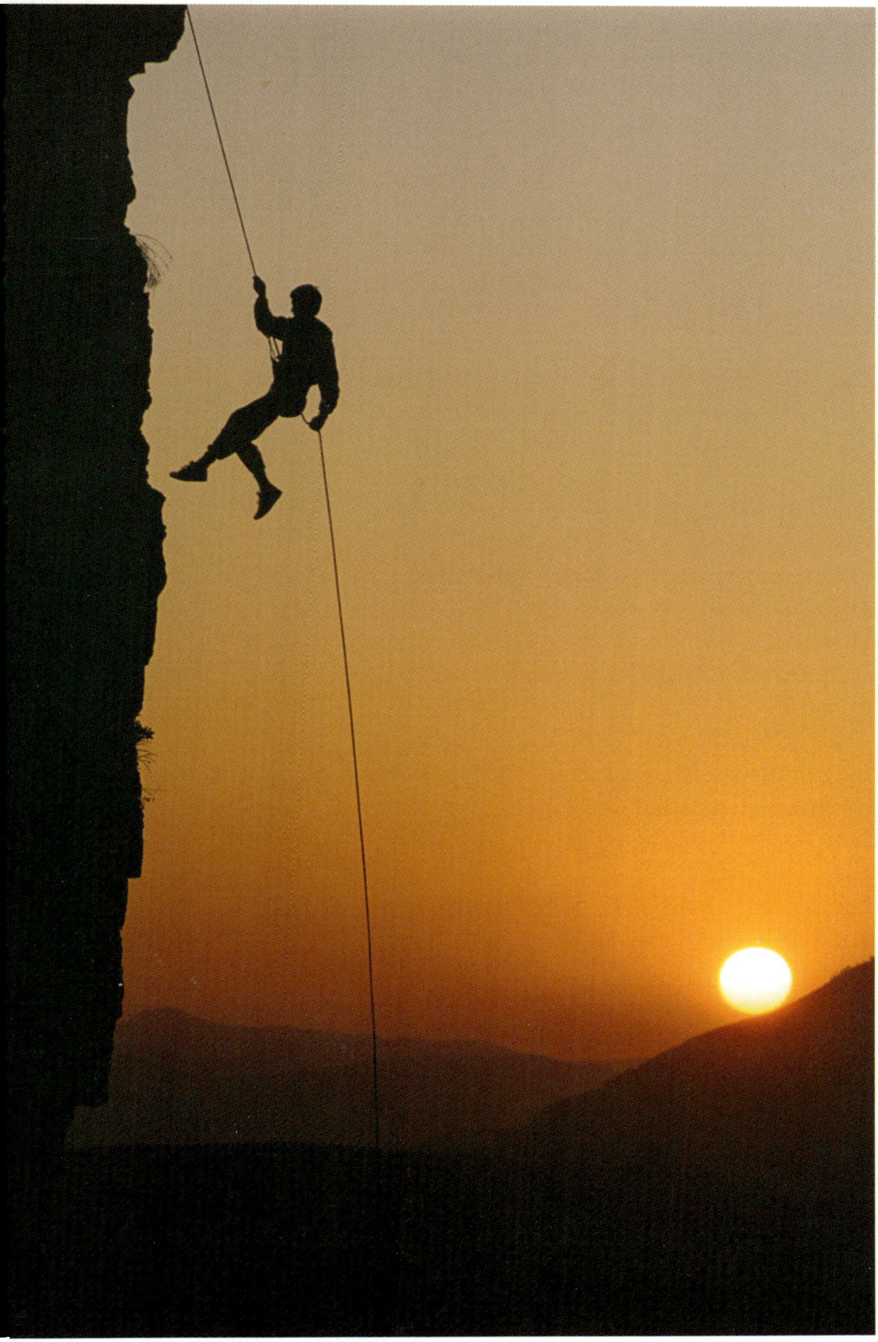

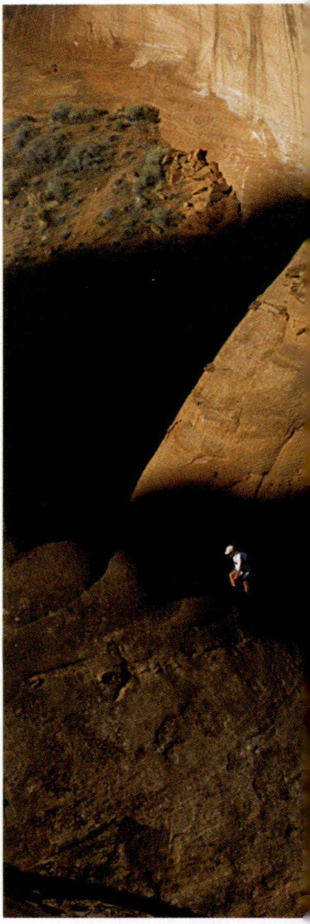

Licht und Schatten

DER BLICK, SO EINE FAUSTREGEL, richtet sich immer automatisch auf den hellsten Teil eines Bildes. Abenteuer- und Outdoorsportfotos werden in der Regel in journalistischer Manier auf dem Höhepunkt der Ereignisse aufgenommen. Deshalb kann man Ort und Zeit häufig kaum oder gar nicht beeinflussen. Aus diesem Grund müssen Abenteuerfotografen wissen, wie sie vorhandene Lichtquellen bestmöglich einsetzen. Oft reicht es schon, sich vor einer Aufnahme richtig zu platzieren.

Ich gehe umher und wechsle meinen Standort, um herauszufinden, wie ich ein Motiv am besten belichte. So finde ich die günstigste Position und kann ungünstige Lichtverhältnisse ausgleichen. Filme und Digitalbilder sind weniger lichtempfindlich als die Augen. Wir bezeichnen die Sensibilität eines Filmes als Belichtungsumfang. Bei einer Szene mit durchschnittlichen Tageslichtverhältnissen kann man zwischen dem dunkelsten und dem hellsten Punkt sechs Abstufungen unterscheiden. Die meisten Fotos und Digitalaufnahmen weisen sogar nur ein bis drei Abstufungen auf. Das menschliche Auge kann im Unterschied zu einem Film auch Details sowohl bei starkem Licht als auch im Schatten wahrnehmen. Deshalb müssen wir vor einer Aufnahme immer genau darauf achten, wie das Motiv im Verhältnis zu hellen und dunklen Bildbereichen angeordnet ist. Bei Farbfilmen und Digitalaufnahmen neigen wir

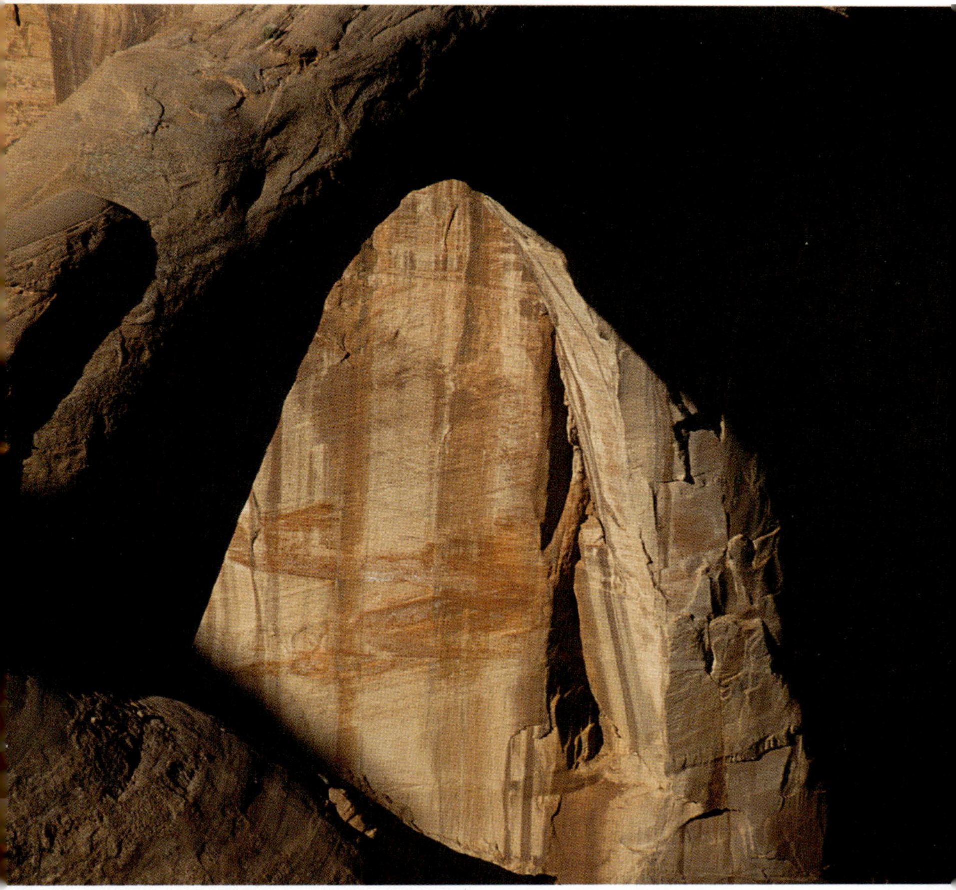

dazu, hell erleuchtete Bereiche im Vordergrund zu messen, während dunklere im Hintergrund verblassen. Auf Digitalbildern erkennt man Details im Schatten in der Regel gut, doch ist der Belichtungsumfang von Digitalaufnahmen noch geringer als der gewöhnlicher Filme, so dass man das Licht sehr genau bemessen muss. Erfolgt die Lichtmessung in einem schattigen Bereich, werden die hell erleuchteten Partien mit Sicherheit überbelichtet, und das Foto taugt nichts.

Es ist auch wichtig, dass Sie sich mit verschiedenen Lichtarten auskennen. Im Wesentlichen

Der von der Sonne beschienene Mensch ist winzig, hebt sich aber wegen des schattigen Hintergrundes deutlich vom Bild ab und setzt einen markanten Akzent in der surrealen Landschaft der Rainbow Bridge in Arizona.

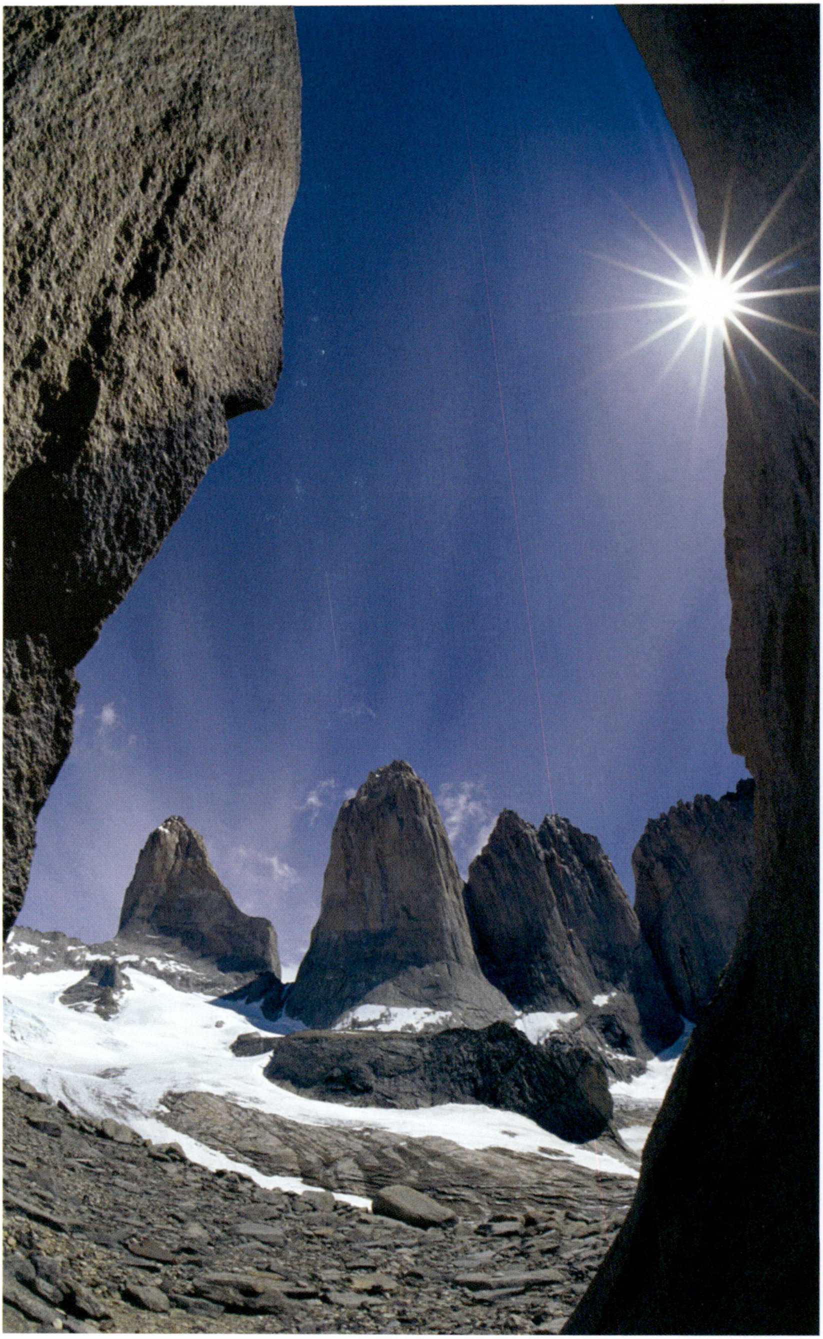

unterscheidet man im Freien drei Typen: direktes, hartes Licht, etwa das Sonnenlicht oder das Licht eines elektronischen Blitzes; schwaches, gefiltertes oder abgeblendetes Licht und schließlich reflektiertes Licht.

Hartes Licht zeichnet scharfe Schatten. Es stammt meistens aus im Verhältnis zur gesamten Szenerie kleinen, punktartigen Quellen. Zu solchen Lichtquellen gehören die hoch am Himmel stehende Sonne oder ein kleiner, tragbarer Blitz. Beachten Sie beim Betrachten einer Szene, wo sich die Lichtquelle im Verhältnis zur Richtung befindet, in die Sie fotografieren. Wenn Sie die Sonne genau im Rücken haben und die Szene vor Ihnen liegt, wird man auf dem Bild links und rechts der Objekte keine Schatten sehen. In der Regel legt man aber Wert auf Schatten, weil sie für Kontraste sorgen und der Aufnahme Tiefe verleihen. Durch sie hebt sich das Hauptmotiv deutlich klarer vom Hintergrund ab.

Um die Wirkung von Kontrasten besser zu verstehen, sollten Sie an einem klaren Tag folgendes Experiment durchführen: Wählen Sie einen Freund oder ein frei stehendes Objekt, etwa einen Baum, als Motiv. Platzieren Sie sich so, dass Sie die Sonne genau im Rücken haben, am besten am späten Vormittag oder gegen Abend, wenn die Sonne tief steht. Gehen Sie nun um die Person oder das Objekt herum, und beobachten Sie die Schatten, wenn Sie sich im 45-Grad-Winkel zur Sonne befinden. Sie werden feststellen, dass die Schatten dazu beitragen, dass das Motiv sich vom Hintergrund abhebt, und dass sie ihm Struktur und Plastizität verleihen. Es ist also keineswegs gleichgültig, aus welcher Richtung Licht auf das Motiv fällt. Gelingt es vielleicht, durch die Schatten Akzente zu setzen und das Bild zweidimensionaler zu machen, indem Sie Ihre Position im Verhältnis zum Licht und zum Motiv verändern? Bei strahlendem Sonnenschein sollten Sie unbedingt darauf achten, ob das Motiv sich in der Sonne oder im Schatten befindet. Liegt

Wie ein Stern leuchtet die Sonne in dieser Berglandschaft. Der Effekt wurde durch eine niedrige Blende (1,6) erreicht. Sie sollten die Kamera niemals direkt in die Sonne richten, auch nicht, wenn Sie dunkle Filter verwenden oder selber eine Sonnenbrille tragen. Ich habe für die Einstellung der Belichtungszeit die Hand über das Objektiv gelegt und die Kamera auf ein Stativ gestellt. Anschließend habe ich die Hand weggezogen und den Auslöser betätigt.

das Hauptmotiv im Schatten, lenken die hell erleuchteten Bildpartien das Auge möglicherweise ab. Häufig kann man seinen Standort so ändern, dass ein Motiv vor einem besser geeigneten Hintergrund steht. Dasselbe gilt für die Lichtverhältnisse: Ein hell erleuchtetes Motiv sollte vor einem dunklen oder schattigen Hintergrund stehen. Oder aber man hebt ein dunkles Motiv bewusst durch einen hellen Hintergrund hervor. Der geschickte Einsatz von Licht und Schatten ist besonders wichtig, wenn man unter schlechten Lichtbedingungen

Der Nebel verleiht dieser Aufnahme etwas Geheimnisvolles, denn die Konturen verschwimmen, je weiter die Objekte von der Kamera entfernt sind. Messen Sie die Belichtungszeit bei Nebel sorgfältig aus, da der weiße Nebel einen Unterbelichtungseffekt bewirkt.

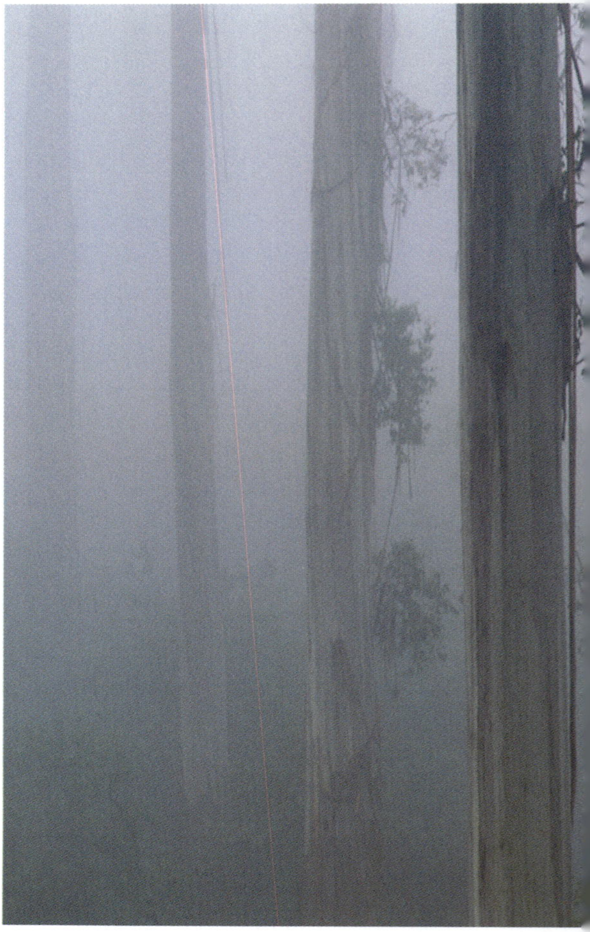

arbeitet, wie sie bei Abenteuerexkursionen oder Sportereignissen oft herrschen.

Natürliche Filter, Streufilter und Reflexion

Besonders eindrucksvolle Fotos entstehen oft, indem man hartes, direktes Licht abschwächt. Im Freien gelingt dies mit unterschiedlichen Mitteln, zumeist aber durch Filtern, Diffusion oder Reflexion. Ein Filter ist nichts weiter als ein Gegen-

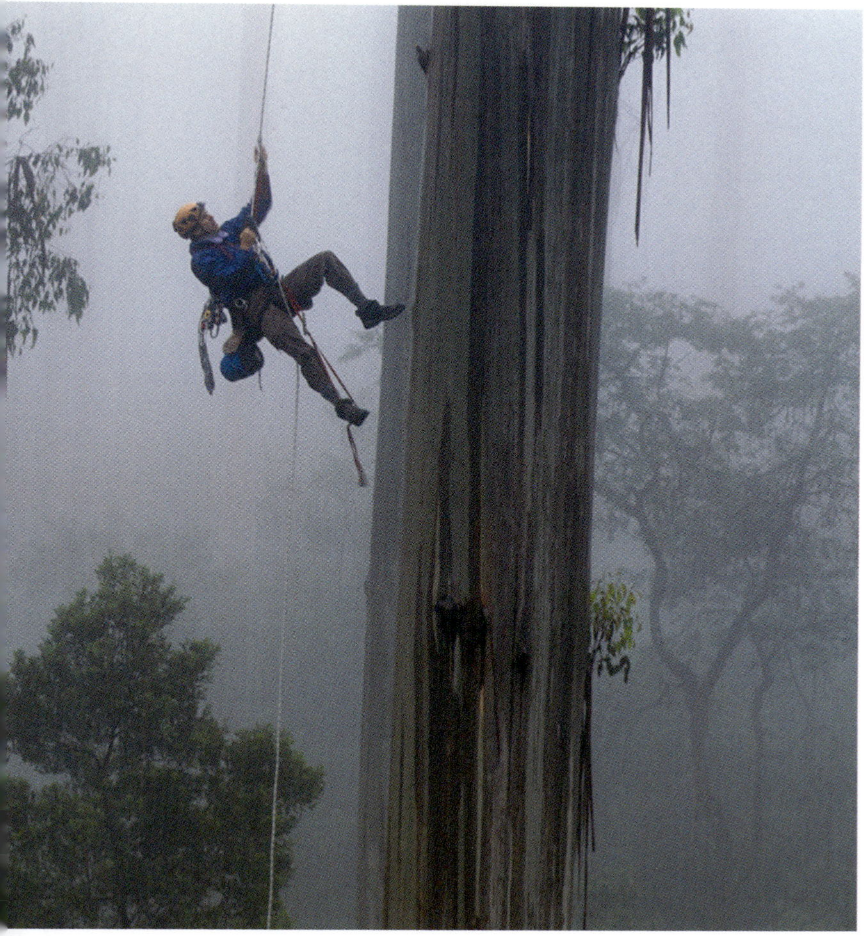

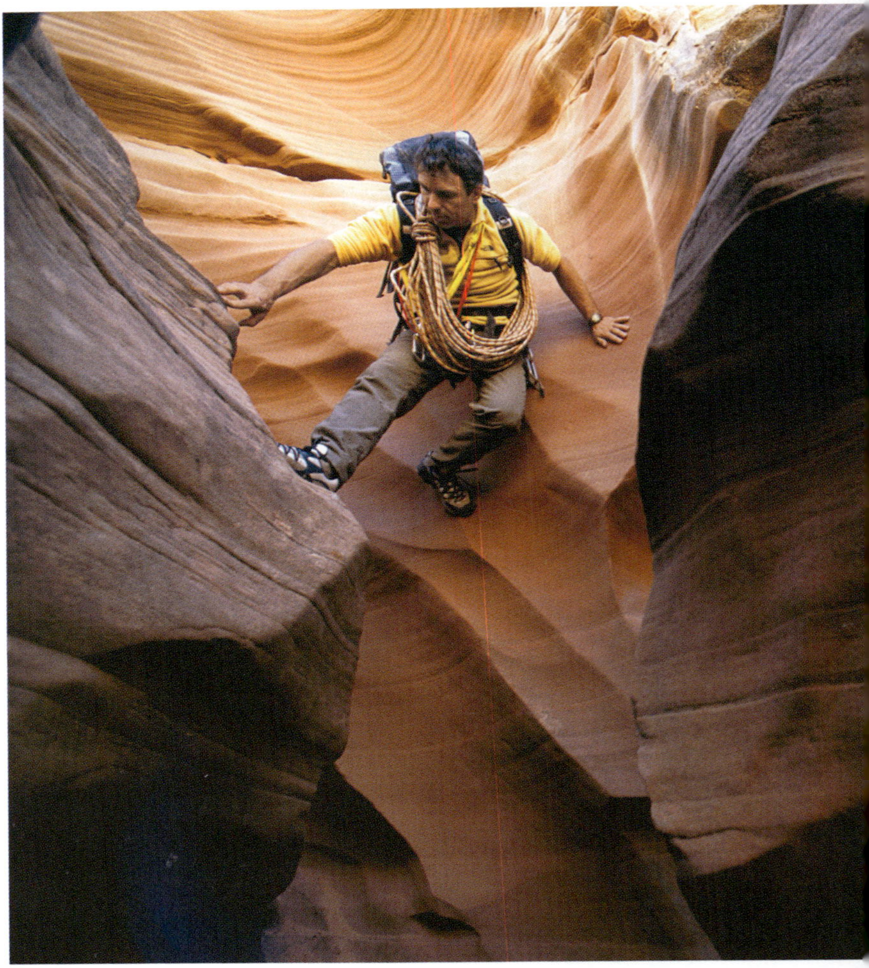

stand, der vor die Lichtquelle gesetzt wird, um ihre Farbe oder Intensität zu verändern. Zu den natürlichen Sonnenfiltern gehören Staub und Rauch. Als Diffusionsfilter können Wolken, Nebel oder Dunst fungieren. Wenn ich die Lichtverhältnisse wählen kann, fotografiere ich am liebsten, wenn die Sonne tief über dem Horizont steht. Bei Sonnenauf- oder -untergang werden die harten Konturen der Sonne weicher, weil das Licht gestreut und gefiltert wird, wenn es durch weniger

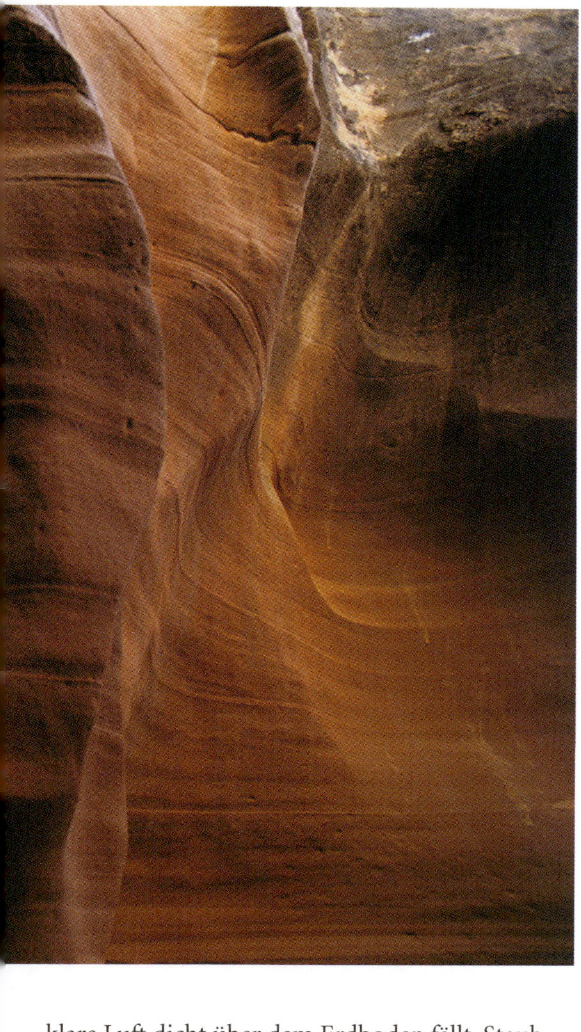

In schmalen, tiefen Canyons leuchtet oft ein wundervolles, warmes Licht. Hier benötigen Sie auf Grund der geringen Lichtintensität und des beengten Raumes unbedingt ein Stativ und ein Weitwinkelobjektiv. Das Foto wurde mit einem 14-Millimeter-Objektiv und einer Verschlussgeschwindigkeit von 1/2 aufgenommen.

klare Luft dicht über dem Erdboden fällt. Staub, Feuchtigkeit oder Verschmutzung dienen als Filter des ansonsten grellweißen Lichtes der Nachmittagssonne. Dieses gefilterte Sonnenlicht beginnt etwa eine Stunde vor Sonnenuntergang oder in der ersten Stunde des Sonnenaufgangs warm zu leuchten. Dieselben warmen Farben werden sichtbar, wenn die Sonnenstrahlen durch Rauch oder Dunst, Schmutzpartikel oder durch vom Wind herangewehten Staub gefiltert werden.

Licht kann aber auch gestreut werden, etwa durch Nebel oder Wolken. Dadurch verschwimmen die harten Schatten auf dem Boden. Gestreutes, weiches Licht wird oft als besonders angenehm empfunden. Es gilt als bestes Licht für Porträtfotos oder Aufnahmen, bei denen harte Schatten störend wirken würden. Nebel und Dunst entstehen, wenn kühle Luftmassen auf wärmere treffen, und zwar insbesondere in der Nähe von Wasser. An einem kühlen Morgen nach einer Sturmnacht oder einem anders verursachten Temperaturwechsel können Sie also mit Nebel rechnen und fangen mit etwas Glück interessante Lichteffekte ein.

Tipp

Halten Sie Ihren Blitz stets einsatzbereit. Selbst ein kurzer, schwacher Blitz kann die Augen eines Motivs zum Leuchten oder Farbe in eine triste Szenerie bringen.

Halten Sie auch Ausschau nach reflektiertem Licht, denn es wirkt weicher als direktes Licht und nimmt die Farben der Oberfläche auf, von der es zurückgespiegelt wird. Werfen Sie einen Blick zurück, wenn Sie klettern oder Kanu fahren. Häufig strahlt in solchen Situationen Sonnenlicht von einer Wand in den Schatten zurück. Das reflektierte Licht kann bei entsprechender Farbe der Steilwand sehr warm wirken. Wenn ich in den roten Sandsteincanyons in Utah oder Arizona fotografiere, nutze ich für 95 Prozent meiner Aufnahmen reflektiertes Licht. Schnee, Sand und sogar trockenes Gras sind ausgezeichnete natürliche Reflektoren. Achten Sie einmal darauf, wie reflektiertes Licht schattige Bereiche ausfüllt. Von allen Lichtfiltern ist reflektiertes Licht häufig am subtilsten.

Öffnen Sie Ihren Blick auch für andere natürliche Filter, die das Licht beeinflussen können. Schauen Sie sich im Freien um, und beobachten Sie, wie Sonnenstrahlen durch Objekte fallen oder von ihnen reflektiert werden. Manchmal ergeben sich wunderschöne, dann aber auch wieder völlig unbrauchbare Effekte. Wenn man im Urwald fotografiert, ist dies, als würde man einen riesigen grünen Filter verwenden. Das

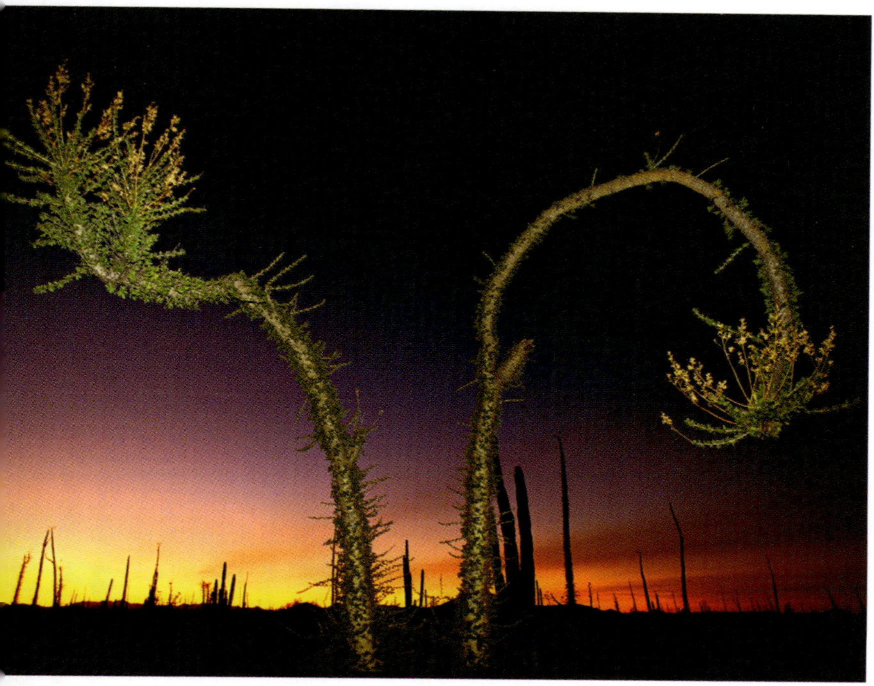

grüne Licht eignet sich perfekt, um die Blätter der Bäume zu beleuchten, nicht aber, um Menschen aufzunehmen. Ich korrigiere dies mit Hilfe eines Korrekturfilters oder Blitzes. Wenn die Personen weit genug entfernt sind, so dass man die Farbe ihrer Haut nicht genau erkennen kann, lasse ich den Blitz weg. Wenn das Sonnenlicht durch ein künstliches Blätterdach oder ein Zeltdach fällt, achte ich darauf, dass das Material nicht blau oder grün ist. Falls doch, benutze ich einen Blitz, um die Person zu beleuchten. Wärmere Farben wie Orange oder Gelb sind besser für die Hauttönung. An klaren Tagen kann der blaue Himmel wie ein riesiger Reflektor wirken. Dies wird besonders deutlich, wenn man im Vollschatten fotografiert. Die blaue Tönung der Schatten lässt sich durch einen Korrekturfilter (81A oder 81B) vor dem Objektiv ausgleichen.

Kurz vor Sonnenuntergang wäre diese Aufnahme ohne Blitz niemals gelungen. Ich stellte den Vollblitz auf die Zweige des Boojum-Baumes und richtete die Belichtung nach dem Licht am Horizont aus.

Blitz im Freien

Der Blitz ist für Abenteuerfotografen ein wichtiges Hilfsmittel. Wenn Sie draußen arbeiten, ergeben sich Fotografiermöglichkeiten zu allen denkbaren Tageszeiten und unter den verschiedensten Lichtverhältnissen. Ohne Blitz kann man da wahrhaftig aufgeschmissen sein. Wird der Blitz richtig eingesetzt, so hellt er die entscheidenden Partien eines Bildausschnittes auf. Mit etwas Erfahrung können Sie Ihre Fotos mit Hilfe des Blitzes deutlich verbessern. Natürlich benötigen Sie ihn, wenn eine Szene zu schwach beleuchtet ist. Schwierig wird seine Verwendung erst, wenn man ihn mit natürlichem Licht mischt (Aufhellblitz). Da das menschliche Auge viel lichtempfindlicher ist als Filme und Digitalkameras, benötigt man Erfahrung, um zu erkennen, wann man tatsächlich einen Blitz benötigt. Der Blitz soll letztlich das Unvermögen unserer Kamera ausgleichen, in dunkle Schatten »hineinzusehen« oder Farben und Details bei schwachem, flachem Licht wahrzunehmen. Man unterscheidet zwei grundlegende Arten der Blitzverwendung, nämlich den Vollblitz und den Aufhellblitz. Einen Vollblitz setzt man ein, wenn man eine gesamte Szene beleuchten will. Ein Aufhellblitz dient dazu, Schatten mit Licht zu füllen. Hierbei sind logisches Denken und Gefühl gefragt. Zu jedem Blitz gehört eine Gebrauchsanweisung, die Sie sorgfältig lesen sollten. Für Aufhellblitze benötigen Sie einen automatisch oder manuell einstellbaren Stärkeregler.

Vollblitze sind dann richtig eingesetzt, wenn der Betrachter des Bildes nicht erkennen kann, dass überhaupt mit Blitz gearbeitet wurde. Um dieses Resultat zu erzielen, müssen Sie die Blitzautomatik der Kamera ausstellen und die Stärke Ihres Blitzes reduzieren. Blitz, Objektiv und Kamera müssen miteinander verbunden sein, damit man die geeignete Blendenöffnung für die korrekte Blitzeinstellung ermitteln kann. Wenn Sie Ihren Belichtungsmesser auf das Umgebungslicht einstellen, richtet sich der Blitz danach, so dass ein Vollblitz möglich ist. Keinesfalls aber dürfen Sie den Blitz auf volle Leistung einstellen.

Bei der Automatik- oder TTL-Einstellung verfügt der Blitz über eine Kontrollfunktion, die die Stärke des Blitzes reduziert. Bei den meisten Blitzgeräten lässt sich die Stärke um drei oder mehr Stufen in 1/3- bis 1/2-Schritten verringern. Bei der Verwendung des Aufhellblitzes fährt man mit der -1,7-Einstellung in der Regel gut. Wenn der Schatten, den es aufzuhellen gilt, sehr dunkel ist –, z. B. unter einer Hutkrempe am hellen Mittag – können Sie auch mit einem stärkeren Blitz (bis 1) arbeiten. Wenn Sie Leute aufnehmen, die Hüte tragen, sollten Sie den Blitz so ausrichten, dass das Licht, welches auf die Krempe trifft, keinen Schatten auf das Gesicht wirft. Wenn Sie einen sehr dezenten Aufhellblitz wünschen, sollten Sie noch niedrigere Einstellungen wählen. Viele Profifotografen stellen den Blitz für Aufhellblitze manuell ein. Dies ist einfacher, als es klingt, und Sie lernen dabei viel über das Ineinanderwirken von natürlichem Licht und Blitzlicht.

Tipp

Kameras und Blitze werden mit umfangreichen Bedienungsanleitungen geliefert, die Sie stets mit sich führen sollten. Am besten kopieren Sie einfach den Teil in Ihrer Sprache heraus.

Separater Blitz

Um den Blitz noch gezielter einzusetzen, sollten Sie sich einen separaten Blitz mit Anschlusskabel oder einem Funk- oder Infrarot-Blitzauslöser anschaffen. Man verwendet den separaten Blitz in der Regel, um direktes Licht auszugleichen und angenehmeres Licht von der Seite einzusetzen. Anstatt eines langen Schattens hinter dem Motiv entsteht so ein weniger störender Schatten auf der linken oder rechten Seite. Man kann den separaten Blitz auch als Spotlight für die Zoomfunktion verwenden. Stellen Sie zuerst diese ein – wenn Sie mit einem 28-Millimeter-Objektiv arbeiten, sollte Sie auf 85 Millimeter stehen. Auf diese Weise beleuchten Sie nur einen Teil Ihres Fotos. Stellen Sie die Kamera vor der Aufnahme so ein, dass diese unterbelichtet wird, und richten Sie dann den Blitz direkt auf das Hauptmotiv. Ein separater Blitz ist auch nützlich, wenn der Blick auf das Motiv durch Äste oder andere Objekte zum Teil versperrt wird. Es ist zwar manchmal ein wenig mühevoll, einen separaten Blitz mitzunehmen, doch passt er meist in die Innentasche der Jacke oder die Fototasche und ist dann stets griffbereit.

Für diese Aufnahme neigte ich den auf der Kamera installierten Blitz nach rechts, um die Felsenbilder anzustrahlen, während man von dem Wanderer nur die Silhouette erkennt.

Unschärfeeffekt

Der Unschärfeeffekt mit Blitz entsteht, wenn man die Kamera auf eine niedrige Verschlussgeschwin-

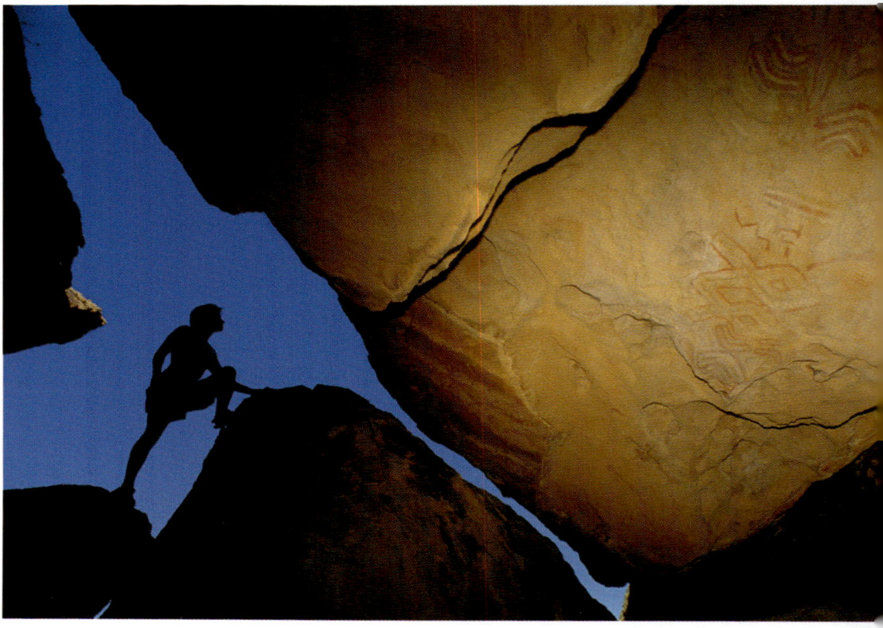

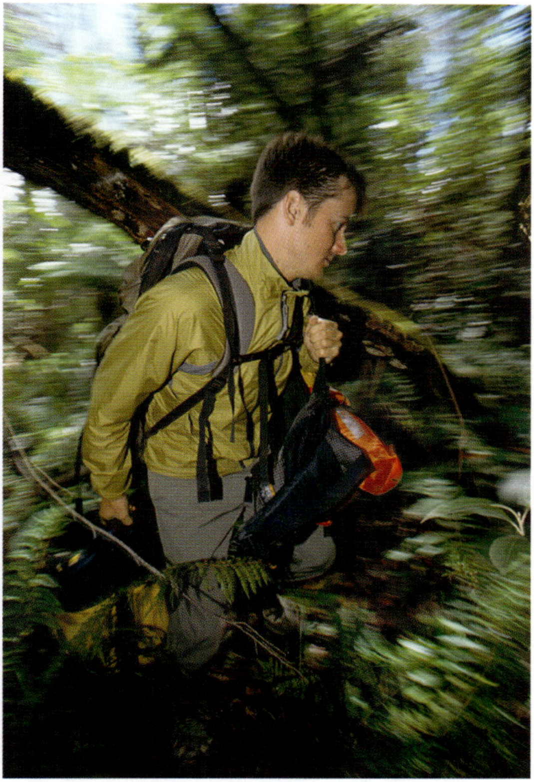

Unschärfeeffekte erzielt man mit einem separaten Blitz und niedriger Verschlussgeschwindigkeit. Hier blieb das Motiv scharf, während die Bäume verschwommen und dadurch bewegt wirken.

digkeit (ca. 1,8) einstellt, so dass der Blitz die Aktion im Bildausschnitt gleichsam »einfriert«. Dies funktioniert allerdings nur bei sehr schwachem Außenlicht. Die meisten elektronischen Blitze haben eine Front-Curtain- (1. Vorhang) und eine Rear-Curtain-Sync-Einstellung (2. Vorhang). Wählen Sie für Actionfotos die Rear-Curtain-Sync-Einstellung, denn sie bewirkt, dass zunächst das Bild belichtet und erst kurz vor Ende der Blitz aktiviert wird. Dadurch ist das Motiv scharf, während der Hintergrund verschwimmt. Besonders gut gelingen solche Fotos, wenn man das Motiv vor einem dunklen Hintergrund platziert. Das Ganze wirkt noch dramatischer, wenn man den Blitz auf volle Leistung stellt und den Hintergrund leicht unterbelichtet.

CARSTEN PETER
Grenzgänger

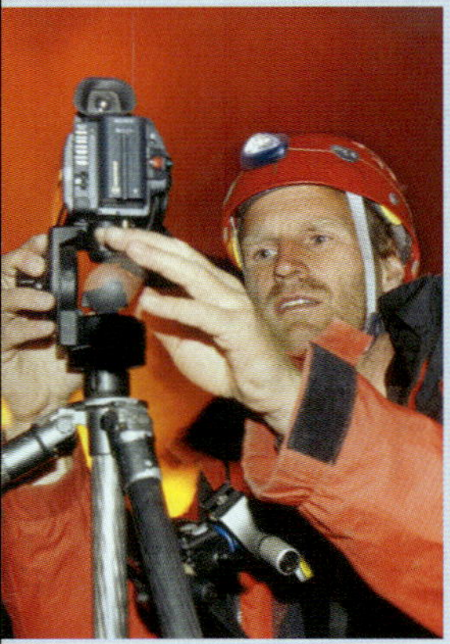

Carsten Peter

ES IST OFT ÜBERRASCHEND ZU SEHEN, auf welchem Weg Fotografen ihre speziellen Interessen verwirklichen. Menschen haben die höchsten Berge bestiegen, die tiefsten Urwälder durchdrungen und beide Pole erforscht. Als das Goldene Zeitalter der geographischen Entdeckungen endgültig vorüber war, glaubten viele, auch die Abenteuerfotografie habe ihren Höhepunkt überschritten.

Der deutsche Fotograf Carsten Peter bewies das Gegenteil, obwohl er nicht mit dieser Absicht ausgezogen war. Peter fotografierte in den wildesten und gefährlichsten Regionen der Erde. Bekannt wurde er für Wissenschaftsbilder in Extremsituationen, etwa von aktiven Vulkanen, oder mit Aufnahmen in unmittelbarer Nähe von Tornados.

Fast schon wie Sonntagsausflüge wirkten da seine über 2000 Kilometer lange Exkursion durch die menschenleere Sahara oder die Erkundung der Eishöhlen in den Gletschern am Mont Blanc. Peters Reisen führen stets an Orte, die bisher nur wenige Menschen gesehen haben.

Carsten Peter studierte Biologie an der Universität München. Wenn man seine Aufnahmen betrachtet, erkennt man unschwer die wissenschaftliche Neugierde, die dahintersteht.

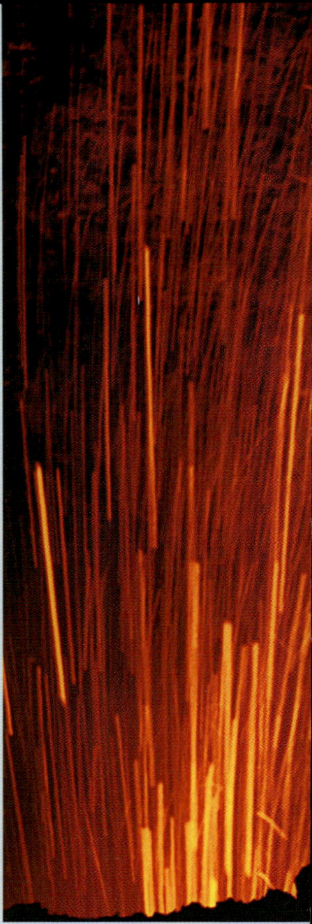

Peters Team seilte sich an den 450 Meter tiefen, instabilen steilen Kraterwänden ab und kam den Dämpfen und der aktiven Lava des Marumkraters auf Ambrym (Vanuatu) dabei so nahe wie niemand zuvor. In der Zone von Erdbeben und vulkanischer Aktivität war die Ge-

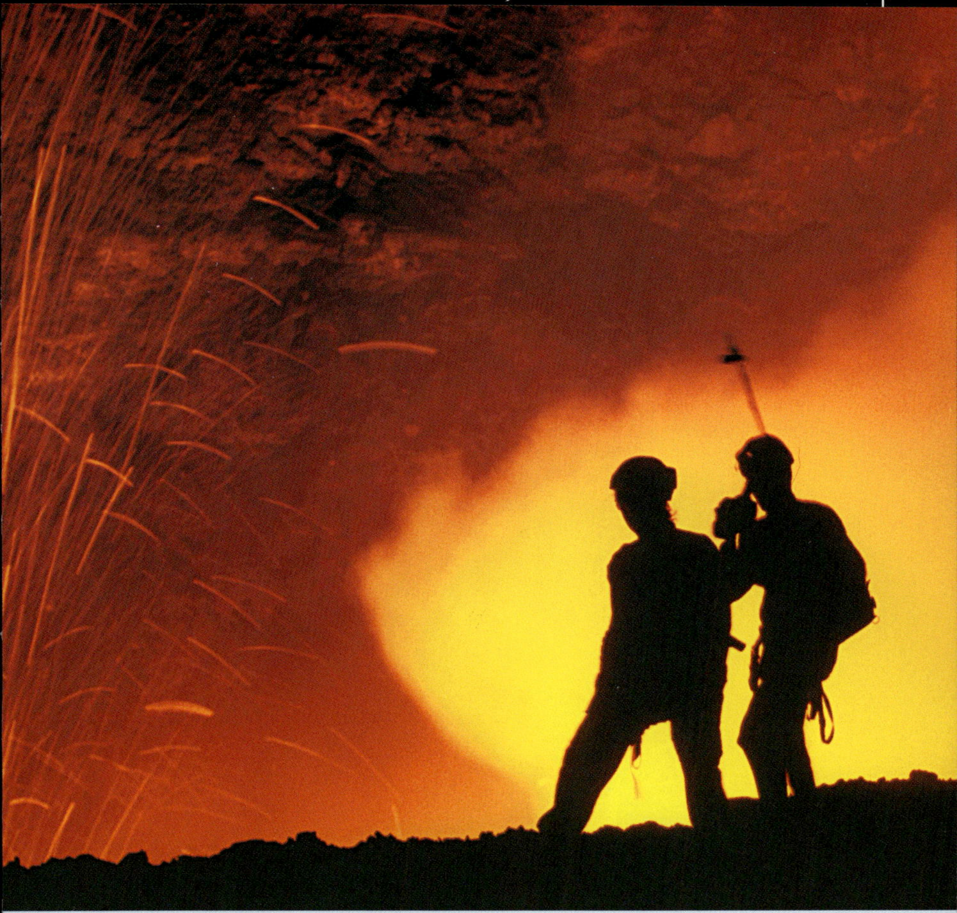

fahr von Steinschlag besonders groß. Unten im aktiven Krater funktionierte die Ausrüstung wegen der giftigen Gase nicht optimal, die sogar das Glas der Objektive angriffen. Für dieses Foto mussten 55 Träger Seile, die Kletterausrüstung und andere Gegenstände auf den Gipfel schleppen.

Die Erforschung der Erde bietet nach Peters Auffassung eine schier unendliche Fülle von Motiven von weitgehend unbekannten Orten. Wenn er in einen ausbrechenden Vulkan steigt oder einem Tornado der Stufe vier folgt, versucht er, mit aufregenden Bildern zurückzukehren, die unser Wissen über Schauplätze und Ereignisse erweitern.

Jede Erfahrung kann zugleich eine Inspiration für das nächste Unternehmen sein. Als Peter Anfang der 1980er-Jahre studierte, nahm er mit Freunden an mehreren Auto-Rallyes durch die Sahara teil. Diese Abenteuer machten ihn fit für seine späteren Aufnahmen und Expeditionen.

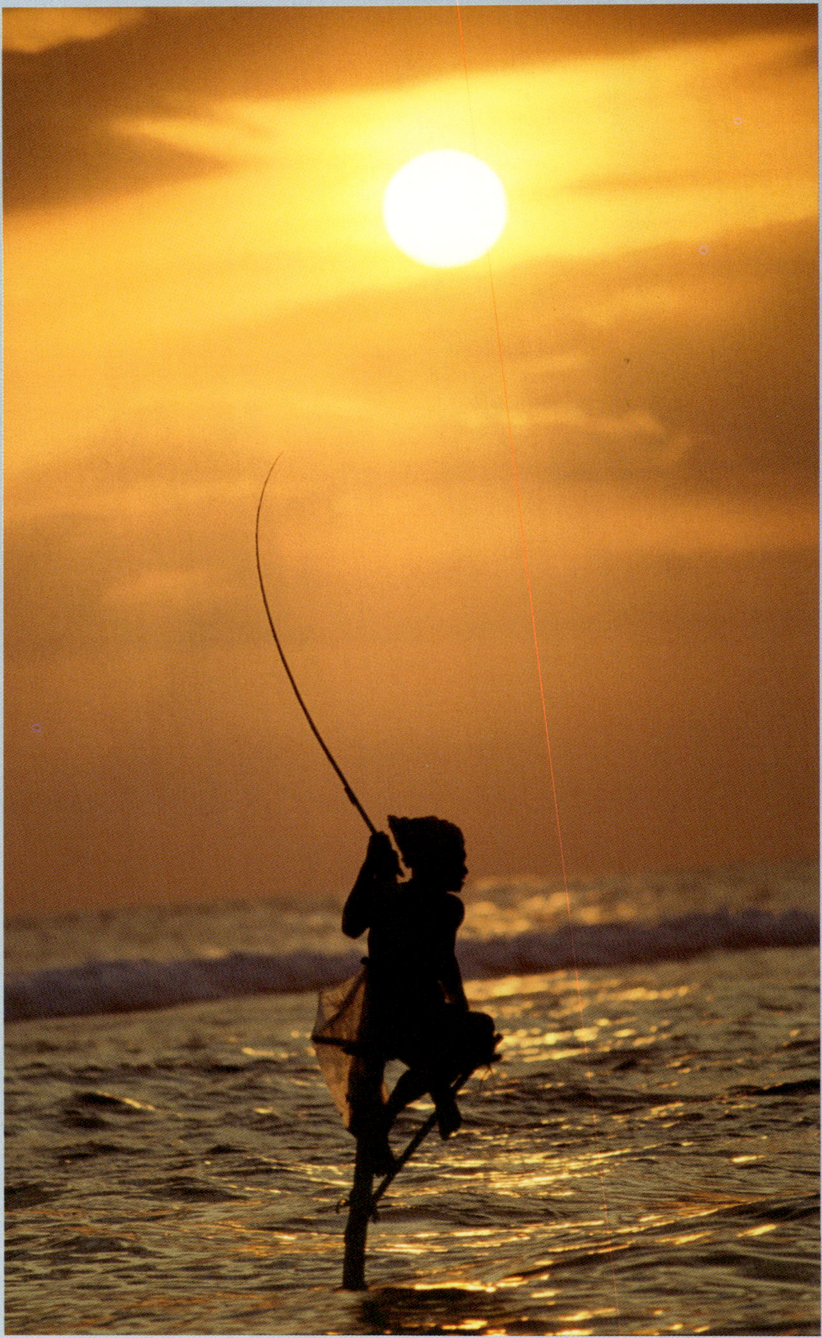

Peter verdiente sich mit den Reportagen über seine Afrikareisen das Studium. Was ihm an Geld übrig blieb, investierte er in weitere Afrikareisen. Für seine ersten Fahrten brauchte er nur wenig. »Meine Freunde und ich entdeckten, dass man den Kontinent am billigsten auf dem Motorrad durchqueren konnte. Heute machen das viele Leute, so dass man sich mühelos Informationen über die besten Maschinen, Routen und Karten besorgen kann.« In den frühen 1980er-Jahren gab es diesen Luxus bei den Vorbereitungen noch nicht.

»Wir waren arme Studenten und fuhren auf billigen Motorrädern, die wir in unserer Garage testeten, um genau herauszufinden, wie wir sie beladen mussten. Wir hatten nur schlechte Karten, manchmal Kopien von Kopien. Oft mussten wir mitten in der Wüste entscheiden, ob wir Reservebenzin mitnehmen und auf Wasservorräte verzichten wollten oder umgekehrt. Wir wählten immer das Benzin und litten Durst.« 20 Jahre später konnte Peter seine Motorraderfahrungen als perfekte Vorbereitung für seinen 2000-Kilometer-Trip durch die Sahara nutzen.

Am stärksten interessiert sich Carsten Peter für unbekannte, nahezu unzugängliche Orte. »Wenn man sie leicht erreichen würde, könnte jeder dort fotografieren, und der Platz würde mich nicht mehr interessieren«, bemerkt er. Wenn er eine Exkursion plant, schaut er sich zunächst an, welche Fotos bereits von seinem Ziel existieren. Wenn er den Eindruck hat, dass sich noch niemand nahe genug herangewagt oder das Motiv aus einer wirklich ungewöhnlichen Perspektive aufgenommen hat, sammelt er weitere Informationen. Er interessiert sich besonders für die Zugangswege zu der Region und die beste Zeit, um das Motiv aufzunehmen. Häufig lohnt sich der Aufwand. Peter war an Ort und Stelle, als der Ätna ausbrach, doch als er

Vor einem typischen Sonnenuntergang wartet ein Fischer aus Sri Lanka auf seinen Fang. Abenteuerfotografie ist nicht immer gefährlich – oft hängt ein gutes Bild allein von der Geduld des Fotografen ab.

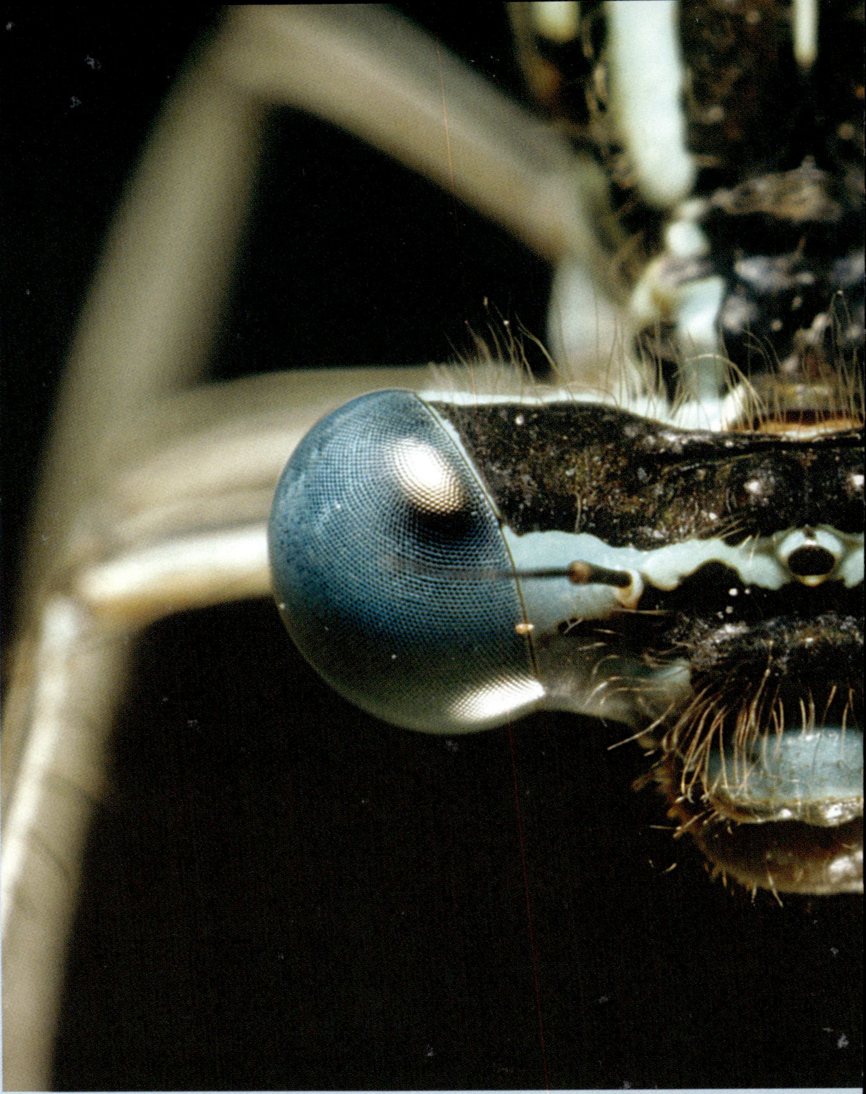

die Aktivitäten des Mount St. Helens in jüngerer Zeit überprüfte, beschloss er, nicht dorthin zu fahren, weil er nicht glaubte, die Aufnahmen der spektakulären Eruption von 1980 übertreffen zu können. Und er behielt Recht, denn der Mount St. Helens brach nicht erneut aus.

Peter nimmt auf seine Expeditionen eine umfangreiche Ausrüstung mit, um für alle Eventualitäten gerüstet zu sein. Doch das Material allein

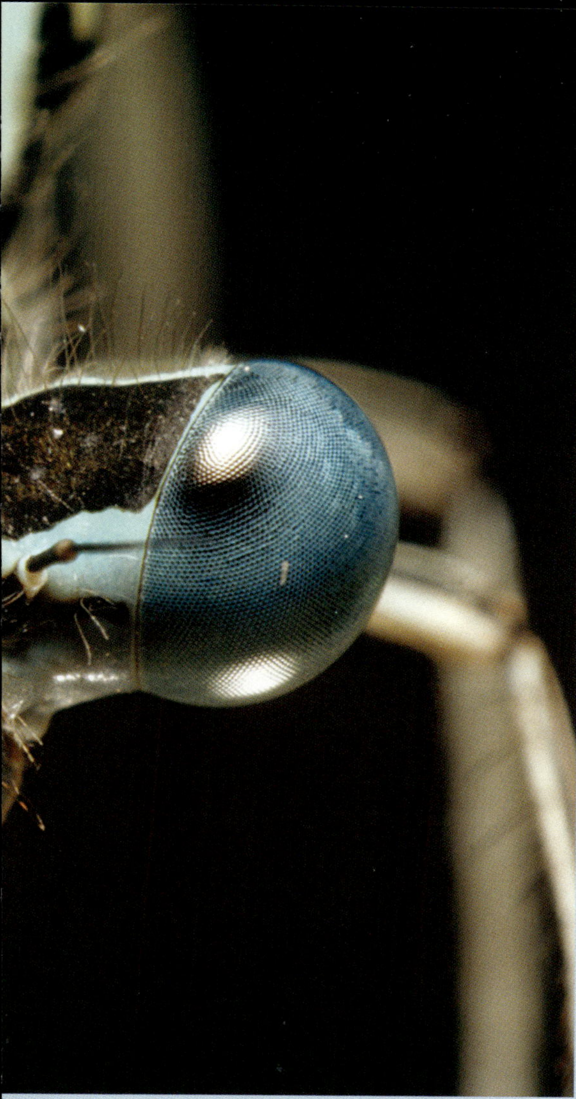

Diese Libelle fotografierte Carsten Peter in Bayern. »Manchmal liegt das Abenteuer im Detail, und man muss es nur vergrößern, um die Tür zu einer völlig neuen Welt aufzustoßen. Als Biologe bin ich stets auf der Suche nach diesem besonderen Blick auf die Natur.«

macht noch keine gute Story aus. Peter ist ein hervorragender Kletterer und Paraglider, hat gelernt, Höhlen zu erkunden und in der Wüste oder im Gebirge zu überleben.

Bei seinen Aufnahmen lässt er stets größte Sorgfalt walten. Zu den Orten, die er aufsucht, würden viele Leute einen Arzt mitnehmen, im gepanzerten Wagen oder jedenfalls nicht ohne Erste-Hilfe-Ausrüstung fahren. Peter dagegen

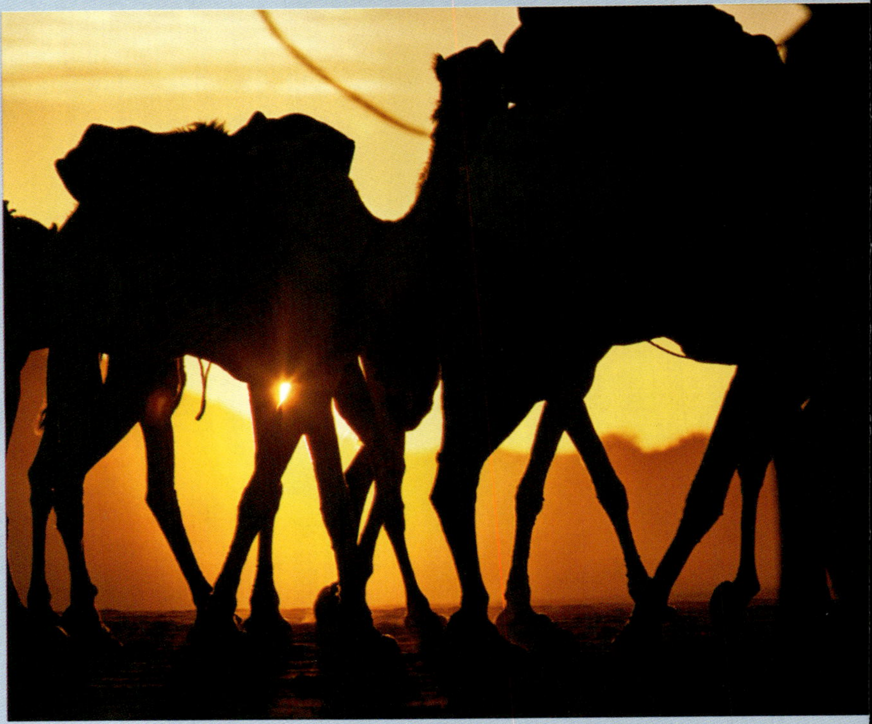

Diese Kamele fotografierte Peter während einer Expedition durch die Sahara. »Alles war in Bewegung, selbst der Sand, durch den die Kamele stapften«, erzählt Peter. Er versuchte, alle möglichen Ansichten vom Marsch der Kamele einzufangen. Auf dieser Aufnahme sollten so viele Kamelbeine wie möglich zu sehen sein.

informiert sich in erster Linie detailliert über sein Motiv. Wenn er Aufnahmen an Vulkanen macht, weiß er um die Gefahr ausströmender giftiger Gase. Er prüft die Windrichtung genau und achtet darauf, nicht in der Windrichtung von Flammen oder Gasen zu arbeiten.

Als Peter im Südpazifik die einzigartigen Lavaseen der Ambrym-Vulkane auf Vanuatu fotografierte, kam eine weitere Gefahr hinzu. Er wusste bereits, dass aus den Seen giftiger Schwefel und Chlorgas aufstiegen. Auf den Inseln angekommen, erfuhr er aber, dass sich die Gefahr vervielfachte, wenn sich der Dampf mit dem fast stetig fallenden Regen zu einem ätzenden sauren Niederschlag vermischte. Diese Säure war in der Lage, binnen kürzester Zeit Kamera und Material zu zerstören. Um seine

Ausrüstung und natürlich auch sich selbst zu schützen, arbeitete Peter sehr sorgfältig und überlegte genau, wann und wo er sich den Seen näherte.

Peter bereitet immer mehrere potenzielle Projekte zur gleichen Zeit vor. Wenn man ihn fragt, woran er gerade arbeitet, erzählt er etwas von einer Reise nach Island oder zu irgendwelchen Höhlen in Borneo, doch erst wenn er zurückkehrt, erfährt man genau, wo er gewesen ist und was er dort gemacht hat. Dabei ist Carsten Peter kein Geheimniskrämer. Aber was soll man von einem Ort erzählen, an dem zuvor noch niemand war?

Tipps von Carsten Peter

- Begeistern Sie sich für Ihr Motiv! Ohne Leidenschaft und Engagement entstehen keine guten Bilder.
- Werden Sie zum Experten für das Motiv, das Sie fotografieren möchten.
- Bleiben Sie beim Fotografieren ein wachsamer Beobachter. So lernen Sie am meisten über Ihr Motiv und die Umgebung, in der es sich befindet. Dieses Wissen hilft Ihnen, die besten Standorte und Zeiten herauszufinden.
- Gehen Sie ruhig nahe an Ihr Motiv heran, und arbeiten Sie mit einem Weitwinkelobjektiv.
- Erproben Sie verschiedene Techniken, und öffnen Sie sich völlig neuen Zugangsmöglichkeiten. Sie können klettern lernen, wenn Sie Höhlen erkunden wollen, oder einen Kurs im Paragliding absolvieren, um neuartige Landschaftsaufnahmen zu machen. Es lohnt sich, über neue Wege nachzudenken, die sich durch ungewöhnliche oder einzigartige Zugänge zum Motiv und seiner Umgebung bieten.
- Reisen Sie mit leichtem Gepäck und schlichter Ausrüstung. Bedenken Sie stets, dass der Umfang der Ausrüstung die Qualität einer Aufnahme nicht notwendig verbessert.

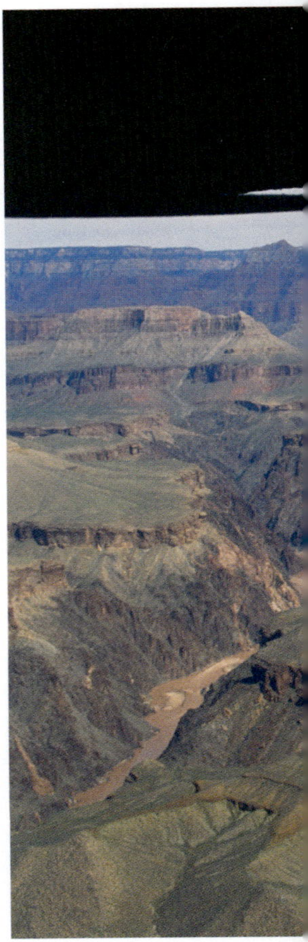

Im Hintergrund dieses Fotos erkennt man unschwer den Grand Canyon. Wenn Sie das Motiv in Beziehung zu seiner Umgebung setzen, erzählen die Bilder dem Betrachter später eine umfassendere Geschichte.

DIE ABENTEUERFOTOGRAFIE ist vermutlich das einzige Gebiet der Fotografie, bei dem der Fotograf stets am Geschehen teilnimmt. Abenteuerfotografen haben gleichsam einen Logenplatz und können ihre Nähe zum Geschehen nutzen, um sich einerseits auf das Motiv selbst, andererseits auf die Emotionen der Teilnehmer und Zuschauer im Verlauf des Ereignisses zu konzentrieren.

Abenteuerfotografen erzählen meistens eine Geschichte. Ich versuche immer, einen roten Faden zwischen den wichtigen Fotomotiven einer Exkursion zu spannen. Ich fange damit zu Beginn der Reise an und werde in ihrem Verlauf immer vertrauter mit dem Abenteuer, so dass ich dramatische Szenen einbauen kann. Gelungene Abenteuerfotos sind immer Ergebnis einer Gratwanderung zwischen Fotografie und Teilnahme am Geschehen. Man muss die Technik gut beherrschen und zugleich genau beobachten, wie sich die Aktivitäten entfalten. Wenn dies gelingt, wird man mit tollen Fotos belohnt, welche die Geschichte des erlebten Abenteuers erzählen.

Abenteuer-Geschichten

Ein vorab entworfenes Konzept der Geschichte und die richtige Ausrüstung sind die Grundvoraussetzungen dafür, dass die Exkursion glatt verläuft und Sie mit den gewünschten Fotos heimkehren. Das Thema der Geschichte zu ent-

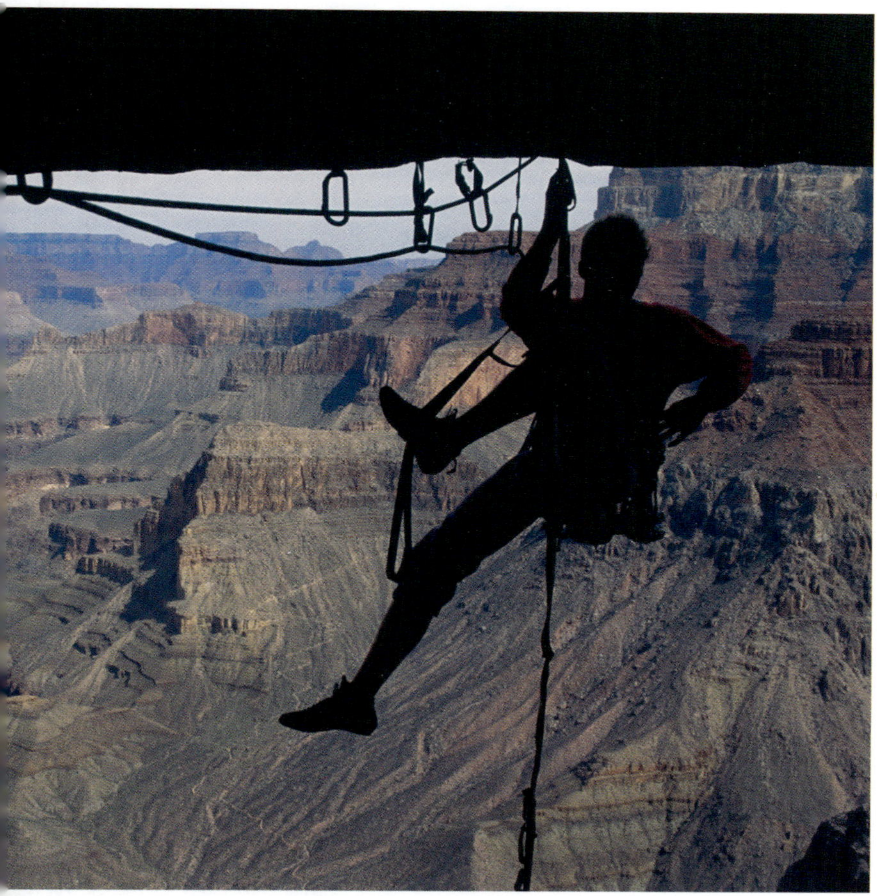

werfen ist für Abenteuerfotografen genauso wichtig wie für Sportfotografen beispielsweise das richtige Ballverständnis. Im Sport benötigen Sie Erfahrung und genaue Kenntnisse des Spielverlaufs. Im Laufe der Zeit lernen Sie, den Weg, den der Ball nimmt, in neun von zehn Fällen vorauszusehen, und sind dann zur rechten Zeit am richtigen Ort. Eine Geschichte zu erzählen bedeutet jedoch mehr, als ein tolles Foto zu schießen. Wie erreicht man dieses Ziel?

Wenn ich hinausgehe, um Bilder für eine Reportage zu machen, weiß ich, dass es wichtig

NACHFOLGENDE SEITEN: Dieses Bild machte ich mit einem 400-Millimeter-Teleobjektiv und schneller Verschlussgeschwindigkeit von der anderen Seite des Flusses aus. So behielt ich die Szene mit dem kenternden Kajakfahrer fest im Blick.

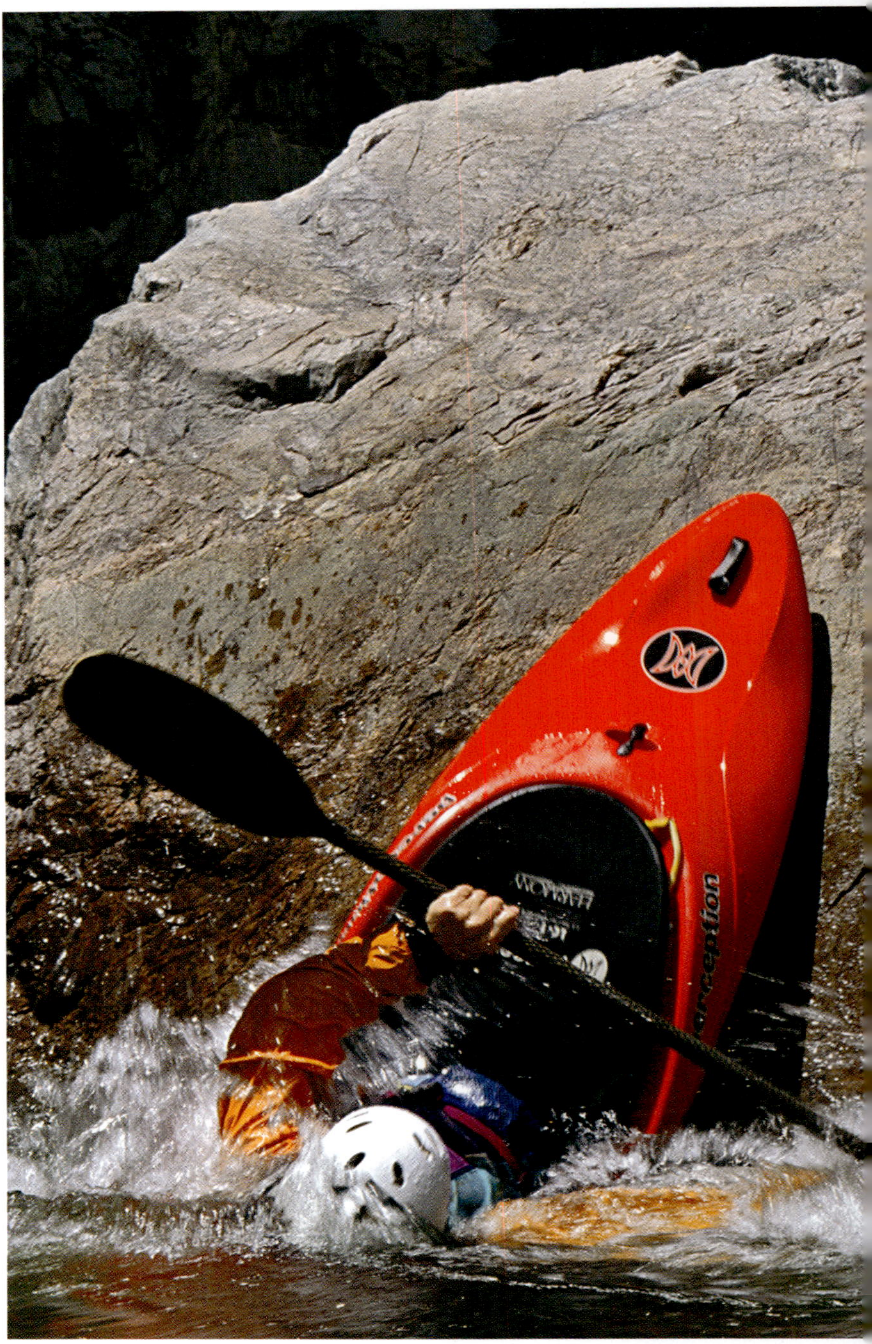

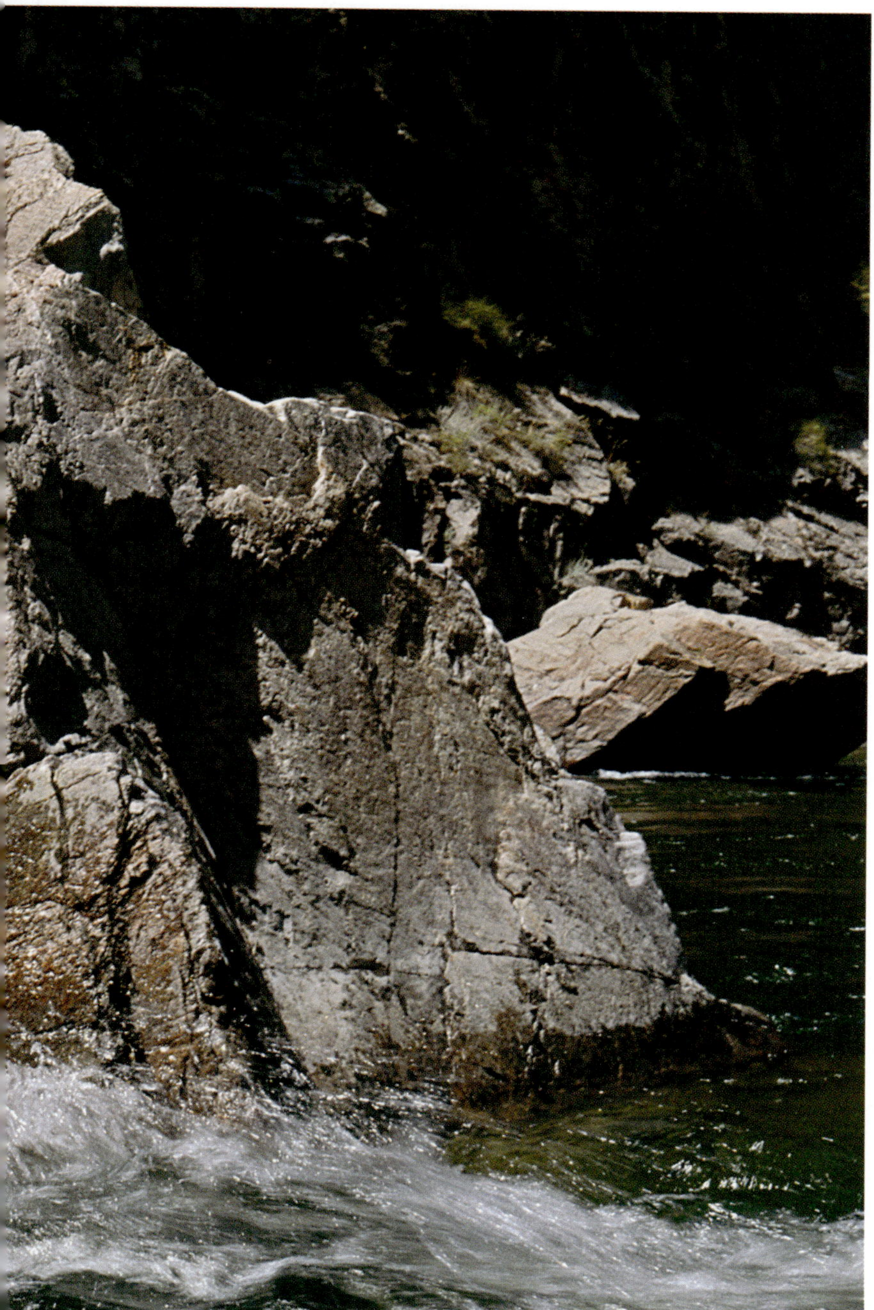

ist, das Geschehen intensiv zu verfolgen. Ich muss aber auch einige journalistische Grundregeln beherrschen, die mir helfen, meine Geschichte mit wirklich ausdrucksstarken Fotos zu illustrieren. Diese Regeln lassen sich in den berühmten fünf »W-Fragen« »wer?«, »was?«, »wo?«, »wann?« und »wie?« zusammenfassen.

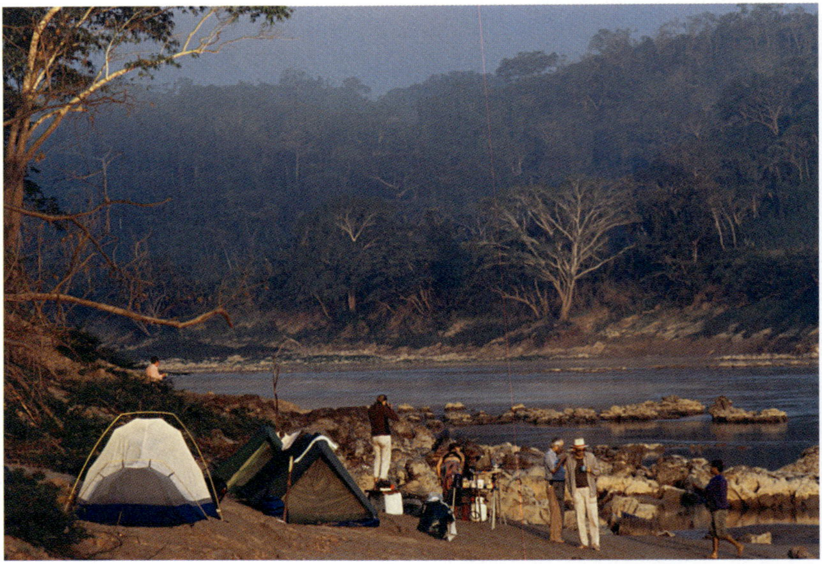

Nachdem ich einige Aufnahmen in unserem Flusscamp gemacht hatte, entfernte ich mich bei Sonnenuntergang ein wenig und schoss dieses Panoramabild des Camps mit Blick auf den Urwald jenseits des Flusses.

Fotografen und Journalisten bedienen sich der fünf »Ws«, um ihren Aufnahmen und Artikeln Tiefe und Bedeutung zu verleihen, und um sich im Rahmen einer längeren Arbeit immer wieder auf das Wichtige und Notwendige zu besinnen.

Bei Außenaufnahmen suche ich nicht einfach nach spektakulären Motiven, schönen Lichtverhältnissen oder gelungenen Kompositionen. Vielmehr bemühe ich mich, in jedem Bild die grundlegenden Elemente meiner Geschichte wieder zu finden. Sie dienen mir als Führer und Motivation. Die Geschichte steht auf meinen Bildern immer an oberster Stelle. Licht und

Komposition sind lediglich Techniken, durch die sich das Bild für den Betrachter so effektvoll wie möglich in die Rahmenhandlung einfügt. Die Geschlossenheit und Spontaneität einer Exkursion kann man allerdings ganz leicht zerstören, indem man das Motiv auf jedem Bild gezielt arrangiert. Viel lieber sollte man selbst den Standort wechseln und vorher überdenken, wann man den Auslöser betätigt.

Auf einer Expedition durch die Baumwipfel australischer Wälder musste ich im wahrsten Sinne des Wortes den Wald zwischen den Bäumen suchen. Ich befand mich in einem dichten Eukalyptus-Eschenwald im Yarra Ranges National Park in der Great Dividing Range. Mehrere Wochen lang wollte ich hier ein von NATIONAL GEOGRAPHIC unterstütztes Projekt zur Erforschung der Baumwipfel dokumentieren. Die Wissenschaftler stellten unter anderem fest, dass die Bäume in Wallaby Creek einen der höchsten Hartholzwälder der Erde bilden. Meine Aufgabe bestand darin, die Forscher bei ihrer Arbeit in den Baumriesen zu fotografieren. Natürlich war ich überwältigt, als ich am Fuß der 90 Meter hohen Giganten stand, doch vor allem versuchte ich, die fünf »W-Fragen« anzuwenden, um Bilder für eine handfeste journalistische Reportage zu sammeln. Mit Hilfe der Aufnahmen erzählte ich, wie die Wissenschaftler in den riesigen Bäumen arbeiteten, und hielt zugleich die Einzigartigkeit des Ökosystems fest.

Tipp

Für Porträtaufnahmen sollten Sie einen Schritt zurücktreten, um die Person in ihrer Umgebung aufzunehmen.

Das wahre Leben

Auf meiner Lieblingsaufnahme von dieser Exkursion hängt der Wissenschaftler Roman Dial an einem im Baum befestigten Seil, das sich langsam dreht. Dabei gibt er Daten in sein Notebook ein, um eine 3-D-Karte des Waldes

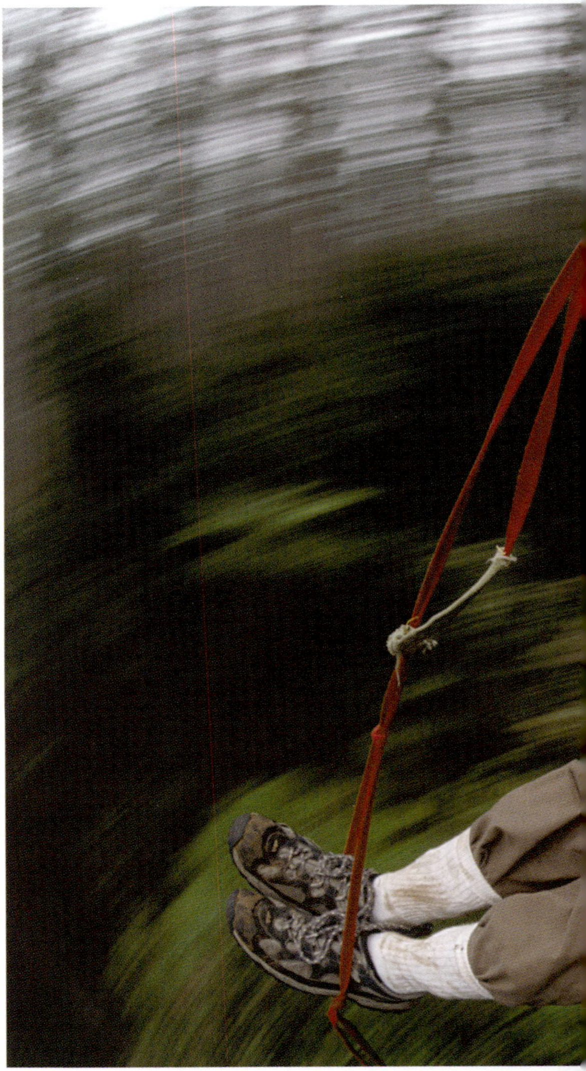

Tipp

Machen Sie zunächst ein Panoramabild, und gehen Sie dann näher heran, um Details zu fotografieren, die eine eigene Geschichte erzählen.

zu erstellen. Ich wollte mit diesem Foto zeigen, wie die Forscher hoch oben in den Bäumen ihre Arbeit verrichten. Als ich die Aufnahme plante, musste ich Überlegungen zur am besten geeigneten Technik anstellen. Wenn ich die Bewegung des Waldes einfangen und zugleich den Fokus auf Roman richten wollte, musste die

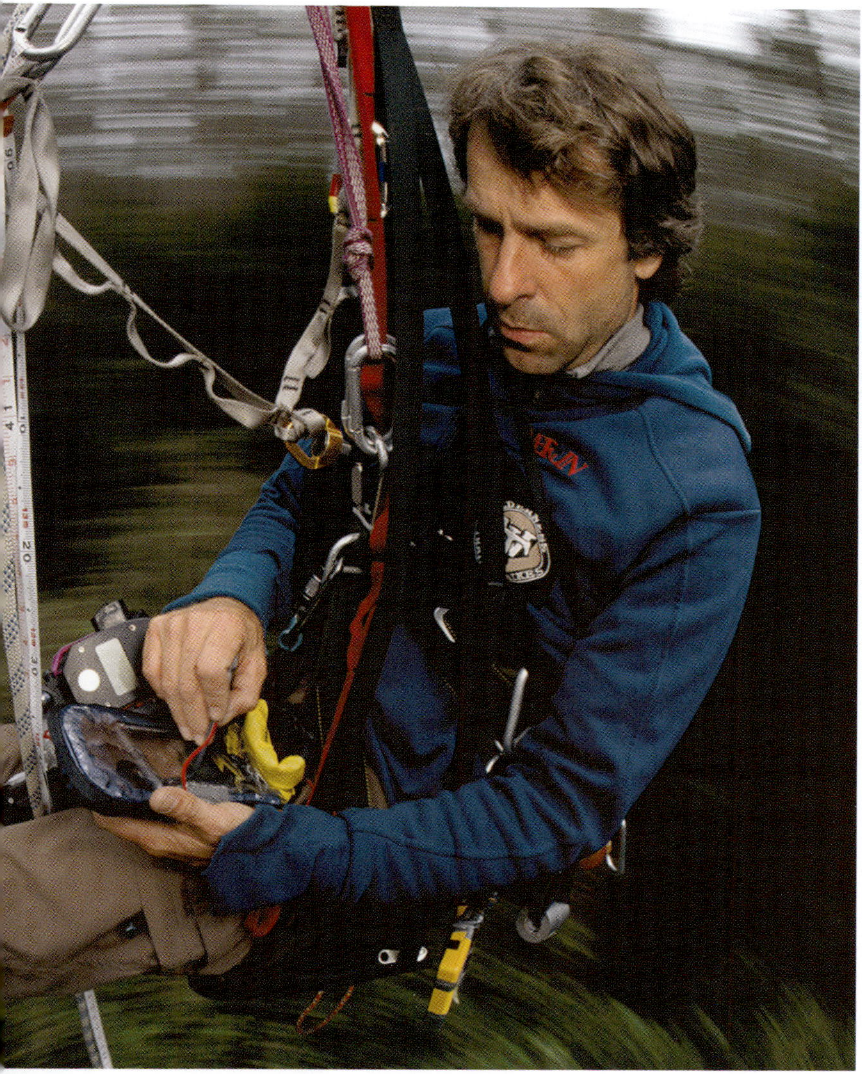

Kamera an dem Seil fixiert sein, während es sich drehte. Es wäre viel zu gefährlich gewesen, wenn ich mich selbst an das Seil gehängt hätte, außerdem hätte es Romans Arbeit behindert.

Ich bastelte also mit Hilfe von Schläuchen und Klebeband eine Art Dreiecksklammer und fixierte die auf Roman gerichtete Kamera mit

Mit Hilfe eines separaten Blitzes gelang es, diese Aufnahme des Forschers Roman Dial auszuleuchten, der in 90 Metern Höhe in den Bäumen arbeitete.

einer Klemme. An den beiden anderen Winkeln des Dreiecks befestigte ich mechanische Vorrichtungen, damit sich die Halterung nicht verhaken konnte. Nun machte ich die Kamera so fest, dass Roman sie an seinem Seil anbringen und mit ihr in den Baum klettern konnte, um seine Daten zu sammeln.

Vorher testete ich die Haltevorrichtung allerdings am Boden mit einer Polaroidkamera, die ich auf meinem Spiegelreflexkameragehäuse befestigt hatte. Mit Hilfe dieses Testfilms konnte ich die Belichtung und Komposition genau justieren. Ich stellte fest, dass sich ein 16-Millimeter-Fisheye-Objektiv am besten eignete, weil der Abstand von der Kamera zum Motiv kaum einen Meter betrug. Ich verwendete einen Blitz mit einer kleinen Softbox und konnte dank der Polaroidkamera auch den Abstand und Winkel der Kamera zum Motiv festlegen. Den Auslöser betätigte ich per Fernbedienung vom Boden aus. An dem betreffenden Tag herrschte leichter Wind, weshalb sich Roman schneller drehte als gewöhnlich. Das Bild gelang genau so, wie ich es mir vorgestellt hatte, und enthielt alle Informationen, die ich für meine Geschichte benötigte.

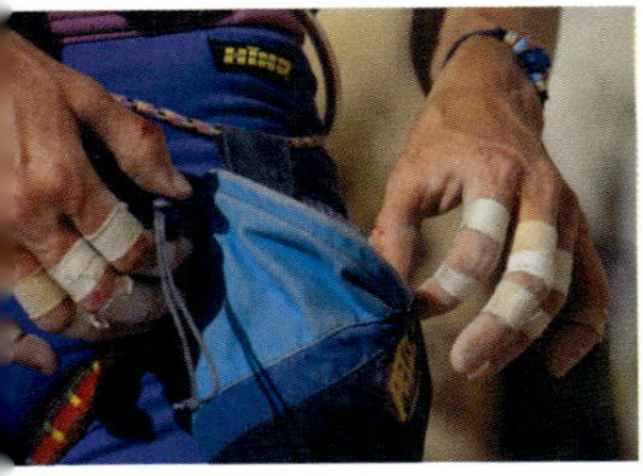

Die Hände sind die wichtigsten Werkzeuge von Kletterern. Bei Reportagen über Bergsteiger fotografiere ich häufig Details wie die Hände. Wenn sie in Eis und Schnee unterwegs sind, nehme ich auch Eispickel und ähnliches Werkzeug auf. Bei Hängegleitern kommen Höhenmesser oder technisch ausgefeilte Helme mit aufs Bild.

Dennoch gehörte die Aufnahme nicht zu jenen, die später auf der Doppelseite im NATIONAL-GEOGRAPHIC-Magazin die Arbeit der Wissenschaftler in den Baumwipfeln illustrierten. Ich hatte drei Tage damit zugebracht, dieses eine Foto vorzubereiten, das aus meiner Sicht die gesamte Geschichte in ein Bild fasste – doch letztlich wurde ein anderes Foto (siehe Seite 84) gewählt.

Dieses Foto entstand früh am Morgen, als der Nebel aus den Bergen die Baumriesen in ein magisches Licht tauchte. Letztlich ist die Aufnahme des Forschers, der den hohen Eukalyptus erklimmt, nicht übermäßig komplex. Das Ganze dauerte weniger als eine Minute, das Foto selbst

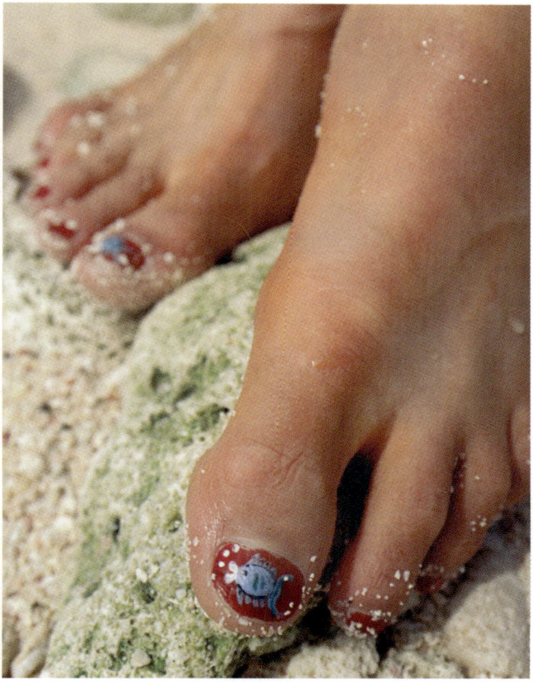

Detailfotos gibt es in vielen Variationen. Man sollte darauf jedoch sofort den Ort erkennen, ganz gleich, ob es sich um ein Einzelbild oder eine größere Sequenz handelt. Dieses Detailfoto der Füße mit bemalten Zehen auf Korallen und Sand gehört zu einer Reportage über das Strandleben.

kostete mich kaum ein paar Sekunden. Ich machte es gegen Ende meines Aufenthaltes und musste dazu lediglich eine gute Position unter den Bäumen finden und darauf achten, dass ich den Kletterer erwischte, bevor er das Blätterdach erreichte. Nachdem ich fast einen Monat mit dem Baumforschungsteam verbracht hatte, verfügte ich über die dazu nötige Erfahrung.

Warum veröffentlichte die Redaktion genau dieses Bild? Der Grund liegt auf der Hand: Es erzählt die gesamte Story der Reportage mit der nötigen Dramatik. Wenn ich mein »Lieblingsbild« heute kritisch betrachte, wird mir klar, dass ich die wichtigste der fünf »W-Fragen« vernachlässigt habe. Das Bild des Forschers, der sich am Seil dreht, zeigt nämlich nicht, dass dieser sich 30 Stockwerke über dem Erdboden befindet. Die gewählte Aufnahme fasst dagegen die Landschaft und die Arbeitsumgebung der Wissenschaftler eindrucksvoll ins Bild.

Das Baumwipfelfoto illustriert, wie man viele unterschiedliche Elemente in ein Bild fassen kann. Meistens macht man im Rahmen einer Exkursion Hunderte von Fotos mit den verschiedensten Settings. Ich versuche, die Aufnahmen immer mit Blick auf die Story zu betrachten, die dahintersteht. Dies hilft mir, Wichtiges von Unwichtigem und Gelungenes von weniger Gelungenem zu unterscheiden. Vor der Abreise informiere ich mich genau über mein Reiseziel und kann dieses Hintergrundwissen während der Arbeit stets gut gebrauchen. Allzu leicht übersieht man sonst ein gutes Motiv, einfach, weil man nicht rechtzeitig in Erfahrung bringt, dass es überhaupt existiert.

Während einer Exkursion in die Berge von Pakistan reiste ich mit Kletterern aus Wyoming. Vor der Abfahrt erzählten sie, dass sie Kaffee mitnehmen wollten, um ihn in den Bergen in einer gewöhnlichen Kaffeekanne aufzubrühen. Bevor ich losfuhr, schrieb ich mögliche Motive, darunter auch dieses, in mein Fotonotizbuch. Während der zweimonatigen Expedition waren wir täglich unterwegs, und ich hatte viel mit der Organisation des Camps zu tun, damit, Dinge an höher gelegene Orte zu bringen, und natürlich auch damit, Aufnahmen des Teams zu planen und Fotos zu machen. Zwischendurch schaute ich aber immer wieder in mein Notizbuch und behielt stets im Hinterkopf, dass ich die Kletterer beim Kaffeeaufbrühen fotografieren wollte.

Die Gelegenheit bot sich in 5600 Metern Höhe. Ohne meine Aufzeichnungen hätte ich das Morgenritual der Bergsteiger vermutlich gar nicht bemerkt, das sie in fotografischer Hinsicht von einem gewöhnlichen Expeditionsteam unterschied. An diesem Morgen nahm ich auf, wie die Mitglieder des Teams ihre Vorbereitungen trafen und dann ihren frisch gebrühten Kaffee genossen. Und natürlich versuchte ich, das Familienritual im Kontrast zu dem ungewöhnlichen Ort darzustellen, an dem wir uns befanden. Eines der »Kaffeebilder« – Bobby Model mit seiner Kaffeetasse – findet sich auf Seite 92. Das in aller Welt verbreitete Ritual zeigt die menschliche Seite der Bergsteiger. Bobby hätte genauso gut in einem gewöhnlichen Café sitzen und mit Freunden plaudern können, doch nun befand er sich hier im eisigen Himalaya. Den Unterschied erkennt man an den Händen des Kletterers, die von den tagelangen harten Aufstiegen gezeichnet sind. Der Blick hinter die Kulissen – einer von mehreren – illustriert die Geschichte der erfolgreichen Exkursion des Teams. Solche »Backstage«-Fotos sind ein wichtiger Bestandteil vieler Reportagen. Die Motive, das Team oder die Freunde werden zu Darstellern, die der Geschichte eine persönliche Note verleihen.

Auf einer Reise zu einer Insel vor der Küste von Belize wollte ich einige typische Aufnahmen von Strandaktivitäten wie Schnorcheln, Kajakfahren, Angeln etc. machen. Mein Lieblingsfoto, dasjenige, welches die Geschichte des Lebens am Strand und auf der Insel am besten illustriert, zeigt bemalte Fußzehen im Sand (siehe Seite 81). Es entstand, als ein befreundeter Künstler anbot, allen die Füße zu verzieren. Sein Werk gelang so gut, dass ich beschloss, zwei Motive zusammenzufassen. Ich wollte mehr als eine Erinnerung an die hübsch geschmückten Zehen und packte daher meine gesamte Ausrüstung am Strand aus. Das Abschlussfoto zeigt die typischen Strandmotive »nackte Füße« und »Sand«. Ungewöhnlich wirkt das Foto vor allem, weil die Zehen mit farbigen kleinen Fischen bemalt sind.

Entwerfen Sie vor Beginn einer Reise ein mögliches Szenario, und überlegen Sie, welche

Tipp

Machen Sie POV-(Point of View)-Aufnahmen aus ungewöhnlichen Perspektiven oder aus dem Blickwinkel des Motivs. So nehmen Sie den Betrachter direkt mit hinein ins Geschehen.

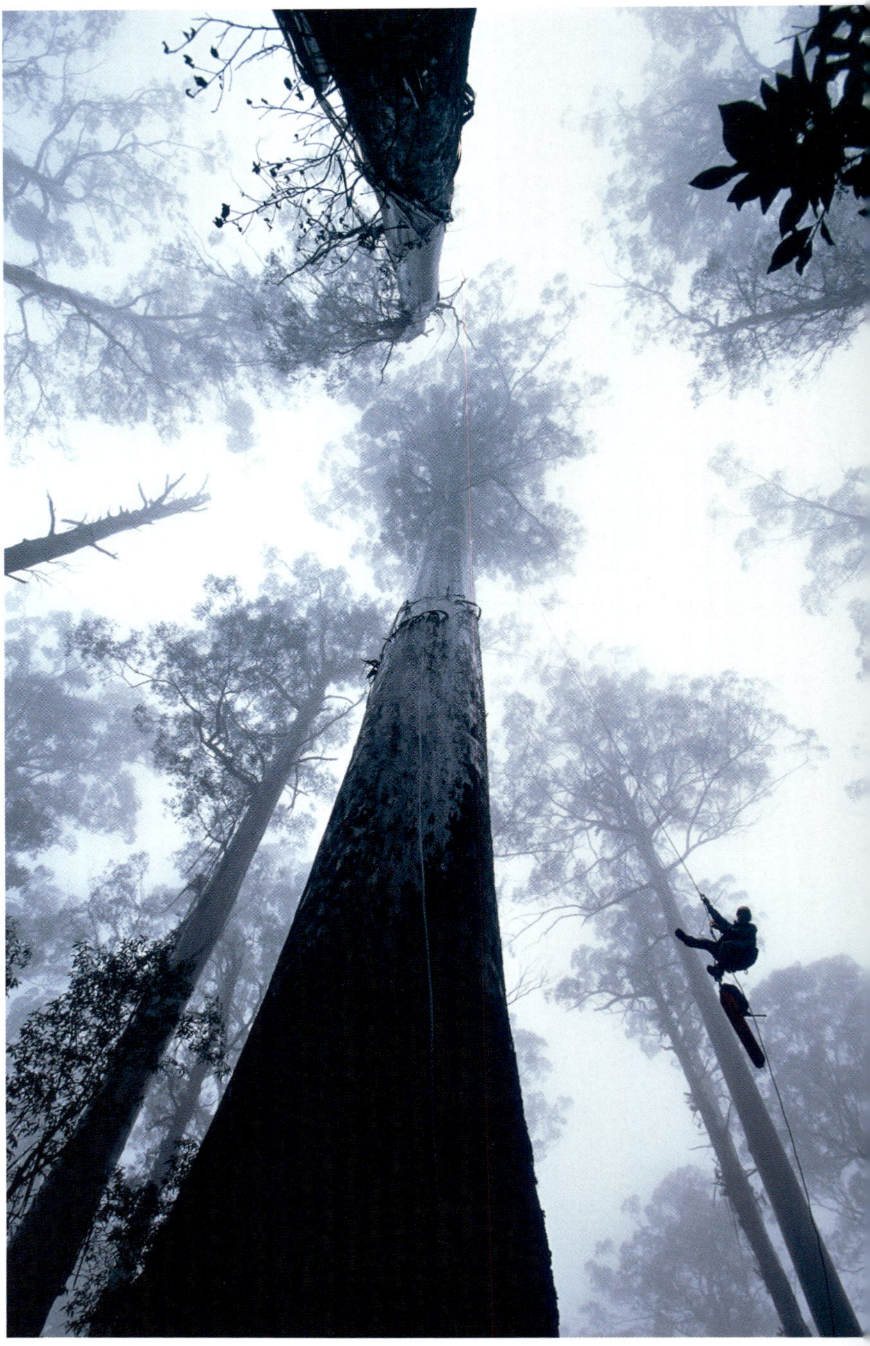

Fotos dazu passen könnten. Sie werden Ihre Notizen dazu mit Sicherheit brauchen können. Anstatt typische Situationen festzuhalten, etwa einen Wanderer oben auf dem Gipfel oder beim Rasten, sollten Sie über die Geschichte auf den Fotos und über die Gefühle wie die Erschöpfung nach dem Erreichen des Gipfels oder die Freude über die erste Tasse Tee nach einem langen, kalten Tag nachdenken. Man nennt diese Technik Prävisualisierung. Natürlich kann es nicht darum gehen, ein fertiges Drehbuch mitzunehmen, das man dann quasi abfotografiert.

Unbedingt aufschreiben sollten Sie auch knappe Informationen zu Ihrem Reiseziel. Oft notiere ich nur ein Wort oder einen Satz zur Erinnerung. Für meine Borneoreise sahen die Aufzeichnungen etwa so aus: »Vögel und Tiere werden von blühenden Pflanzen angelockt; Morgennebel in Flusstälern; Niederschlag am heftigsten zwischen 11 und 15 Uhr (höchste Wahrscheinlichkeit für Schlamm, wasserdichte Kamera und Schirm einpacken); muslimische Architektur/Moschee; Warane; Orang-Utans; Mangrovensümpfe an der Küste; scheußliche, große Blutegel.« Diese Notizen erinnern mich an einzigartige Merkmale der Region, in diesem Fall an die Urwälder von Borneo.

Mit einer guten Story im Hintergrund kann man sich besser auf das konzentrieren, was vor der Kamera geschieht. Meine Fotos sollen stets drei Aspekte enthalten und sichtbar machen: mein Konzept, die typischen Kennzeichen der Region und die Leute und Aktivitäten, die ich aufnehmen will. Diese Kombination und meine Anteilnahme am Geschehen sorgen dafür, dass mir fast immer authentische Bilder gelingen, die eine Geschichte erzählen.

Um einen Eindruck vom gewaltigen Umfang der riesigen Bäume zu vermitteln, ging ich dicht an den Fuß eines Baumes heran und fotografierte dann direkt in die Höhe. So entstand die Ansicht des Stammes, der 90 Meter in die Höhe ragt. Der Nebel half mir, den Kletterer von dem Blätterwald im Hintergrund abzuheben.

AUF EXPEDITION

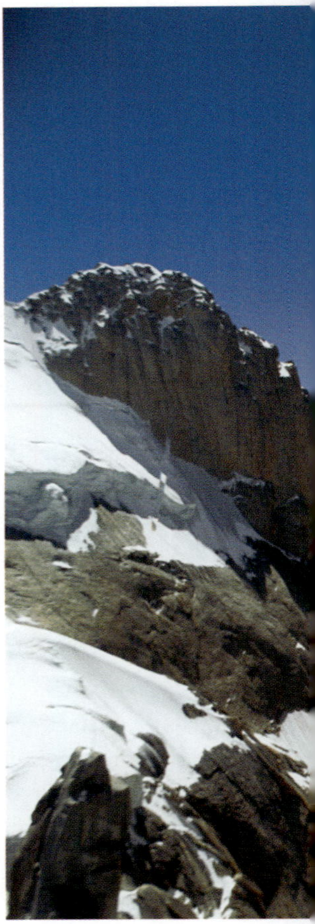

WAS VERSTEHT MAN ÜBERHAUPT unter einer Expedition? Eine Expedition ist eine Reise oder ein Aufenthalt mit einem bestimmten Ziel, etwa eine Trekkingtour in eine unerforschte Gegend Chinas oder eine Surftour nach Baja, Mexiko. Jede Expedition hat einen klar definierten Anfang und ein Ende sowie Ziele, die den Verlauf der Reise bestimmen.

Eine professionelle Fotoexpedition gehört zu den anstrengendsten Aufgabenbereichen der Fotografie. Es ist schwierig, auf einer langen Reise dauerhaft motiviert und konzentriert zu bleiben. Nicht immer gelingt es, zur rechten Zeit am richtigen Ort zu sein, um die entscheidende Aufnahme zu machen. Ich vergleiche gerne Expeditionsfotografie mit Sportreportagen – auf einer Expedition fühlt man sich häufig, als müsste man auf einem zwei mal acht Kilometer großen Spielfeld während eines fünfwöchigen Turniers das entscheidende Tor schießen. Manchmal hat man den Eindruck, sich im Kreis zu drehen. Ich habe deshalb einige Gedanken zusammengetragen, die Ihnen helfen sollen, auf einer vielleicht einzigartigen Expedition möglichst viele einmalige Motive zu entdecken und aufzunehmen.

Wenn die Expedition nur eine Woche oder kürzer dauert, versuche ich, möglichst dicht am Geschehen zu bleiben. Die Zeit ist begrenzt, und ich will keinesfalls die Highlights der Reise verpassen. Wenn Sportmagazine junge Fotografen zu ihren ersten Aufträgen schicken, gibt der erfahrene Redakteur ihnen meistens den Rat, »am

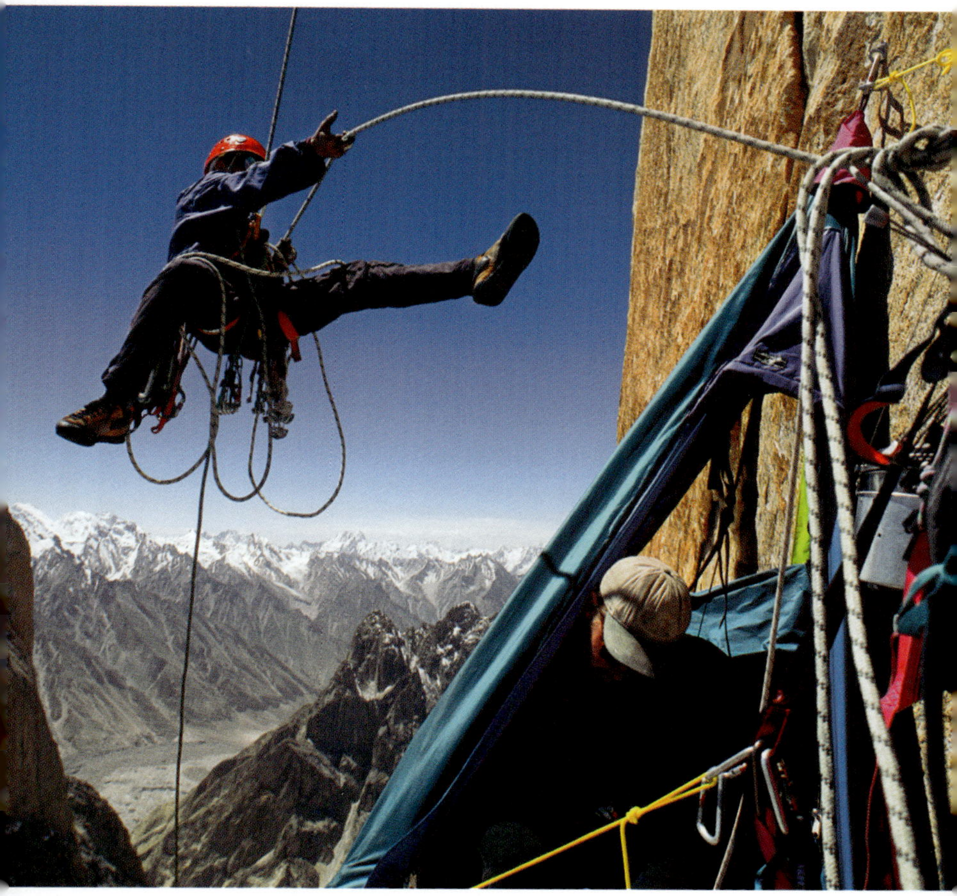

Ball zu bleiben«. Genau dies müssen Sie auf einem Kurztrip auch tun. Bei längeren Reisen ist es dagegen nicht notwendig, jede Minute mit dem Team zu verbringen. Auf den typischen vier- bis siebenwöchigen Expeditionen geht man anders vor.

Mit der Expedition unterwegs

Wenn Sie Tage oder Wochen mit derselben Gruppe von Menschen verbringen, müssen Sie

Mit einem 14-Millimeter-Weitwinkelobjektiv wurde dieses Foto gemacht. Weitwinkelobjektive bieten optimale Tiefenschärfe. Mit einer f/8-Einstellung können Sie auf den einen Meter entfernten Kletterer fokussieren, ohne dass die Berge verschwimmen.

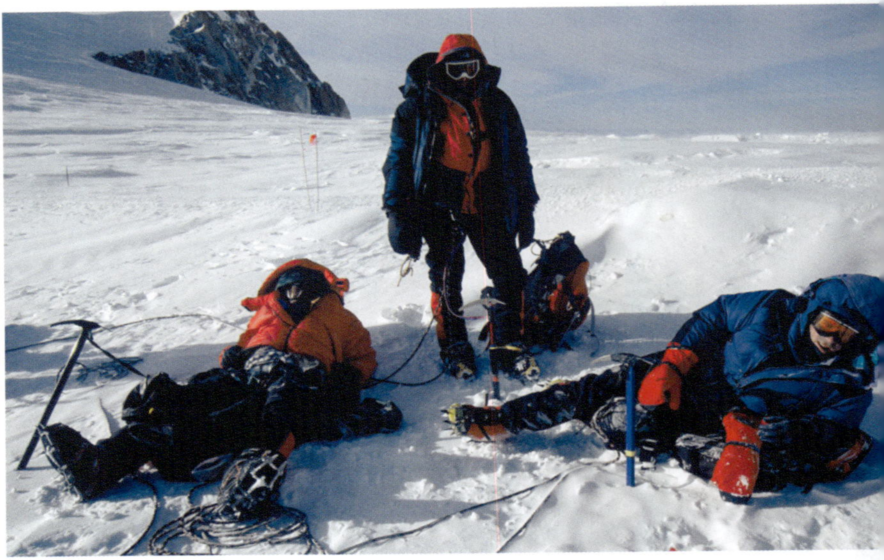

Die Gipfelbesteigung ist natürlich der wichtigste Moment jeder Bergexpedition. Dennoch sollten Sie auch hinterher weiterfotografieren. Diese Aufnahme zeigt einige Teamkollegen bei der Rast unterhalb des Mount-McKinley-Gipfels. Ihre Erschöpfung spricht Bände.

unbedingt dafür sorgen, dass die Expedition nicht unter den Anforderungen leidet, welche die Fotografie stellt. An oberster Stelle steht das Gelingen der Expedition. Sie arbeiten am effektivsten, wenn es Ihnen gelingt, sich und Ihre Bedürfnisse in den Rahmen der Expedition einzufügen. Gemeinsam mit dem Expeditionsleiter sollten Sie über Ihre Zeiteinteilung nachdenken. Sie benötigen Zeit zum Fotografieren und müssen abends Ihre Kamera reinigen und Ihre Sachen für den nächsten Tag packen. Wenn Ihr Gepäck und Ihre Ausrüstung frühzeitig bereitstehen, halten Sie das Team am wenigsten auf.

Frühstück und Abendessen finden häufig gerade dann statt, wenn die Lichtverhältnisse am besten sind. Sprechen Sie sich mit dem Expeditionsleiter ab, wenn Sie zu diesen Zeiten fotografieren wollen. Klären Sie, ob Sie früher oder später essen und welche Gemeinschaftsaufgaben Sie anstelle der Küchendienste übernehmen können. Es geht um nichts weniger als Ihre Beziehung zu den übrigen Teammit-

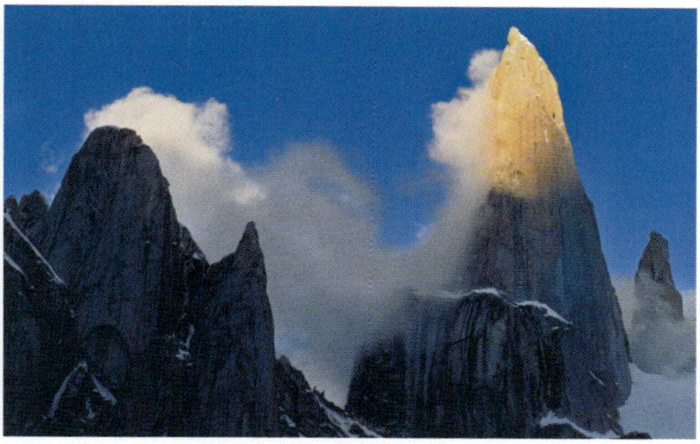

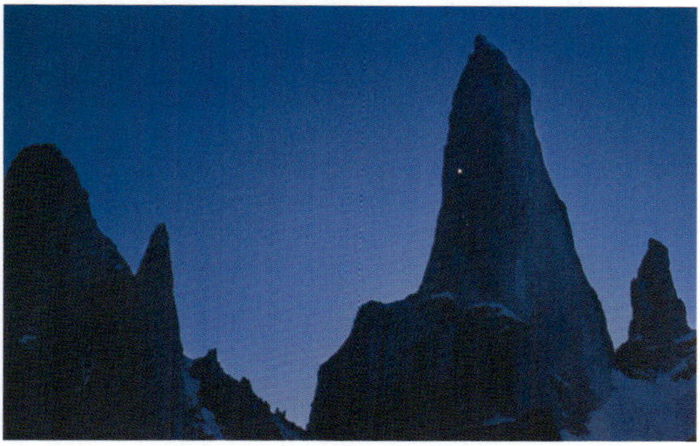

Diese Bilder des Nameless Tower in Pakistan entstanden an zwei Tagen und erzählen zwei Geschichten. Veränderte Wetter- und Lichtverhältnisse können die Stimmung eines Fotos verändern. Das obere Bild zeigt den Berg inmitten von Gewitterwolken. Auf dem unteren Foto verleiht das Licht des Camps der mächtigen, 1700 Meter hohen Granitzacke Perspektive.

gliedern, und wenn Sie Ihre Ziele und Absichten frühzeitig erklären, wird man Sie akzeptieren und bei Ihrer Arbeit unterstützen. Kommunikationsprobleme, Forderungen und der Eindruck, Sie würden sich nicht mit den Zielen der Expedition identifizieren, können Sie leicht von den Menschen entfernen, auf die Sie während der gesamten Reise angewiesen sind. Bestimmt interessiert sich das Team für Ihre Fotos – lassen Sie die Leute an Ihrer Arbeit teilhaben, wann immer es gewünscht und möglich ist.

FOLGENDE SEITEN: Es ist immer aufregend, etwas zu fotografieren, was man noch nie zuvor gesehen hat. Ungewöhnliche Szenen wie die der Radfahrer am Black-Rapids-Gletscher liefern Motive für interessante Bilder.

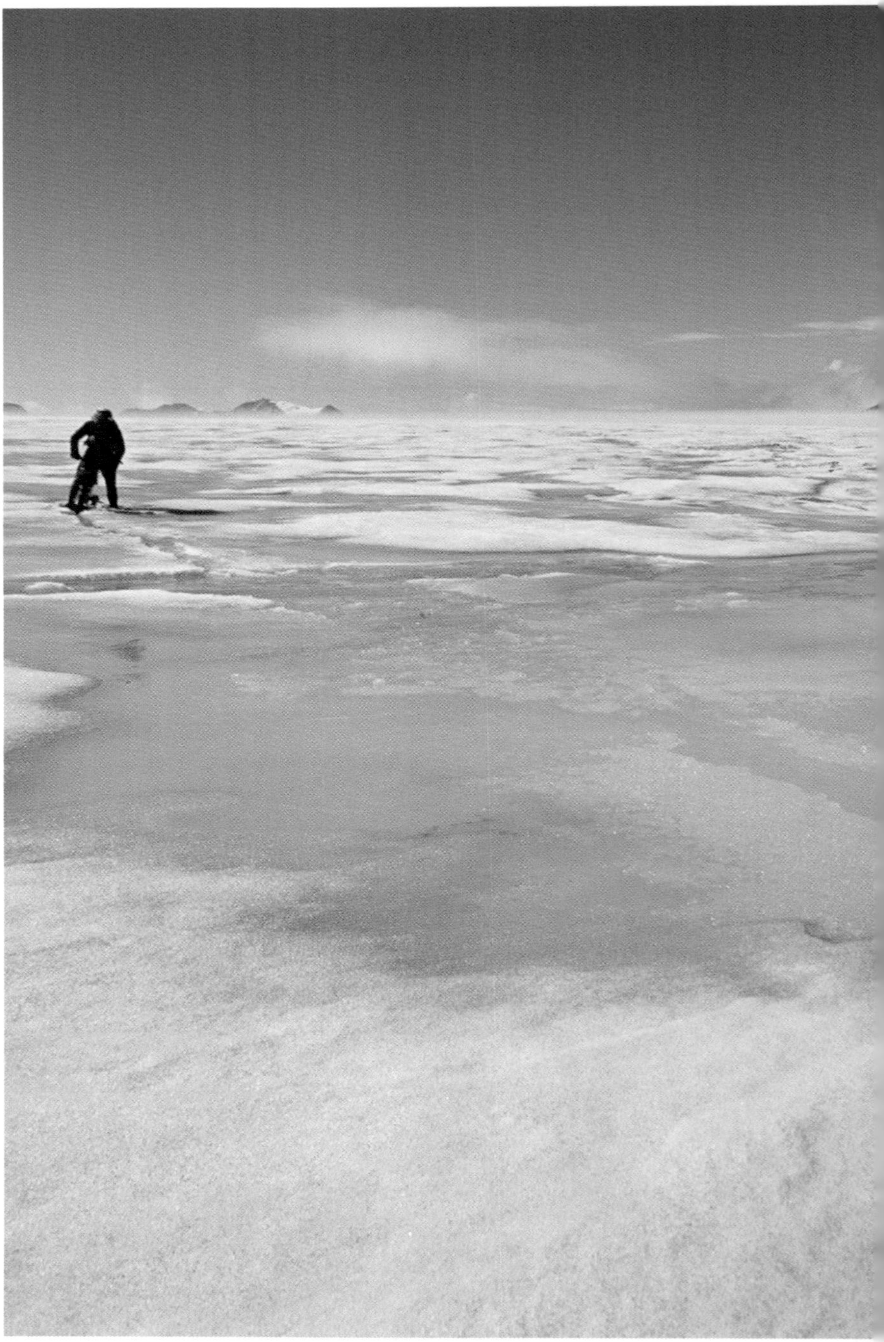

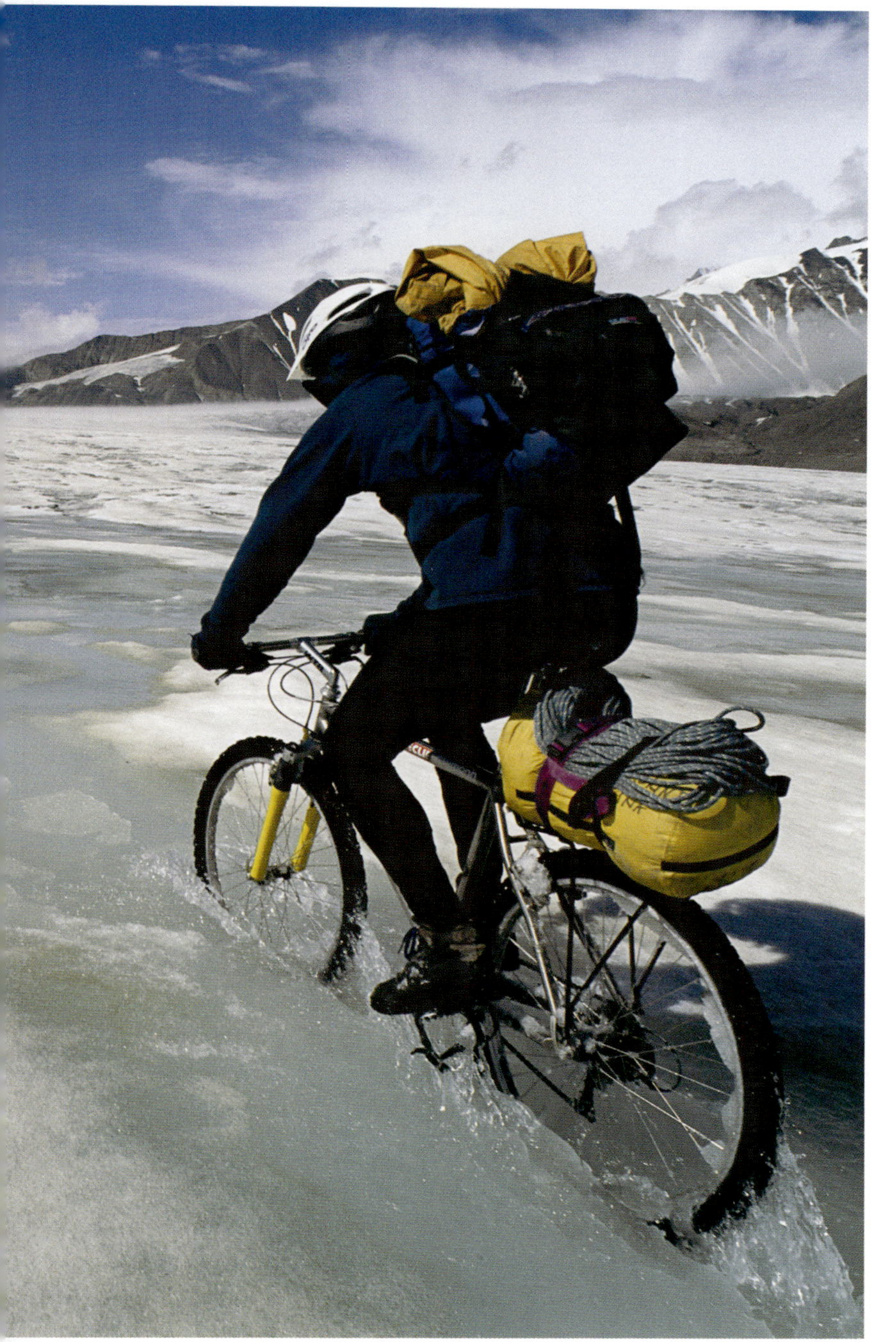

Wenn Sie sich länger als eine Stunde vom Camp oder der Gruppe entfernen, müssen Sie den Expeditionsleiter darüber informieren. Im Gebirge etwa können Unwetter und andere Gefahrenquellen dazu führen, dass Sie Hilfe benötigen. Sagen Sie klar und deutlich, wohin Sie gehen, damit notfalls schnell jemand zur Stelle ist.

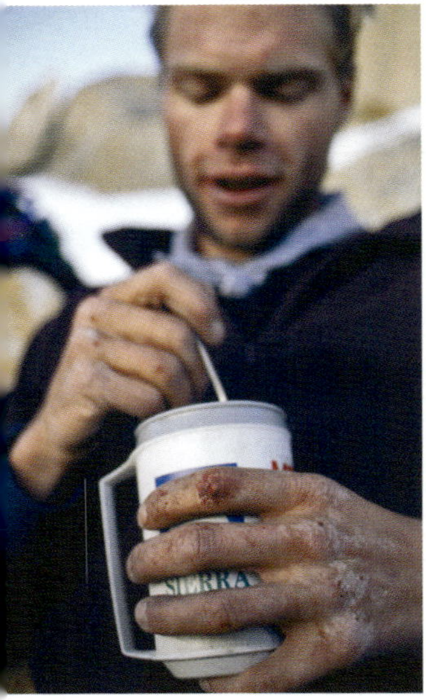

Reportagen von Expeditionen müssen einen roten Faden haben. Das Foto rechts zeigt den Kletterer Bobby Model, der sich an einem Spalt im Felsen emporarbeitet. Auf dem Bild oben hält Bobby eine Tasse in seinen geschundenen Händen.

Das Tagebuch

Auf längeren Expeditionen vergesse ich leicht, was ich zwei Wochen zuvor aufgenommen habe. Deshalb führe ich ein Tagebuch, das mir hilft, mich an Einzelheiten zu erinnern und meine Geschichte fortzusetzen. Das Tagebuch funktioniert wie eine Straßenkarte, die ich im Verlauf der Expedition ständig konsultiere und ergänze. Ich schreibe schon vor Reisebeginn eine Liste möglicher Aufnahmen hinein und füge dann neue Fotos und Situationen hinzu, die sich ergeben haben oder könnten. Das Tagebuch enthält auch Informationen über Reisevorbereitungen, den Weg zum Basislager oder zu weiteren Camps etc. Bei einer Trekkingtour mache ich Notizen zu Städten, Menschen, kulturellen Themen und anderen interessanten Reiseaspekten. Immer wieder greife ich während der Exkursion zu diesen Aufzeichnungen und sorge auf diese Weise dafür, dass der rote Faden in meiner Arbeit nicht verloren geht. Ich hake auch Situationen ab, die ich für ausgeschöpft halte, etwa Aufnahmen des Basislagers, Gruppenporträts, Alltagsszenen, Bilder des Bootes oder Fotos der Führer und Gepäckträger.

Mein Tagebuch enthält darüber hinaus die Namen von Menschen und Orten, die ich aufgenommen habe, sowie nützliche Informationen, die mir später zu Hause helfen, Überschriften zu den Fotos zu formulieren. Bei jeder Expedition

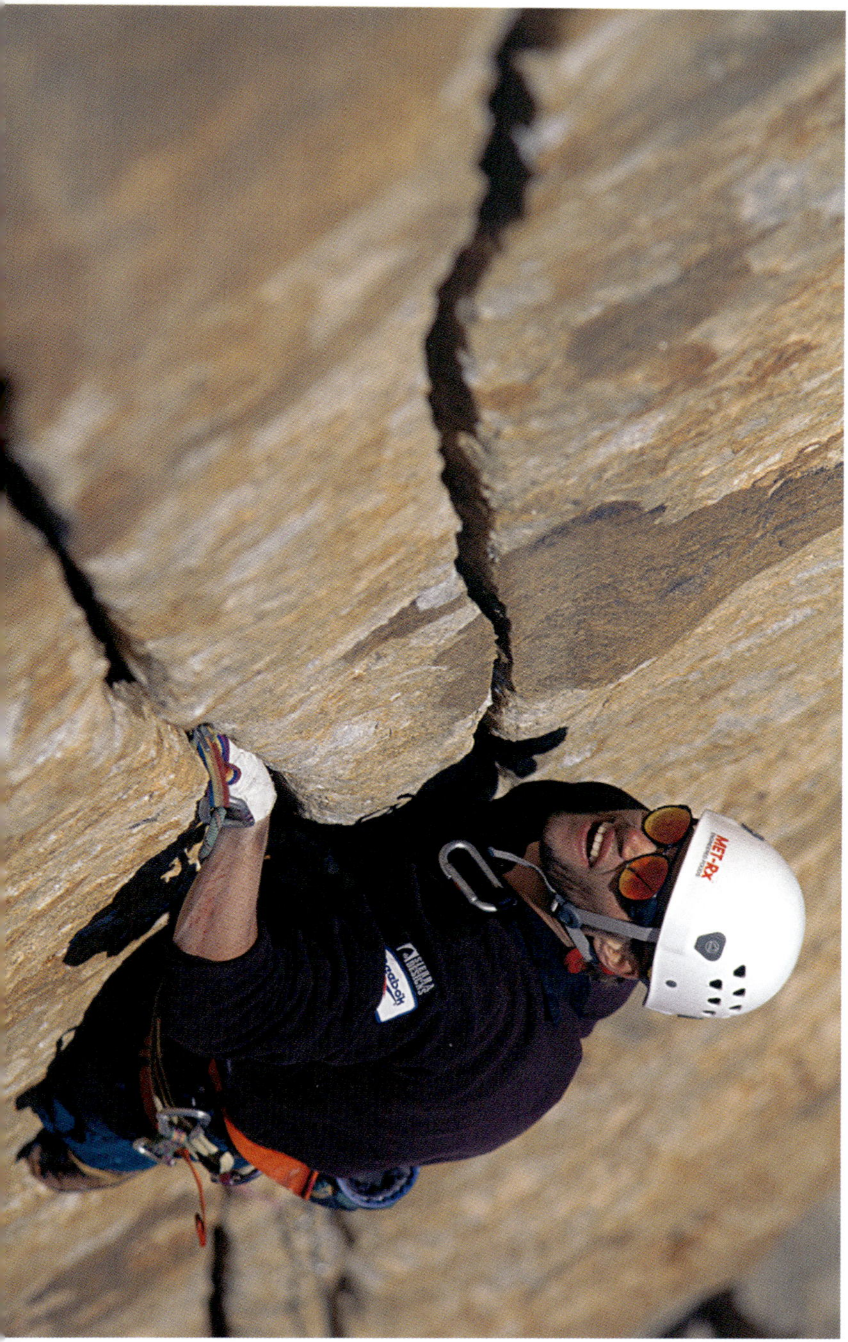
MET-Rx

läuft man Gefahr, sich zu stark auf die Arbeit zu konzentrieren und den Blick für alles zu verlieren, was sich ansonsten abspielt. Das Tagebuch hilft dabei, Fortschritte in der Arbeit festzuhalten. Auf diese Weise verliert man die Angst, etwas zu übersehen, und nimmt die Feinheiten und die Dynamik der Expedition aufmerksamer wahr. Besondere Herausforderungen und Schwierigkeiten, wie sie nahezu jede Expedition bereithält, erkennt man dadurch frühzeitig.

Unterwegs

Wenn Sie tagelang mit einer Expedition unterwegs sind, müssen Sie unbedingt auf Ihre Gesundheit achten. Ein verstauchter Fuß oder ein heftiger Sonnenbrand können die Arbeitsmoral erheblich beeinträchtigen. Passen Sie beim Wandern auf, besonders wenn Sie schwere Lasten tragen oder sich in unebenem Gelände bewegen. Versuchen Sie, Ihre Kraft und Ihr Geschick vernünftig einzuschätzen, ehe Sie z.B. eine Gletschermoräne überqueren. Unfälle vermeiden Sie am besten, indem Sie umsichtig handeln und sich bei der Ortswahl für Ihre Aufnahmen Zeit nehmen. Wenn Sie das Camp verlassen, um bei Sonnenauf- oder -untergang zu fotografieren, sollten Sie einen Puffer von 20 Minuten einplanen, um in aller Ruhe an Ort und Stelle zu gelangen.

Auf Expeditionen lege ich mich grundsätzlich erst dann schlafen, wenn meine Kameratasche und meine übrigen Sachen für den nächsten Tag gepackt sind. Selbst wenn kein größerer Ausflug auf dem Programm steht, liegen Wasserflasche, Kraftriegel, Sonnenhut, Regenjacke, Sonnenschutzmittel, eine kleine Lampe und ein Feuerzeug griffbereit. Auf diese Weise muss ich niemals im Dunkeln in meinem Zelt nach Sachen suchen, halte das

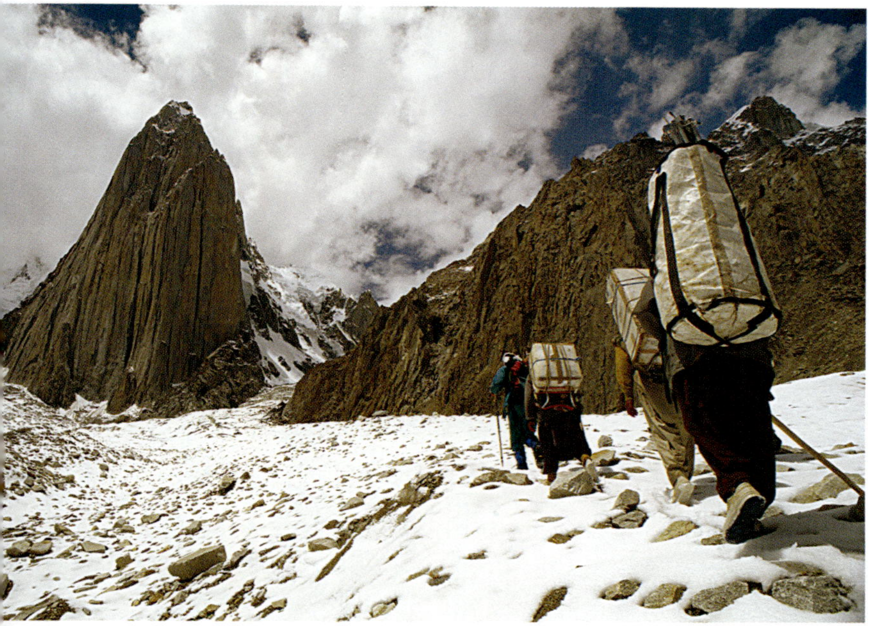

Team nicht auf und vermassle keinen schnellen Aufbruch.

Auch Flexibilität ist auf Expeditionen gefragt. Viele gute Gelegenheiten werden verpasst, weil der Fotograf zu starr an seinem vorab fixierten Plan festhält. Wenn die Expedition plötzlich vom Kurs abkommt oder ihr Ziel ändert, sollten Sie sich der neuen Situation anpassen und das Beste daraus machen.

Eine der besten Expeditionsfotoreportagen aller Zeiten berichtet von der fehlgeschlagenen Reise des britischen Antarktisforschers Ernest Shackleton zum Südpol. Als sein Schiff, die *Endurance*, im Eis stecken blieb und schließlich sank, begann ein zweijähriger Kampf ums Überleben. Shackleton und seine 28-köpfige Besatzung mussten im arktischen Winter bestehen und sich in kleinen Booten einen Weg zur South Georgia Island bahnen. Der australische Fotograf Frank Hurley dokumentierte das gesamte Abenteuer.

Die Weitwinkelansicht der Träger, die Lasten zum Shipton Spire bringen, vermittelt einen guten Eindruck von dem Berg. Die Führungslinie lenkt den Blick des Betrachters von den Trägern zum Gipfel.

Ein Tagebuch und eine Liste der Aufnahmen helfen, den roten Faden nicht zu verlieren. Sie sollten aber keinesfalls die Kreativität, Flexibilität und Freiheit hemmen zu fotografieren, was immer Sie auf Ihrem Weg entdecken.

Das wahre Leben – ein Trip durch die Arktis

Im trüben arktischen Licht stapft ein einsamer Wanderer durch die Tundra Nordalaskas. Für diese Aufnahme stellte ich die Kamera auf 1/15 ein. Da ich ohne Stativ arbeitete, gelang nur eines von insgesamt acht Fotos.

Das Foto des Wanderers, der sein kleines Boot durch die Tundra zieht, sticht aus dem Riesenstapel von Bildern hervor, die ich während einer neuntägigen Expedition vom Mount Chamberlin zum Jagodelta durch das Arctic National Wildlife Refuge in Alaska gemacht habe. Gelungene Fotos beeindrucken oft, weil sie ganz einfach die persönliche Erfahrung des am Geschehen teilhabenden Fotografen ins Bild fassen. Um zu verstehen, warum ich dieses Foto schoss, muss man die vielen Wechselfälle und Unsicherheiten kennen, die dem entscheidenden Augenblick vorausgegangen waren.

Wir wollten eigentlich den Mount Chamberlin und den Mount Isto besteigen, die beiden höchs-

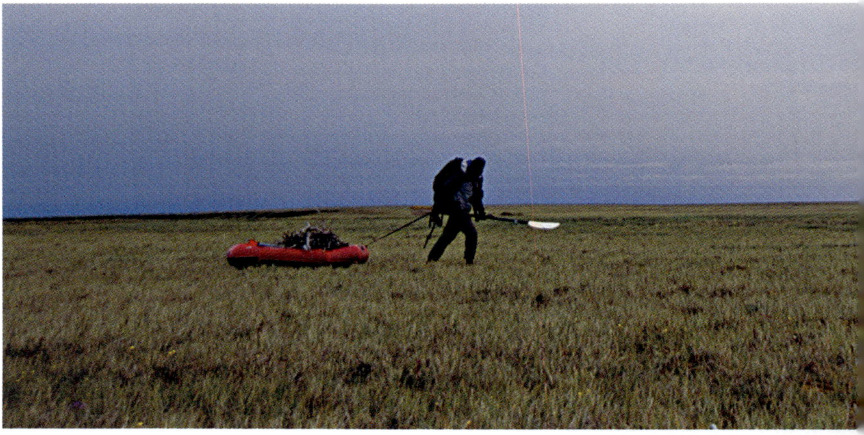

ten Gipfel der Brooks Range. Auf Grund des schlechten Wetters mussten wir jedoch unsere Pläne ändern und stattdessen wandern und mit dem Boot fahren.

Am Tag, bevor wir in die Wildnis aufbrachen, schlugen wir unser Lager am Jago auf. Hier machte ich die Aufnahme von meinem Teamkollegen Roman und seinem Boot. Die karge Landschaft des Reservates hatte mich von Anfang an fasziniert. Gegen Ende der Expedition ging es mir darum, eine Aufnahme zu machen, die dokumentierte, wie wir, fernab von unserem eigentlichen Ziel, in der weiten Wildnis Alaskas umherirrten. Als ich sah, wie Roman sein Boot vom Flussufer wegzog, wusste ich, dass der Moment für die Aufnahme gekommen war. Die weite, öde Landschaft lag vor mir, und ich musste lediglich Roman in die Szene einfügen, um das gewünschte Bild zu erhalten. Ich schnappte meine Kamera und rannte auf Roman zu. Im trüben arktischen Licht gleicht Roman einem gebeutelten Krieger aus Homers *Odyssee*, verloren und in Erwartung der nächsten Prüfung. Das Gefühl der Expeditionsteilnehmer, am falschen Ort gelandet zu sein, findet seinen Ausdruck in dem völlig deplatziert wirkenden Boot.

Tipp

Wenn Sie etwas Einzigartiges erleben, sollten Sie keine Zeit verlieren, sondern sich die Ausrüstung schnappen, die gerade zur Hand ist, rasch einen geeigneten Standort suchen, die Kamera einstellen und den Auslöser betätigen. Kümmern Sie sich in solchen Momenten nicht um vergeudete Bilder oder verschwendeten Speicherplatz.

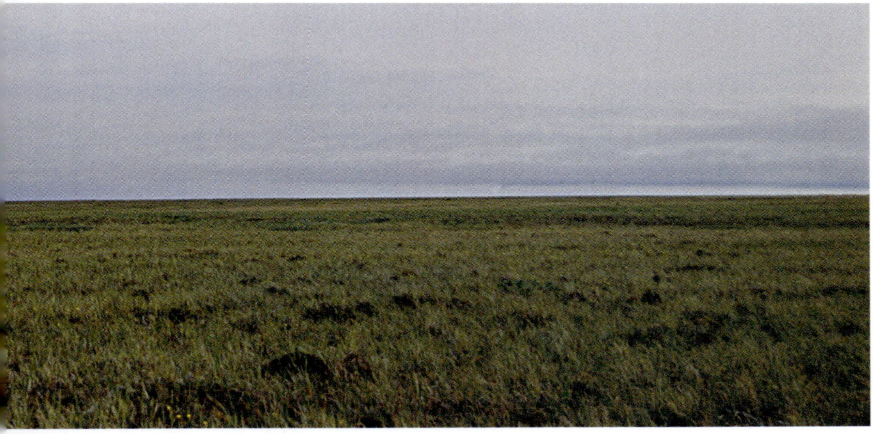

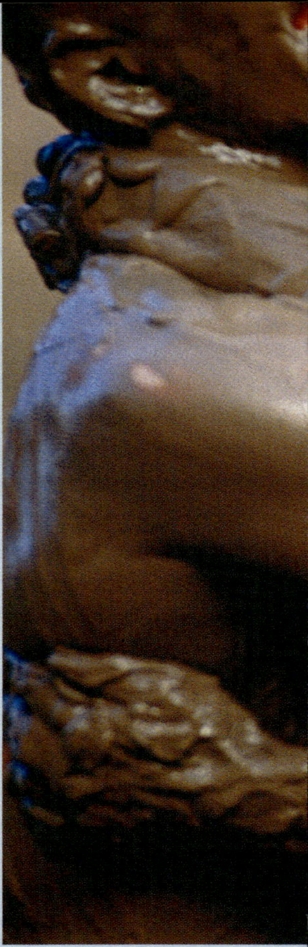

DAWN KISH
Gefühle ausdrücken

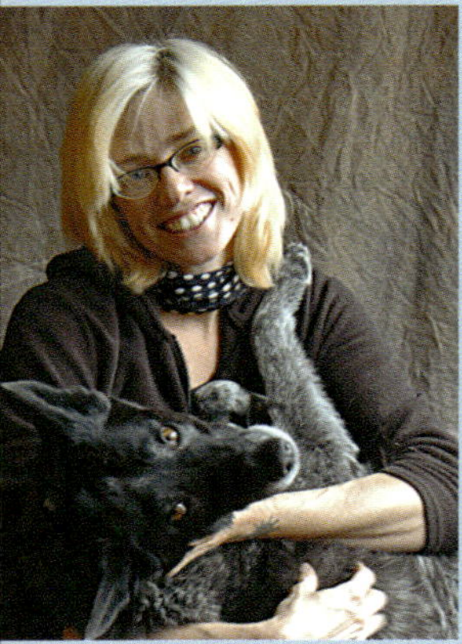

Bill Hatcher

BEREITS MIT 17 JAHREN, als sie noch die Highschool in Flagstaff, Arizona, besuchte, begeisterte sich Dawn Kish für Kunst. Die Schule bot in dieser Hinsicht allerdings wenige Entfaltungsmöglichkeiten. Glücklicherweise gab ein Fotograf Dawn seine Visitenkarte und bot ihr an, sie in seinem Studio zu fotografieren. Erst wollte sie die Karte wegwerfen, doch dann erzählte sie ihrer Mutter davon. An dieses Gespräch erinnert sie sich noch heute. »Meine Mutter sagte, John Running sei ein ausgezeichneter Fotograf, und meinte, ich solle unbedingt hingehen.« Dawn interessierte sich nicht sonderlich für Fotografie, folgte aber dem Rat ihrer Mutter.

Der Besuch veränderte ihr Leben. »Ich betrat das Studio, und es war völlig anders, als ich es mir vorgestellt hatte. Es war exotisch. An den Wänden hingen Porträts und Fotos aus aller Welt. Und bis zur Decke stapelten sich Requisiten, Lampen und Kameras. Diese ersten Minuten in Runnings Atelier waren meine erste Begegnung mit der Fotografie, und ich fand sie einfach toll.«

Nach einer ersten Porträtsitzung mit Running fragte er sie, ob sie für weitere Aufnahmen wiederkommen würde. Sie sagte zu, allerdings stellte sie eine Bedingung. »Ich war nur ein Kind und Running ein erfolgreicher Fotograf, doch ich

Ich verbrachte eine Woche mit einer Gruppe von Profikajakfahrern, die im Süden von Utah den Colorado hinunter durch den Cataract Canyon fuhren. Zum Sommerende hin kommt es hier nachmittags zu heftigen Gewittern, und der Regen lässt große Schlammlöcher am

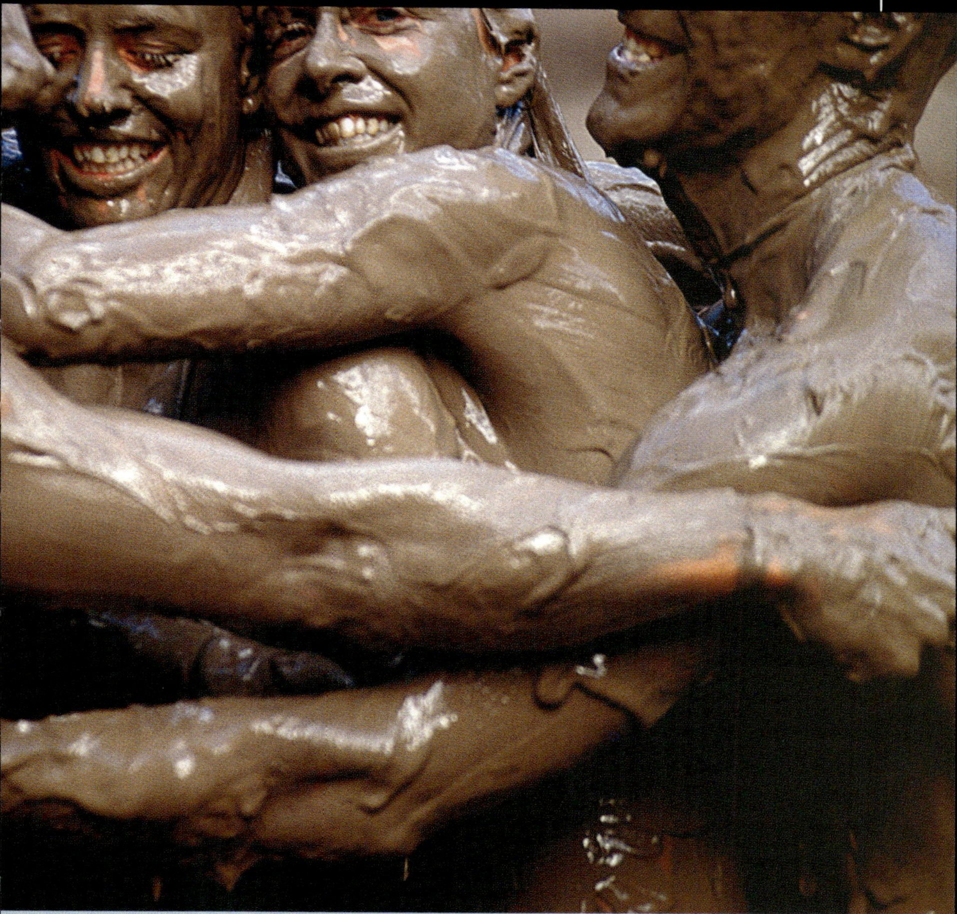

Ufer entstehen. Am Ende eines langen Tages benötigten die Teammitglieder keine Aufforderung, sondern wälzten sich genussvoll wie Kinder im Schlamm.

spürte, dass ich von ihm alles Nötige über die Fotografie würde lernen können. Ich sagte ihm deshalb, dass ich nur weiter Modell sitzen würde, wenn er mir im Gegenzug das Fotografieren beibringen würde. Dieses Angebot akzeptierte er.«

Die beiden bildeten ein gutes Team, und bald schon machte sich Dawn mit der für sie typischen Energie, Begeisterung und ihrem künstlerischen Blick als Praktikantin in Runnings Atelier nützlich, entwickelte Filme und richtete das Studio für Aufnahmen her. Mit knapp 18 Jahren bekam sie ihre erste Kamera, ein Geschenk der Werbefotografin Sue Bennett, eine Nikkromat, mit der sie noch heute arbeitet.

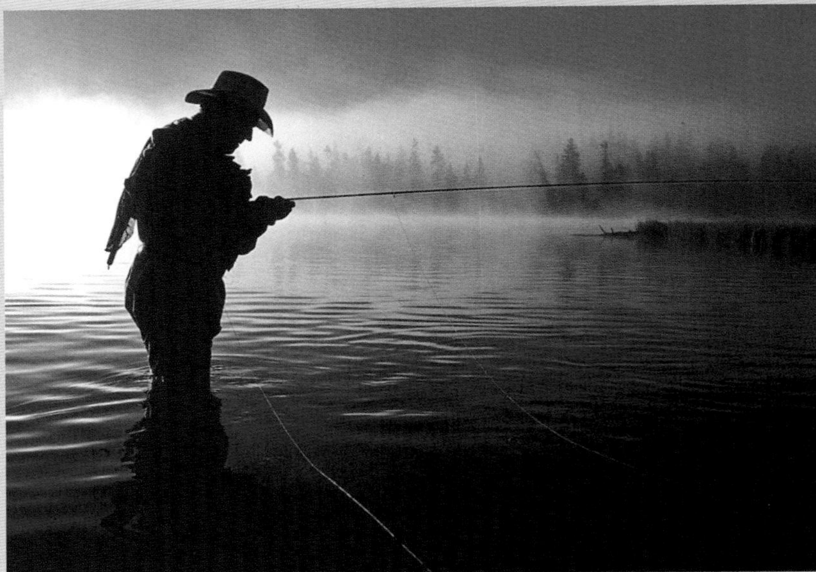

Oben: Mike Lawson, Meister im Fliegenfischen, angelt am Henry's Fork am Snake River in Idaho.
Aus dem von mir gewählten Blickwinkel mit indirektem Licht wirkt der Nebel besonders geheimnisvoll.

Rechts: Dieses Bild zeigt Tamra Hastie, die am Petit Verdon bei Flagstaff, Arizona, klettert.
Das natürliche Licht war ideal. Ich brauchte sie nur noch an die richtige Stelle zu setzen, während sie ihr Seil schulterte.

Dawn Kish beendete die Highschool, packte ihre Sachen und machte sich auf den Weg ins Leben. Zwei Jahre lang reiste sie durch die USA, Europa und Afrika. Mit 20 kam sie nach New York, wo sie ihren Lebensunterhalt als Fotomodell verdiente, malte, fotografierte und die New Yorker Künstlerszene kennen lernte. Eineinhalb Jahre später ging sie nach San Francisco. An der Westküste begann sie sich eine Existenz als Grafikerin und Fotoreporterin für Snowboardmagazine aufzubauen. Mit Mitte 20 arbeitete sie als Führerin für Wildwasserfahrten und Outdoorfotografin.

Gefahr ist für Dawn ein existenzieller Bestandteil vieler ihrer Fotos. Mehrfach geriet sie selbst in Lebensgefahr, ertrank fast in ihrem Kajak, als sie im Salmon River an einem Felsen kenterte, und hatte mehrere Kletter- und Snowboardunfälle. Dennoch zeigen ihre Aufnahmen, dass sie sich ins Freie begibt, um zu entspannen, nicht um Risiken einzugehen. »Wenn ich mich draußen bewege, treffe ich stets umsichtige Ent-

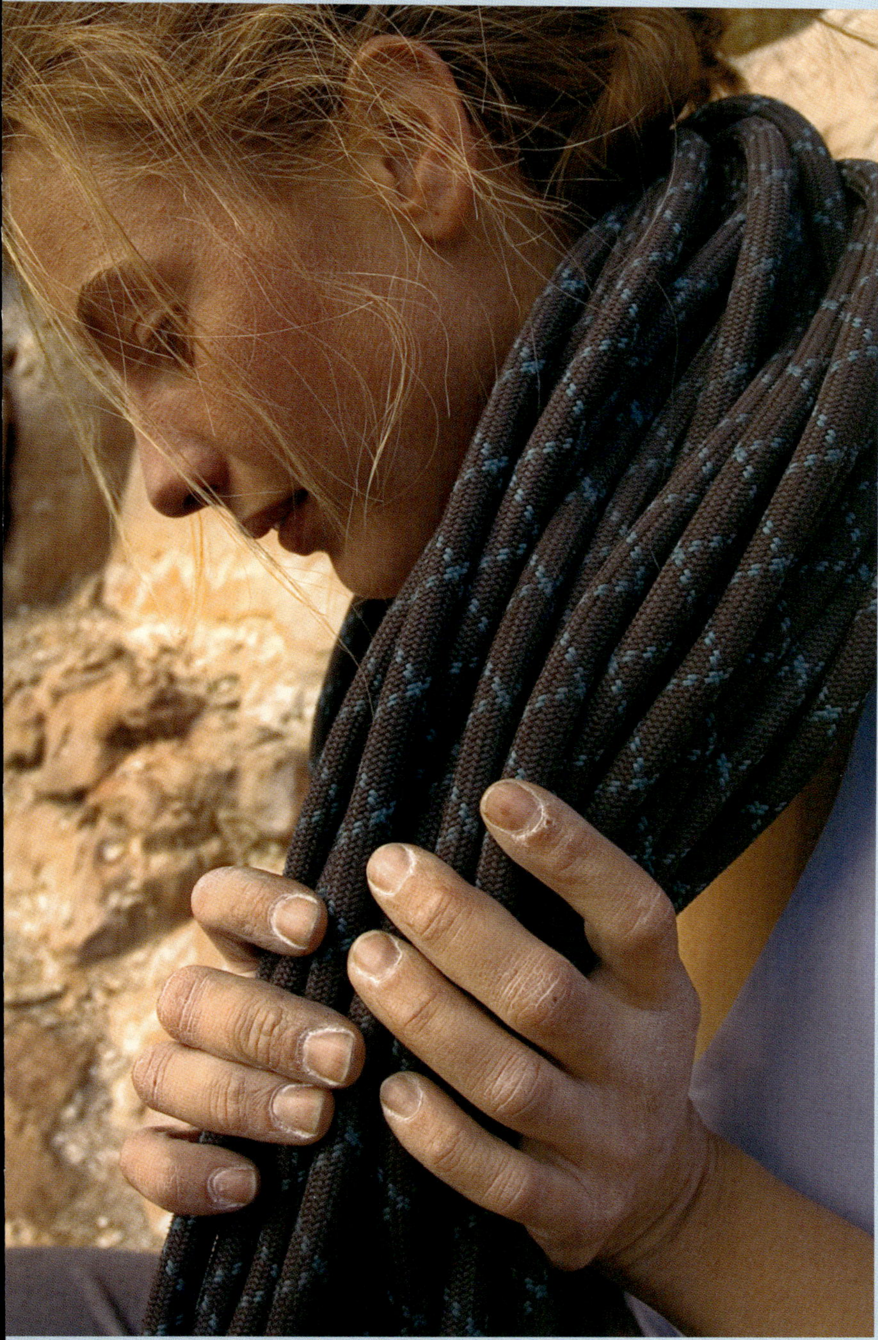

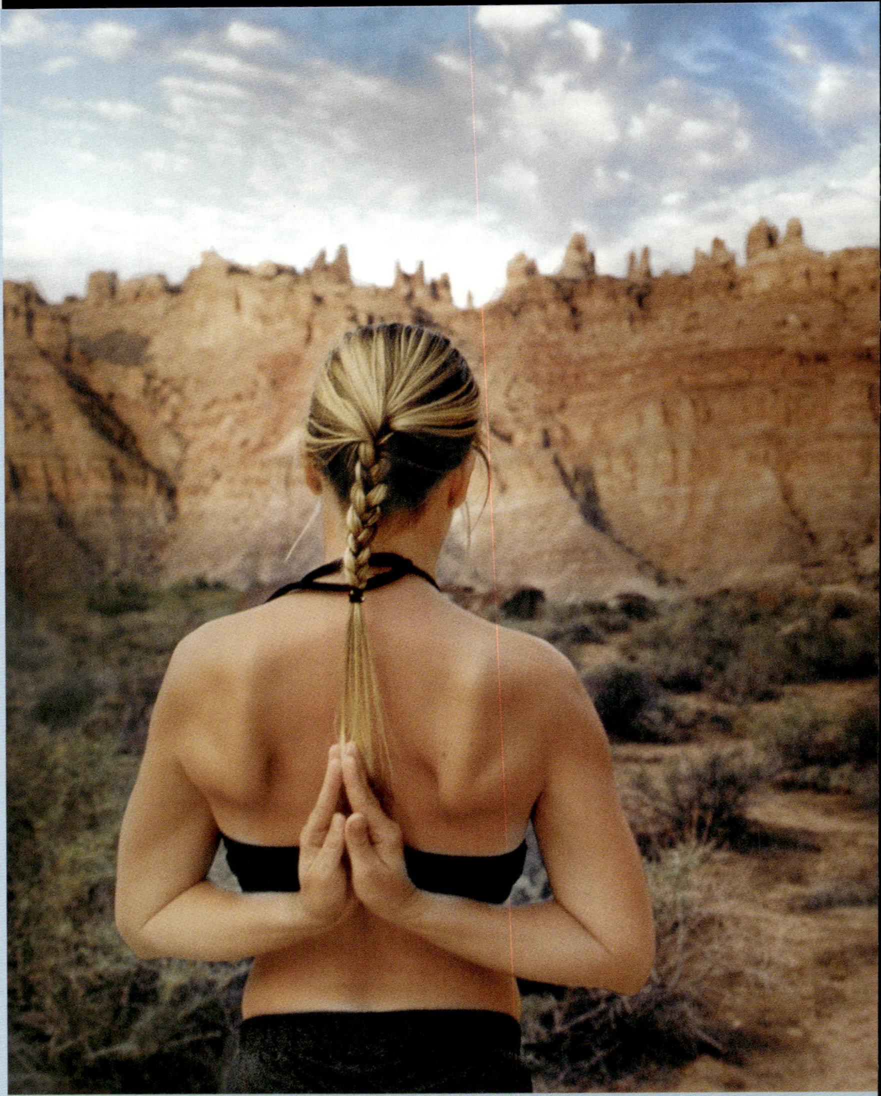

scheidungen«, betont die Fotografin. »Wenn ich das Gefühl habe, mich in Gefahr zu begeben, kehre ich um.« Um besser auf gefährliche Situationen vorbereitet zu sein, hat Dawn Kish Lawinentrainings absolviert, ist Rettungsschwimmerin und besitzt Zertifikate als Wilderness First Responder (Wildnis-Ersthelfer) und Rettungssanitäter. Fragt man sie, was ihr Angst macht, antwortet sie: »Wenn ich auf dem High-

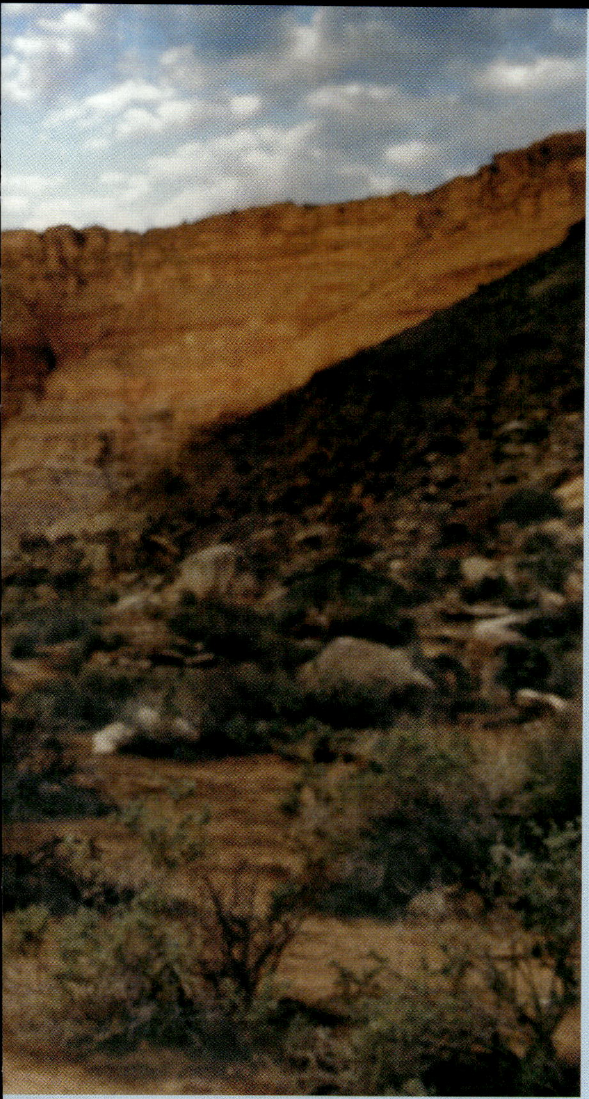

Alexa Trujillo macht ihre morgendlichen Übungen gerne an diesem schönen, »Puppenhaus« genannten Platz in den Canyonlands. Weil es um 6 Uhr früh noch recht dunkel war, verwendete ich einen Blitz, der von einer weißen Kunststofftafel reflektiert wurde und dadurch weiches Licht verstrahlte. Für den Himmel benutzte ich einen Neutraldichtefilter.

way von einem unbekannten Raser überholt werde, erschreckt mich das mehr als jede Situation in freier Natur.«

Beim Fotografieren geht es ihr nach eigener Aussage vor allem darum, Gefühle zu zeigen. »Ich möchte, dass meine Fotos ausdrücken, wie es sich anfühlt, im Regen zu wandern, sich im Schlamm zu wälzen oder eine Steilwand hinaufzuklettern. Ich vermeide gestellte Fotos, weil die

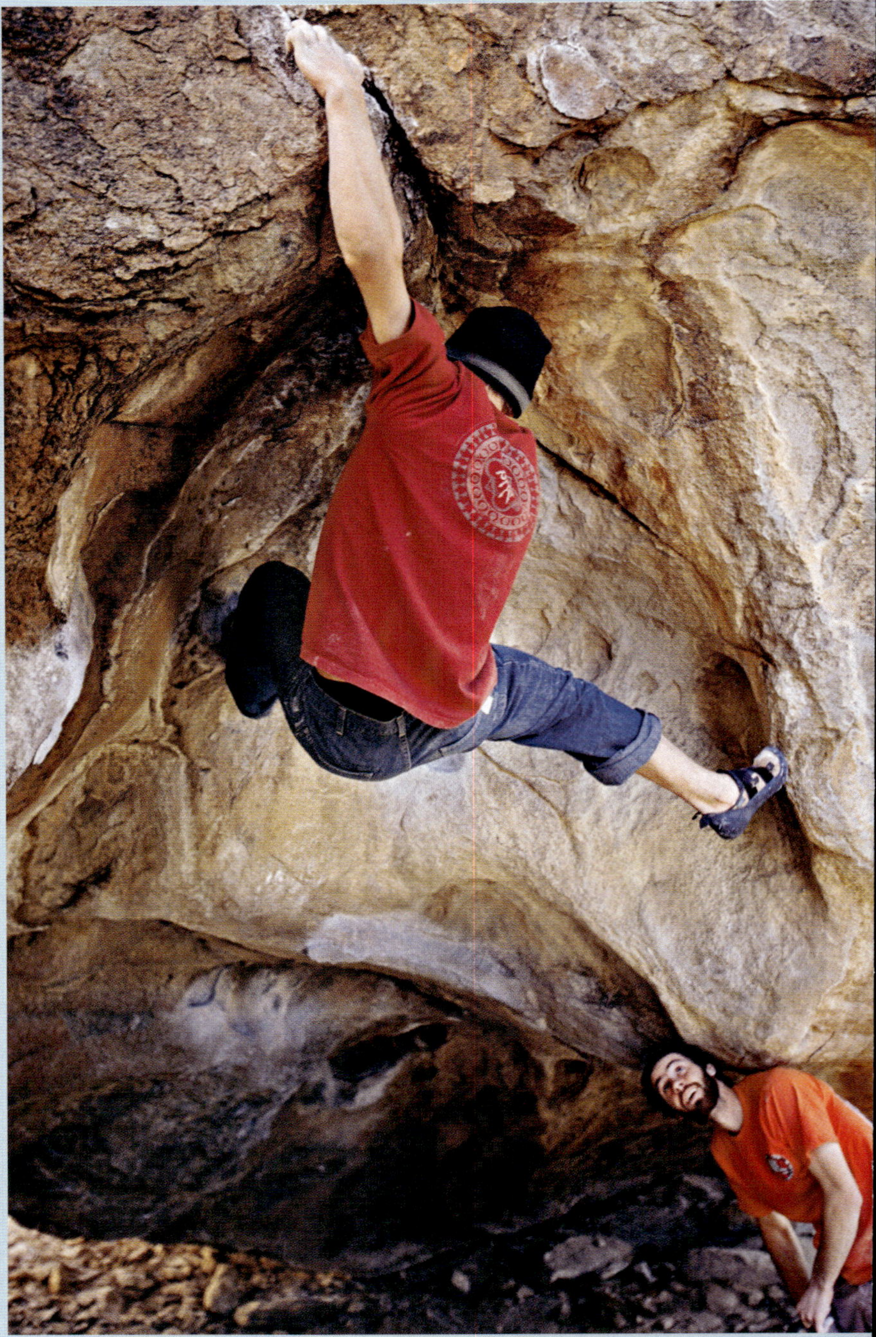

Leute darauf statisch wirken. Ich will, dass die Menschen und ihre Handlungen meine Fotos bestimmen und nicht umgekehrt. Ich nehme die Perspektive des stillen Beobachters ein und fotografiere einfach das, was um mich herum geschieht.«

Dawn Kish arbeitet unter anderem für *Sports Illustrated, NATIONAL GEOGRAPHIC Adventure, MTV, Outside, Trans World Snowboarding* und *Arizona Highways.* Ihre preisgekrönten Fotos waren in *Graphis, Communication Arts, Photo District News* und im American Institute of Graphic Artists zu sehen.

Dawn hat keine Ausbildung als Fotografin abgeschlossen, doch von ihrem frühen Freund und Förderer, John Running, lernte sie die Liebe zu fremden Kulturen, Völkern und Lebensstilen. Heute, nach 16 Jahren, arbeiten Kish und Running noch immer gelegentlich zusammen und lernen voneinander.

Die größte Schwierigkeit beim Fotografieren von Kletterern ist der richtige Winkel. Hier erklomm ich einen Felsen in der Nähe und konnte die einheimischen Kletterer im Hueco Tanks Historical Park in Texas auf diese Weise von oben fotografieren.

Tipps von Dawn Kish

- Haben Sie Spaß bei der Arbeit!
- Achten Sie auf Ihre Motive; ihre Gefühle lassen ein Foto gelingen oder misslingen.
- Folgen Sie Ihrem Instinkt! Ihre Fotos sind Ausdruck Ihrer Persönlichkeit und dessen, was Sie in diesem Moment sehen und empfinden.
- Achten Sie auf das Licht, auch wenn Sie gerade gar nicht fotografieren.
- Vermeiden Sie gestellte Fotos. Beobachten Sie, wie sich die Dinge rings umher entfalten, und haben Sie keine Angst, wenn etwas ganz anders läuft als erwartet. Bleiben Sie offen für glückliche Zufälle und Überraschungen.
- Bleiben Sie Ihren Ideen treu, und setzen Sie Ihre persönlichen Vorstellungen und Visionen um.
- Führen Sie ein Tagebuch, und lesen Sie es regelmäßig. Auf diese Weise bringen Sie einen roten Faden in Ihre Geschichte.
- Benutzen Sie die Kamera Ihrer Wahl. Tolle Motive bieten sich unabhängig von Ihrer Ausstattung. Glauben Sie nicht, dass gute Fotos nur mit teuren Apparaten gelingen. Fotografieren Sie hier und jetzt!

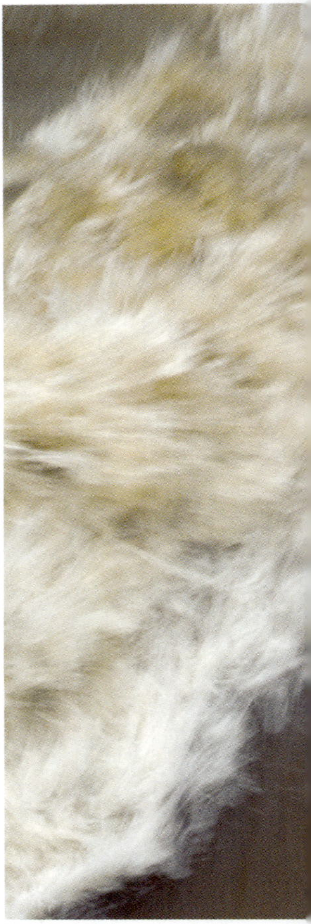

Mitten im Geschehen: Tipps für gute Bilder von Abenteuersportarten

ALS ABENTEUERFOTOGRAF kommen Sie mit Sicherheit in viele Situationen, die eine genaue Planung der Ausrüstung und Aufnahmetechnik erfordern. In der Regel dürfte aber eine einfache Kameratasche für die meisten Sportereignisse und die anderen Aktivitäten genügen, die ich weiter unten vorstelle. In jedem Fall sollten Sie überlegen, welche Risiken die jeweilige Umgebung oder Situation birgt, denn Sicherheit ist für Sie, Ihre Ausrüstung und die Menschen, die Sie aufnehmen möchten, das oberste Gebot. Kein Foto ist es wert, sich oder andere in Gefahr zu bringen. Im nachfolgenden Kapitel wollen wir die grundlegende Planung besprechen und Tipps zum Fotografieren an Felsen, im Wasser, im Schnee oder im Sand geben.

Wandern, Rad fahren, Trekking und Entdeckungstouren

Wenn Sie Ihre Kameratasche für eine Wander- oder Trekkingtour packen, müssen Sie darauf achten, wie schwer und sperrig sie ist. Überlegen Sie vorab, was Sie auf dem Weg mit großer Wahrscheinlichkeit fotografieren werden. Ich nehme in der Regel eine Kamera und zwei Objektive mit, ein 24–28-Millimeter-Zoomobjektiv mit Makro und, falls möglich, ein

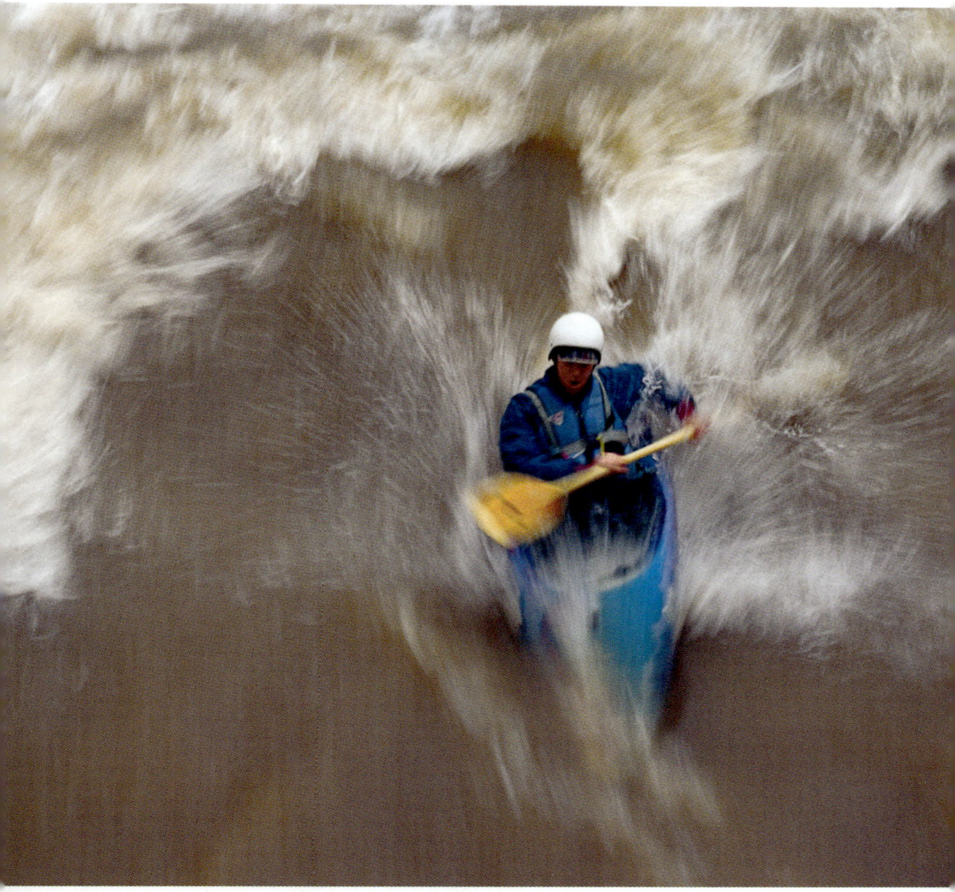

70–300-Millimeter-Zoomobjektiv oder ein 28–300-Millimeter-Objektiv. Das Teleobjektiv eignet sich hervorragend für Actionfotos und um Personen inmitten einer weiten Landschaft aufzunehmen. Die variable Blende des Telezooms sorgt dafür, dass das Objektiv kompakt und leicht bleibt. Manche Objektive verfügen über einen Bildstabilisator, der Fotos aus der Hand auch bei sehr langsamen Verschlusszeiten ermöglicht.

Ich halte meine Kamera gerne griffbereit, auch wenn ich wandere oder Fahrrad fahre. Auf dem Rad bewahre ich sie oben in meinem Tages-

Für schnelle Sportarten benötigt man eine leistungsfähige Transportautomatik und muss viele Bilder kurz hintereinander machen. Das Wasser schießt hier mit rasender Geschwindigkeit und bewegt sich genau wie der Kajakfahrer und das Paddel in alle Richtungen.

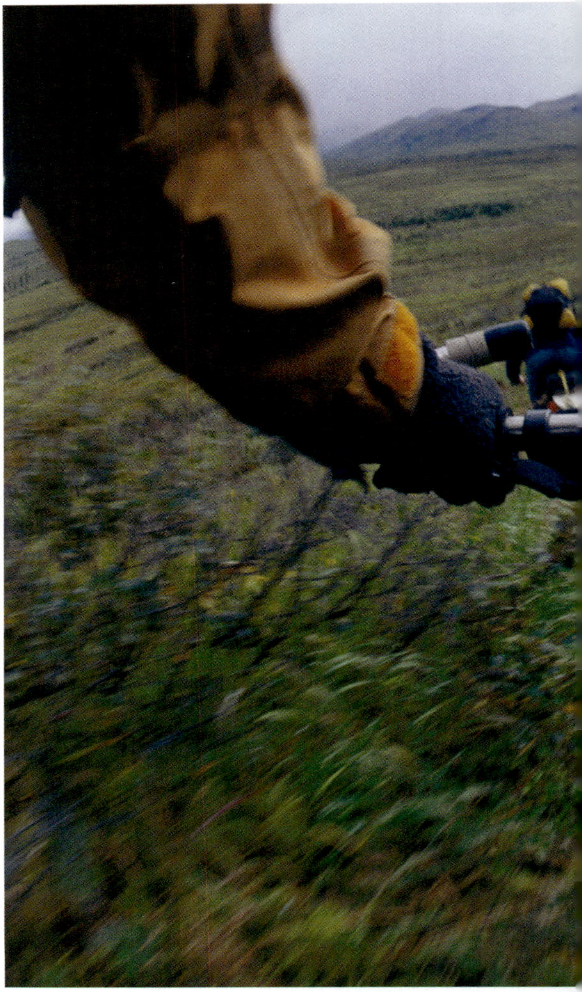

Tipp

Suchen Sie stets nach originellen Motiven oder Bildausschnitten. Man findet sie selbst in Extremsituationen häufiger, als man denkt.

rucksack auf. Für Radtouren empfiehlt sich natürlich ein möglichst leichtes Objektiv. Ideal geeignet ist eine Kamera mit kompaktem 28–200-Millimeter-Zoomobjektiv und variabler Blende. Mit diesem Objektiv können Sie einen einzelnen Radfahrer aus einiger Entfernung scharf ins Bild bekommen. Mancher Radfahrer denkt vielleicht über einen Kamera-Brusthalter nach, der einen leichteren Zugriff auf den

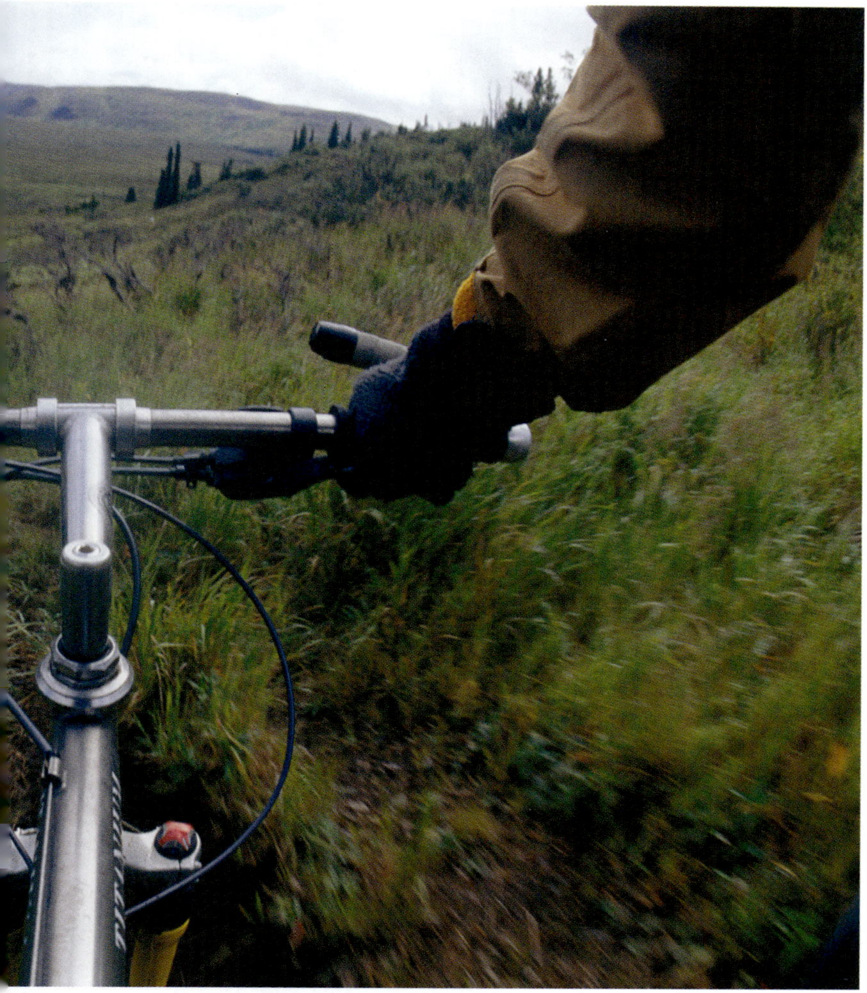

Apparat ermöglicht. Mir aber ist die Kamera an dieser Stelle zu sperrig. In Frage kommt aber auch eine Autofokuskamera, die Sie in einer separaten Tasche am Schultergurt des Rucksacks unterbringen können. Während der Fahrt sollten Sie den Apparat jedoch besser in die Satteltasche oder in den Rucksack packen.

Auf Wanderungen trage ich die Kamera um den Hals oder in einer Gürteltasche. Wenn ich

Bei diesem Point-of-View-Foto fühlt sich der Betrachter auf den Sattel versetzt. Ich befestigte dafür eine Kamera mit 16-Millimeter-Objektiv am Fahrrad und löste per Fernbedienung aus.

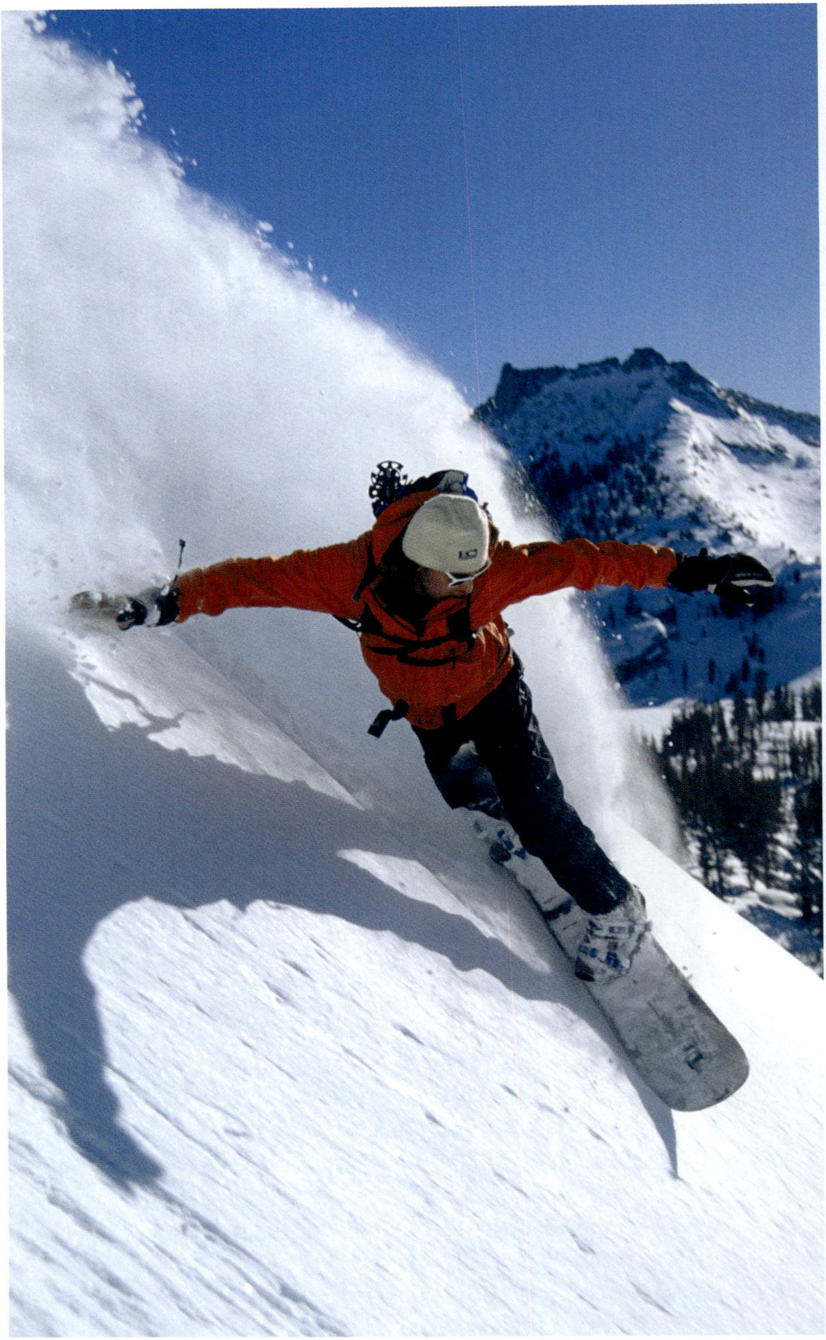

durch Dörfer oder interessantes Gelände komme, halte ich sie griffbereit. Auch am Morgen oder Abend und bei Nebel, wenn die Lichtverhältnisse besonders gut oder interessant sind, habe ich die Kamera stets zur Hand. Zwischen 10 und 15 Uhr, wenn die Sonne in mittleren Breiten hoch am Himmel steht, packe ich meine Spiegelreflexkamera dagegen weg. Sonnenlicht am Mittag ist hart, kontrastreich und beeinträchtigt die Qualität der Aufnahmen.

Bevor Sie aufbrechen, sollten Sie Ihre Kameraausrüstung genau den Erfordernissen anpassen. Überlegen Sie, was Ihnen unterwegs begegnen kann. Wählen Sie gegebenenfalls spezielle Objektive. Wenn Sie beispielsweise durch einen engen Canyon wandern, brauchen Sie z. B. ein Weitwinkelobjektiv, wenn Sie Tiere fotografieren möchten, sollten Sie ein Teleobjektiv einpacken. Manchmal lohnt es sich, ein leichtes Stativ mitzunehmen, etwa für Aufnahmen bei schwachem Licht. Manchmal reicht aber auch ein Bohnensäckchen, auf das Sie Ihr Teleobjektiv stützen können. Denken Sie immer daran, dass Sie auf Wander- und Radtouren alle Gepäckstücke die gesamte Zeit über tragen müssen.

Wenn Sie in der Wüste fotografieren, sollten Sie Objektive und Kameras getrennt in fest verschließbare Plastikbeutel packen, damit kein Sand hineingelangt. Wechseln Sie Objektive und Filme nicht bei stärkerem Wind. Auch die Hitze schadet der Ausrüstung. Lagern Sie die Filme unbedingt an einem kühlen oder wärmeisolierten Ort. Auch ein Schlafsack hält die stärkste Hitze fern.

Mit Pressluft und einem Pinsel kann man Sand und Staub weitgehend von Kamera und Objektiven entfernen. Wenn es in Ihren Objektiven knirscht, sollten Sie sie zum Reinigen in eine Werkstatt geben, damit der Sand keine größeren Schäden anrichtet.

Bei Aufnahmen von extrem schnellen Sportarten wie dem Snowboarding verfolge ich durch das Objektiv die Bahn des Fahrers und ziehe die Kamera gegebenenfalls mit, so dass er stets in meinem Bildausschnitt bleibt. Wenn er sich in einer günstigen Entfernung befindet, brauche ich nur noch den Auslöser zu betätigen und ihm mit der Kamera weiter zu folgen.

Bei allen Unternehmungen im Freien kommt es vor allem darauf an, die Kameraausrüstung klein und kompakt zu halten. Dafür muss man eventuell auf etwas verzichten und sollte deshalb umso sorgfältiger wählen. Mit leichtem Gepäck wandert es sich einfach besser, und Sie haben die nötige Energie und Bewegungsfreiheit, um nach geeigneten Motiven zu suchen.

Wintersport: Ski und Snowboard fahren, Winterlager

Wenn Sie Fotos von Skifahrern oder Snowboardern machen, stehen Sie in der Regel selbst auf Skiern oder einem Board und halten Ausschau nach einem geeigneten Ort und Motiv. Bei beiden Sportarten kommt es stark auf die Geschwindigkeit an. Wenn die Kamera sich irgendwo im Rucksack befindet, brauchen Sie zu lange, um sie herauszuholen. Verwenden Sie besser eine Hüfttasche mit Taillen- und Schultergurt und Reißverschluss, damit kein Schnee eindringen kann. Einige Hersteller kombinieren Hüftgürteltaschen mit kleinen Rucksäcken, eine noch stabilere Variante gerade beim Skifahren. In den Rucksack passen Proviant, Wasser und Zusatzobjektive. Keinesfalls sollten Sie die Kamera beim Skifahren um den Hals hängen oder unter der Jacke tragen – die Verletzungsgefahr bei einem Sturz ist zu groß.

Für schnelle Wintersportarten eignet sich auch eine Kamera mit schneller Transportautomatik. Sechs bis acht Bilder pro Sekunde sind bei Sportkameras Standard. Auch mit einer langsameren Automatik können Sie aber tolle Fotos machen, vorzugsweise mit einem 70–200- oder 70–300-Millimeter-Objektiv.

Wenn Sie den richtigen Standort gefunden haben, von dem aus Sie Skifahrer oder Snowboarder fotografieren wollen, müssen Sie die

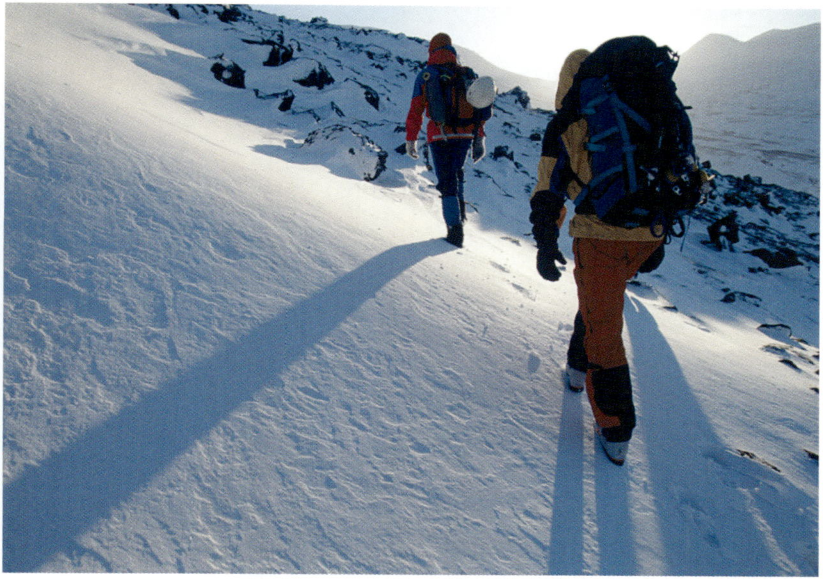

richtige Belichtung einstellen. Falls Sie den kamerainternen Belichtungsmesser verwenden, sollten Sie 1 3/4 bis 2 1/3 Belichtungsstufen höher einstellen, um das Motiv bei Schnee richtig zu belichten. Die vom Schnee reflektierten Sonnenstrahlen füllen Schatten bei frontal belichteten Fotos gut aus.

Aufnahmen im Schnee, bei denen die Sonne im Rücken steht, wirken besonders spektakulär, müssen aber sorgfältig belichtet werden. Hierzu benötigt man einige Erfahrung. Wenn Sie Details im Schnee hervorheben möchten, sollten Sie eine Belichtungsstufe höher wählen als angezeigt. Am besten messen Sie die Belichtungszeit manuell mit einem separaten, auf das Motiv gerichteten Belichtungsmesser oder unter Verwendung einer 18-prozentigen Graukarte, die Sie im Fotoladen erwerben können.

Einige Kameras verfügen über einen schnellen Autofokus, der ausreicht, um Skifahrer oder Snowboarder korrekt einzustellen. Markieren Sie ansonsten den gewünschten Ort unauffällig mit

Der Schnee ist auf diesem Foto von Eiskletterern auf Island eines der wichtigsten Elemente. Ich habe den Belichtungsmesser auf den Schnee gerichtet, um die Muster und Schatten gut zur Geltung zu bringen.

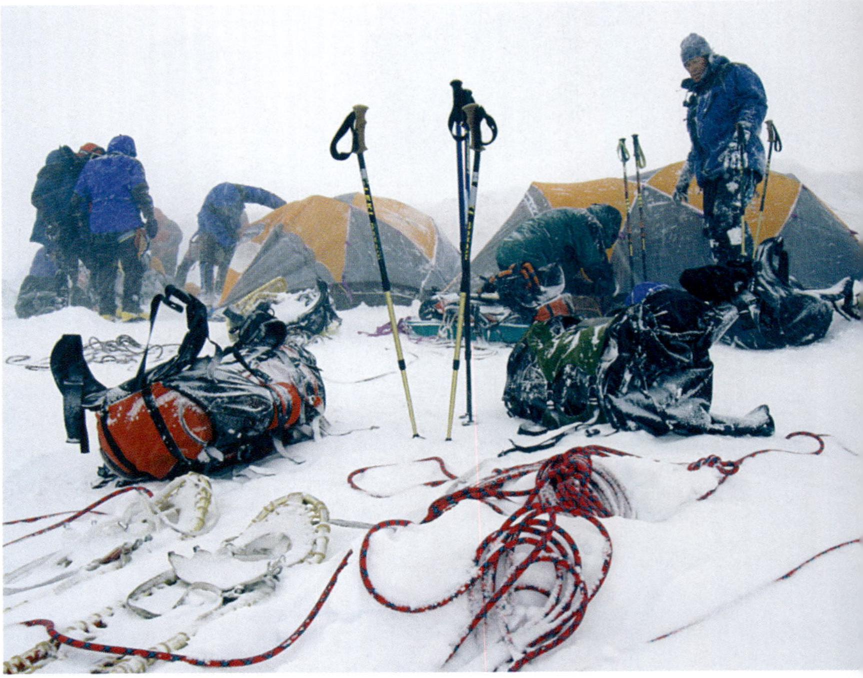

einem Zweig, fokussieren Sie darauf, und bitten Sie Ihr Motiv, vor der markierten Stelle einen Schwung oder Sprung zu beginnen, so dass die Aktivität am markierten Platz ihren Höhepunkt erreicht. Achten Sie darauf, dass kein Kopf oder Arm im Bildausschnitt fehlt, bevor Sie den Auslöser betätigen.

Die Leistung der Batterien gehört zu den Hauptproblemen, wenn man bei niedrigen Temperaturen arbeitet. Gewöhnliche Alkaline-Batterien arbeiten bei Frost oft nicht richtig. Verwenden Sie unbedingt Lithium-Batterien, die bis zu –5 Grad Celsius einsatzbereit bleiben, dann allerdings oft nur für einige Filme ausreichen. Als ich am Tag der Gipfelbesteigung am McKinley fotografierte, hielten meine Lithium-AA-Batterien nur für relativ kurze Zeit. Nehmen Sie genügend Ersatzbatterien mit, wenn Sie bei extremer Kälte arbeiten. Auch wiederaufladbare Batterien funktionieren gut. Die meisten Digitalkameras arbeiten mit äußerst leistungsstarken Lithium-Ionen-Batterien.

Außerdem sollten Sie immer Handschuhe tragen, wenn Sie bei starker Kälte fotografieren. Der Kontakt der Haut mit dem Metallgehäuse der Kamera kann Erfrierungen verursachen. Bei Schneefall müssen Sie darauf achten, dass das Objektiv schneefrei bleibt. Verwenden Sie entweder einen Pinsel, oder klopfen Sie leicht auf die Kamera, aber berühren Sie die Linse und das Objektiv keinesfalls mit Ihren Handschuhen.

Achten Sie beim Benutzen des Skilifts darauf, dass sich die Kameratasche nicht im Liftsessel verhakt.

Besonders groß ist die Gefahr von Kondenswasser, wenn Sie bei kalten Temperaturen fotografieren. Sobald Sie einen warmen Raum oder ein Zelt betreten oder die Kamera in eine warme Jacke packen, bildet sich auf den äußeren und inneren Oberflächen der Kamera eine Feuchtigkeitsschicht. Diese kann die empfindliche Elektronik der Kamera schwer beeinträchtigen, vor allem aber auch gefrieren, wenn Sie sich mit der Kamera erneut ins Freie begeben.

Bevor Sie mit der Kamera aus der Kälte in einen warmen Raum gehen, müssen Sie sie mindestens eine Stunde lang in der Kameratasche an einem mäßig warmen Ort aufbewahren. Packen Sie die Kamera nicht in Ihre Jacke, denn Bewegung im Freien bringt Sie auch bei extremer Kälte ins Schwitzen, so dass wiederum die Gefahr von Kondenswasserbildung besteht. Achten Sie auch darauf, dass Sie die Kamera oder das Objektiv im Freien bei Kälte nicht anhauchen. Die Feuchtigkeit der Atemluft setzt sich als dünne Schicht auf das Metallgehäuse und das Glas des Objektivs, wo sie sofort gefriert.

Wenn ich in einem Winterlager mein Zelt an einem kalten Tag betrete, entferne ich die Batte-

Diese gefrorenen Seile wurden im Sturm am Mount McKinley aus kurzer Entfernung aufgenommen.

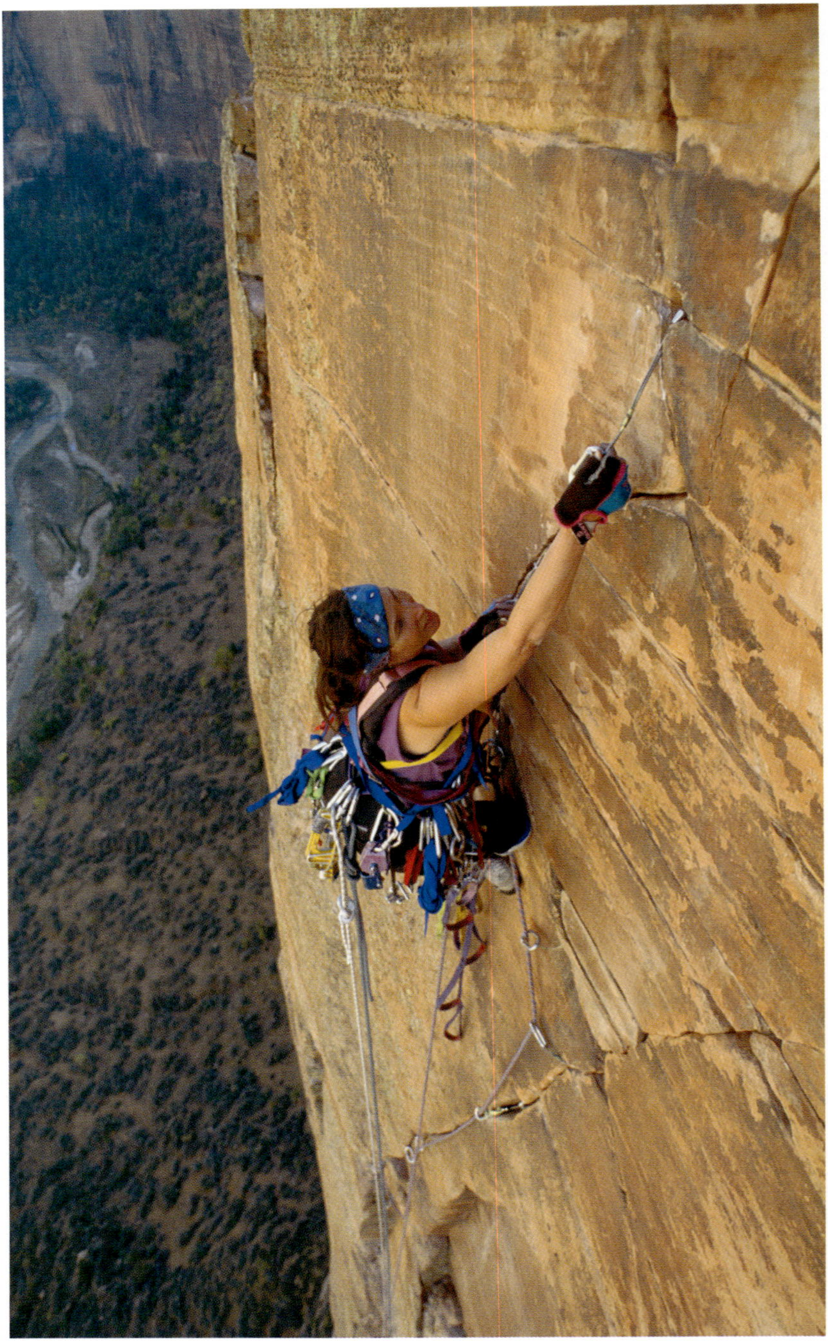

rien aus der Kamera, packe diese in die Kameratasche, verschließe sie und stelle sie ins Vorzelt. In windigen Nächten oder bei Schneefall kommt die Kamera in einen Plastikbeutel. Außerhalb des Hauptzeltes herrschen niedrigere Temperaturen, so dass die Kamera für den nächsten Einsatz bereitbleibt. Wenn Sie im Zelt fotografieren wollen, müssen Sie der Kamera mindestens eine Stunde Zeit lassen, sich der wärmeren Innentemperatur anzupassen. Während die Kamera im Vorzelt lagert, bewahre ich die Batterien in meinem Schlafsack auf.

Bedenken Sie, dass man bei Actionsportarten meist sehr viele Aufnahmen macht, jedoch dabei auch viel Ausschuss produziert. Viele Fotos sind hinterher verwackelt, oder der Bildausschnitt ist nicht perfekt.

Klettern

Kletterer oder Eiskletterer zu fotografieren birgt einige besondere Herausforderungen, die Sie bedenken sollten, bevor Sie sich anseilen oder den Eispickel schultern.

Vielleicht ist Ihnen schon aufgefallen, dass es sich bei den meisten Fotos von Kletterszenen, die man in Zeitschriften findet, nicht um Spontanaufnahmen handelt, sondern um gestellte und aufwendig vorbereitete Bilder. Kletterer kann man auf drei grundlegende Arten fotografieren. Bei der Methode, die ich empfehlen würde, weil sie am meisten Freiheit lässt und daher am kreativsten ist, bleibt der Fotograf am Boden oder an einem Standort, den man ohne technischen Aufwand erreichen kann. Viele der besten Fotos von Kletterern entstehen auf diese Weise. Ein Zoomobjektiv bis zu 40 Millimeter erweist sich bei dieser Technik als hilfreich.

Die zweite, ebenfalls häufig angewandte und besonders in Klettermagazinen beliebte Metho-

Diesen Kletterer an einer Steilwand in Zion, Utah, nahm ich mit einem Weitwinkelobjektiv von einem oberhalb befestigten Seil auf. Die von den Armen des Kletterers bestimmte Führungslinie setzt an der glatten Wand einen Akzent.

de ist die, das Motiv von oben zu fotografieren. Dazu muss man jedoch sehr rechtzeitig mit den Vorbereitungen beginnen, so dass Spontanfotos nahezu ausgeschlossen sind. Eventuell muss man die gesamte Strecke vor den Kletterern zurücklegen oder sich an einem Seil vom oberen Rand des Steilhangs hinunterlassen. Um das Seil und gegebenenfalls sich selbst oder die Kamera korrekt zu sichern, benötigt man erhebliche technische Erfahrung sowohl als Fotograf als auch als Kletterer. Wenn man aus dieser Position fotografiert, geschieht dies in der Regel aus einem Winkel von ca. 30 Grad links oder rechts vom Motiv. Dieser Blickwinkel ist spektakulär und daher sehr beliebt.

Allerdings hat die Position auch eine Reihe von Nachteilen. Da man selbst am Seil hängt, sind nur wenige Perspektiven auf das Motiv möglich, weshalb sich auf diese Weise entstandene Fotos auch meistens ähneln. Am besten eignet sich ein Weitwinkelzoomobjektiv, etwa ein 17–35-Millimeter-Zoom. Wenn Sie sich von oben herunterlassen und einen etwas anderen Blickwinkel bevorzugen, können Sie interessantere Ergebnisse erzielen, wenn Sie nach Besonderheiten im Felsen oder bei der Klettertour Ausschau halten, die in den Bildausschnitt passen. Verwenden Sie dann ein Teleobjektiv, und fotografieren Sie direkt nach unten, oder versuchen Sie, die natürliche Umgebung so mit einzubeziehen, dass Sie Ihrem Foto das gewisse Etwas verleiht.

Bei der dritten und schwierigsten Methode nehmen Sie direkt am Geschehen teil, sind also Teil des Teams und fotografieren Ihre Kollegen, während Sie selbst mit auf- oder absteigen. Dabei sind Sie natürlich häufig in einer ungünstigen Stellung, weil Sie entweder sichern oder klettern müssen. Mit Kreativität und ein wenig Vorbereitung können Sie aber dennoch tolle Aufnahmen machen. Ich erziele die besten

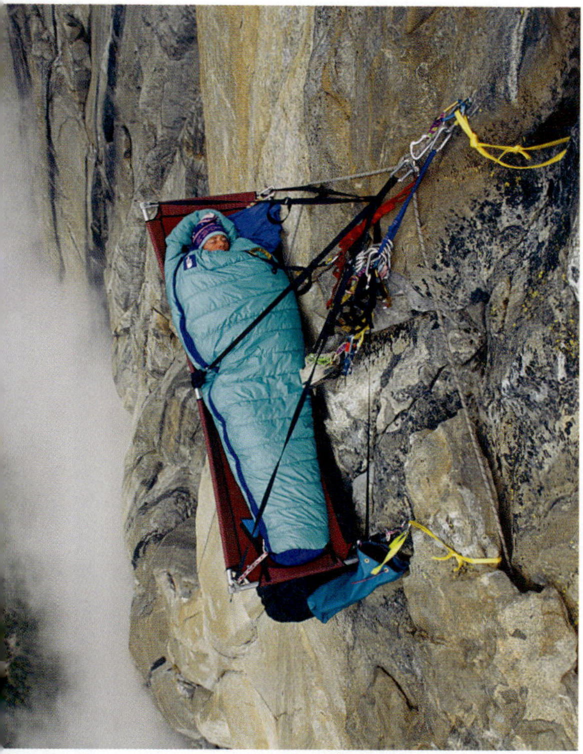

Ein aufklarendes Gewitter bietet häufig gute Möglichkeiten. Hier fotografierte ich einen Kletterer, der sein Nachtlager in der Steilwand des El Capitan im Yosemite Nationalpark aufgeschlagen hatte.

Ergebnisse, wenn ich mit meinem Partner im Seil hänge. Um allzu typische Blickwinkel zu vermeiden, studiere ich die Strecke vorab sehr sorgfältig. So weiß ich, wann ich die besten Positionen für ein Foto erreiche. Auf diese Weise kann man schnell arbeiten, ohne den Kletterrhythmus immer wieder zum Fotografieren zu unterbrechen.

Auf jeder Klettertour versuche ich, die wesentlichen Aspekte gerade dieses Trips einzufangen. Ich informiere mich über den Ort, die Beschaffenheit der Wand, die Zeit des Aufbruchs etc. Dann bemühe ich mich herauszufinden, wo die besten Standorte für Fotos sein könnten. Beim Durchlesen der genauen Streckenbeschreibung denke ich darüber nach, welcher Abschnitt welchen Vorteil bietet. Dies gilt be-

FOLGENDE SEITE: Die Steilwand zur Linken und die Schatten im Vordergrund bilden einen eindrucksvollen Rahmen für die dahinter liegende Berglandschaft.

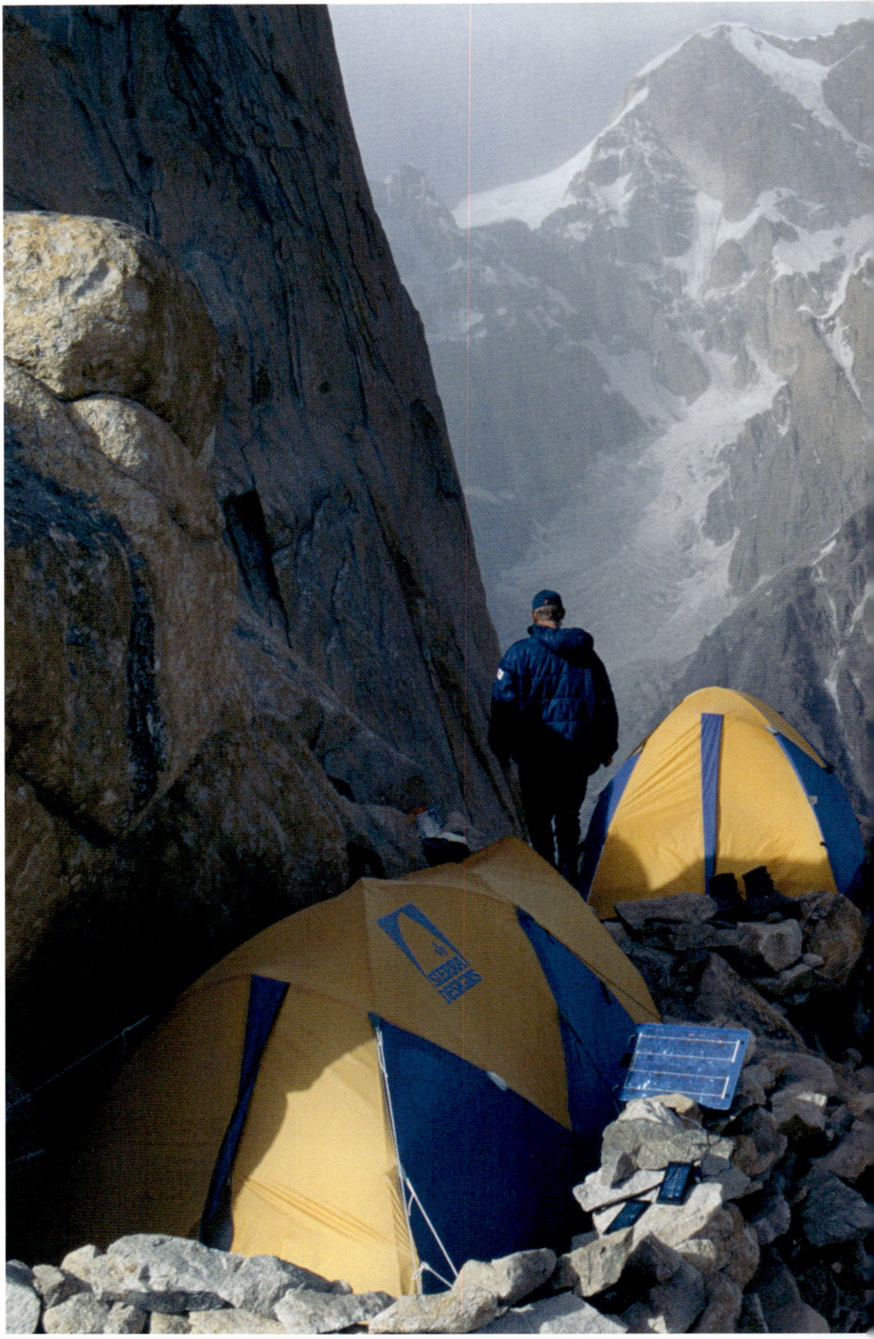

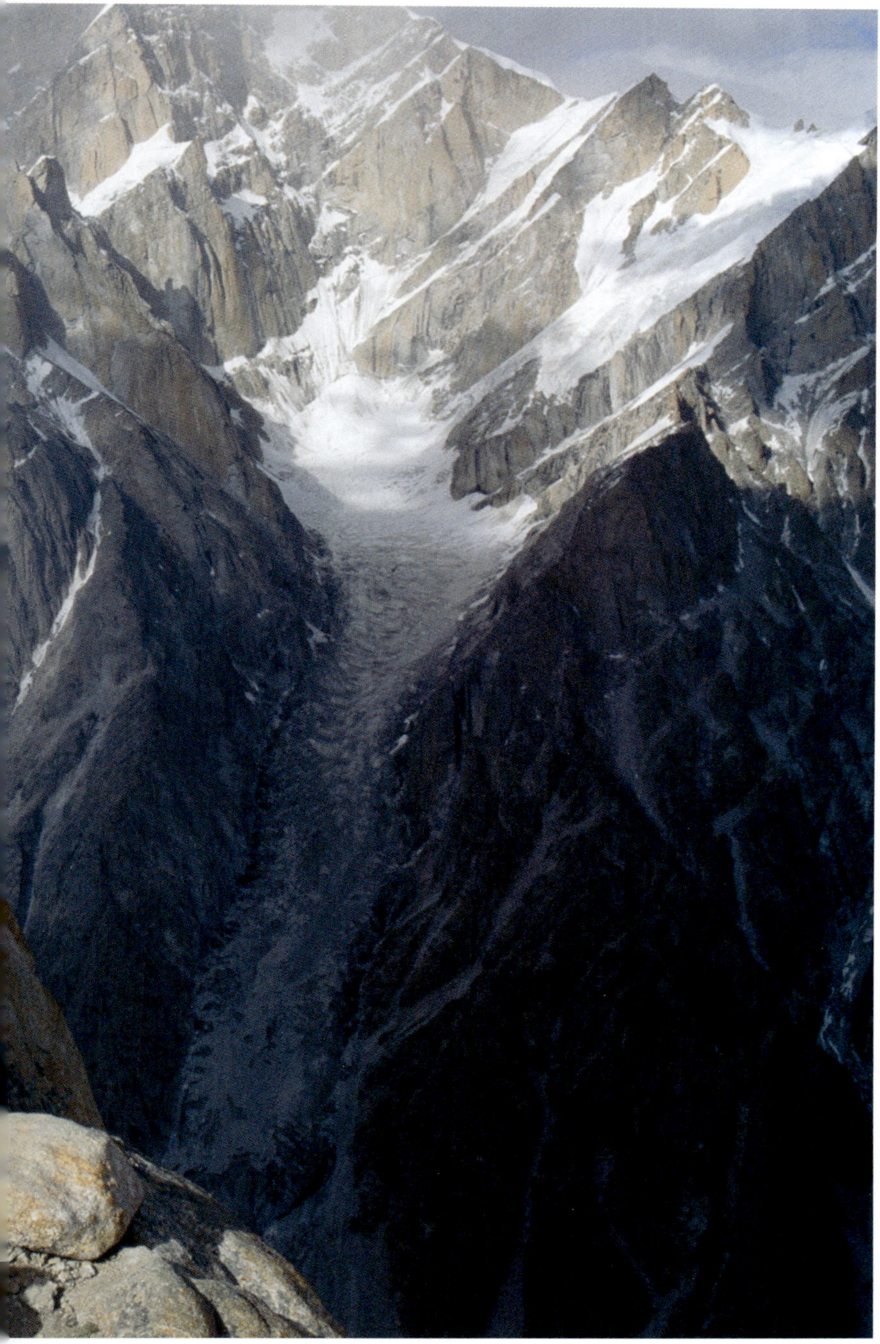

sonders für Traversen, an denen der Führer einen Sims diagonal überquert.

Kletterpartien finden häufig mittags bei harter Sonneneinstrahlung statt. Halten Sie Ausschau nach interessanten Silhouetten oder Schatten. Beobachten Sie, wie die Sonnenstrahlen auf die Strecke fallen. So viel frontales Licht wie möglich auf das Motiv ist am besten, weil die Mittagssonne oft ungünstige Schatten wirft. Wenn das Motiv nicht mindestens drei Meter entfernt ist, empfiehlt sich ein Blitz. Einige Autofokuskameras verfügen über eine Aufhellblitz-Funktion, die Sie ruhig ausprobieren sollten. Achten Sie auf den Stand und den Einfallwinkel der Sonne, und entscheiden Sie dann, ob Sie besser voransteigen und Ihren Partner von oben fotografieren oder ihm folgen und ihn von unten aufnehmen sollten. Falls Sie sichern, können Sie ein Sicherungsgerät, etwa ein Grigri, verwenden, um gefahrlos gleichzeitig sichern und fotografieren zu können.

Eine Kamera mit Autofokusobjektiv ist extrem hilfreich. Ich nehme oft eine kleine Autofokuskamera mit, die problemlos in jede Tasche passt, und verzichte auf meine sperrige Spiegelreflexkamera. Wählen Sie ein Modell mit möglichst großem Weitwinkelbereich. Einige digitale und gewöhnliche Autofokuskameras haben Vorrichtungen, mit denen man einen Weitwinkeladapter über dem Standardobjektiv befestigen kann. Wenn Sie den Kletterer aus einer Entfernung von über sechs Metern fotografieren, können Sie ihn in der Regel nicht mehr aus einem günstigen Winkel aufnehmen, denn er befindet sich dann direkt über Ihnen. Aus dieser Position sind nur noch die üblichen Bildausschnitte möglich.

Seien Sie unbedingt für unerwartete Gelegenheiten gerüstet. Eine solche glückliche Situation bot sich mir bei meiner ersten »Tricks-of-the-

Trade«-Tour, einem 365-Meter-Aufstieg in Zion, Utah. Während der drei Tage, die wir für diesen anspruchsvollen Aufstieg insgesamt benötigten, hielt ich immer wieder Ausschau nach dem einen Bild, das die wundervolle Erfahrung dieser Tour einfangen würde.

Am zweiten Tag in der Wand war ich gemeinsam mit meinen Partnern John und Brad bereits 243 Meter hoch geklettert. Wir beeilten uns, um den Gipfel vor Einbruch der Dunkelheit zu erreichen. An einer besonders dramatischen Stelle hätte ich gerne innegehalten, um ein Bild zu machen, doch angesichts der fortgeschrittenen Zeit und der 90 Meter Aufstieg, die noch vor uns lagen, wäre es unpassend, wenn nicht sogar gefährlich gewesen, die Kletterer wegen eines Fotos zum Anhalten zu zwingen. Ich sicherte John, der gerade die zweite Sicherungsstelle der Headwall verließ. Brad befand sich weiter unten und säuberte die letzte Sicherungsstelle. In diesem Augenblick ließ Brad unseren einzigen Hammer fallen. Er stieß einen Schrei aus, und alle schauten zu, wie der Hammer 45 Meter tief auf den Sims fiel, auf dem wir die letzte Nacht verbracht hatten. Dort blieb er liegen. Es war unser einziger Hammer. Brad wusste sofort, was er zu tun hatte, und begann, sich vorsichtig abzuseilen.

In diesem Augenblick erwachte der Fotograf in mir. Ich bat John, mich rasch an der Stelle zu sichern, die er gerade eben verlassen hatte. Dann erklärte ich ihm meinen Plan. John ließ sich daraufhin auf die nächstuntere Sicherungsstelle zurück. Als Brad mit dem Hammer zu ihm zurückkehrte, kletterte John so weiter, sodass ich ihn gut von oben fotografieren konnte.

Wir hatten insgesamt nur wenig Zeit verloren. Bei Sonnenuntergang erreichten wir den Gipfel und verbrachten die Nacht auf dem Isaac unter funkelnden Sternen.

Tipp

Nehmen Sie immer einige verschließbare Plastikbeutel mit. Sie sind wasser- und staubdicht und schützen Objektive und Filme. Bei Regen dient ein solcher Beutel notfalls auch als Schutzhülle für die Kamera.

Der Blick aufs Meer aus der Perspektive des Kajakfahrers nimmt den Betrachter mit hinein ins Geschehen.

Wassersportarten

Bei Wassersportarten kommt es darauf an, die Kamera gut zu schützen. Süßwasser, vor allem aber Salzwasser wirken korrosiv. Beim Surfen sowie für Floßfahrten und die meisten Paddelsportarten benötigen Sie deshalb unbedingt eine wasserdichte Fototasche. Informationen hierzu finden Sie auch in der Ausrüstungsfibel in diesem Ratgeber.

Auf einer Floß- oder Kajaktour sind Sie vier bis fünf Stunden pro Tag auf dem Wasser. Wenn Sie eine wasserdichte Box für Ihre Kamera besitzen und vorsichtig arbeiten, können Sie in flachem Wasser Fotos machen, während Sie im Boot sitzen. Erkundigen Sie sich beim Tourleiter oder anderen erfahrenen Teilnehmern, ob bei den jeweils nächsten Stromschnellen eine Dusche zu befürchten ist.

Wenn Sie nur mit ein paar Spritzern rechnen müssen, genügt eine Plastiktüte mit einem Loch für das Objektiv. Zum Schutz vor größeren Wassermengen empfiehlt sich ein flexibles Schutzgehäuse wie das Ewa Marine. Um die Kamera unter diesen Bedingungen einzustellen, benötigt man Zeit. Nehmen Sie deshalb zwei Kameras mit ins Boot, eine mit und eine ohne Schutzhülle. Sie können dadurch Objektive schneller wechseln und Einstellungen rascher vornehmen. Am preiswertesten fährt man mit einer kompakten Autofokuskamera in einer wasserdichten Schutzhülle für Fotos im Boot und mit einer Spiegelreflexkamera, die man in einem wasserdichten Hartschalenkoffer aufbewahrt.

Vom Boot aus fotografieren Sie am besten mit einem Weitwinkelobjektiv, etwa einem 17–35-Millimeter-Zoom. Da Sie im Boot wenig Bewegungsspielraum haben, ist ein Zoomobjektiv besonders wichtig. Stemmen Sie beide Füße fest an die Seiten des Bootes, wenn Sie durch eine Stromschnelle fahren – das Boot bewegt sich dann rasch und unkontrolliert, und man fühlt sich wie auf einem Pferd beim Rodeo. Sollte die Kamera nass werden, können Sie sie mit einem Handtuch oder einem Fensterleder abtrocknen und sie anschließend einige Minuten lang in die Sonne legen.

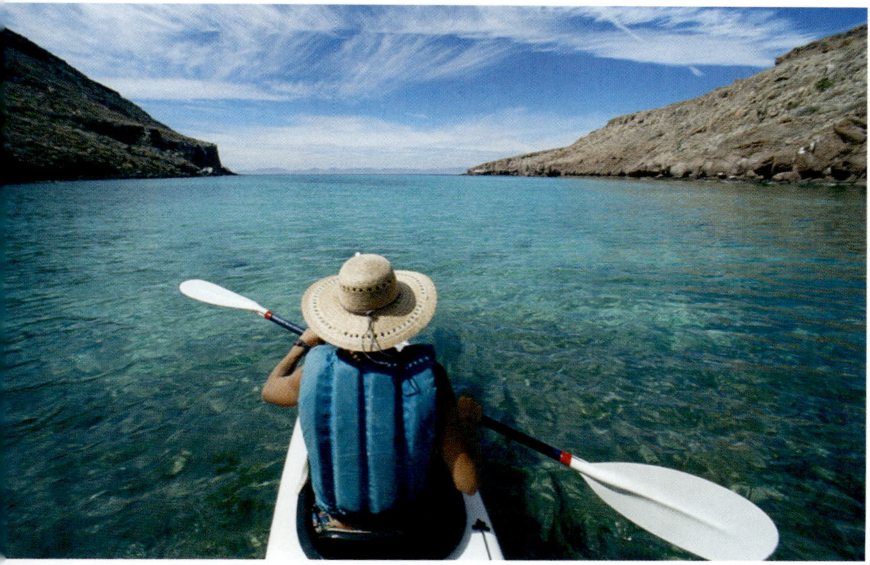

Viele Fotos von Boots- und Kajaktouren oder Surfern werden vom Ufer aus aufgenommen. Die Größe des Teleobjektivs richtet sich nach der Entfernung zum Motiv. Für die meisten Floß- und Bootsaufnahmen reicht ein 70–200-Millimeter-Objektiv mit Bildstabilisator. Wenn Sie Surfer oder Segler vom Strand aus fotografieren, benötigen Sie vermutlich ein 600- oder 800-Millimeter-Objektiv und einen Telekonverter für eine noch größere Reichweite. Auch eine rasche Transportautomatik leistet gute Dienste. Wenn Sie Boote aufnehmen möchten, die durch Stromschnellen brausen, sollten Sie einen Standort mit guter Sicht direkt an der Stromschnelle oder etwas unterhalb

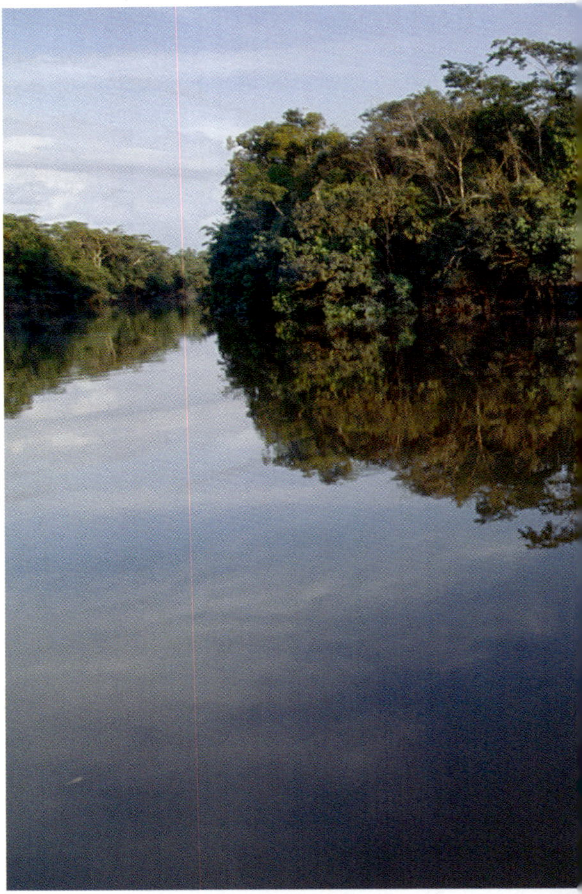

Kein Lüftchen regt sich am frühen Morgen – das Wasser am Ufer des kleinen Dorfes im Amazonas wirkt wie ein Spiegel. Mit einem zweistufigen Neutraldichtefilter stimmte ich die Helligkeit von Himmel und reflektierendem Wasser aufeinander ab.

von ihr am Wasser suchen. Achten Sie auf Hintergrundelemente, die das Foto unruhig machen könnten.

Aufnahmen von Booten auf dem Wasser sehen oft sehr schön aus. Experimentieren Sie mit unterschiedlichen Verschlussgeschwindigkeiten. Im Kapitel über Technik & Komposition (Seiten 34 bis 49) erfahren Sie allerlei zu diesem Thema und über andere Methoden. Auch mit Lichtreflexen kann man am Wasser gut arbeiten. Beobachten Sie die Reflexe auf dem ruhigen Wasser bei Sonnenaufgang oder -untergang. Am besten

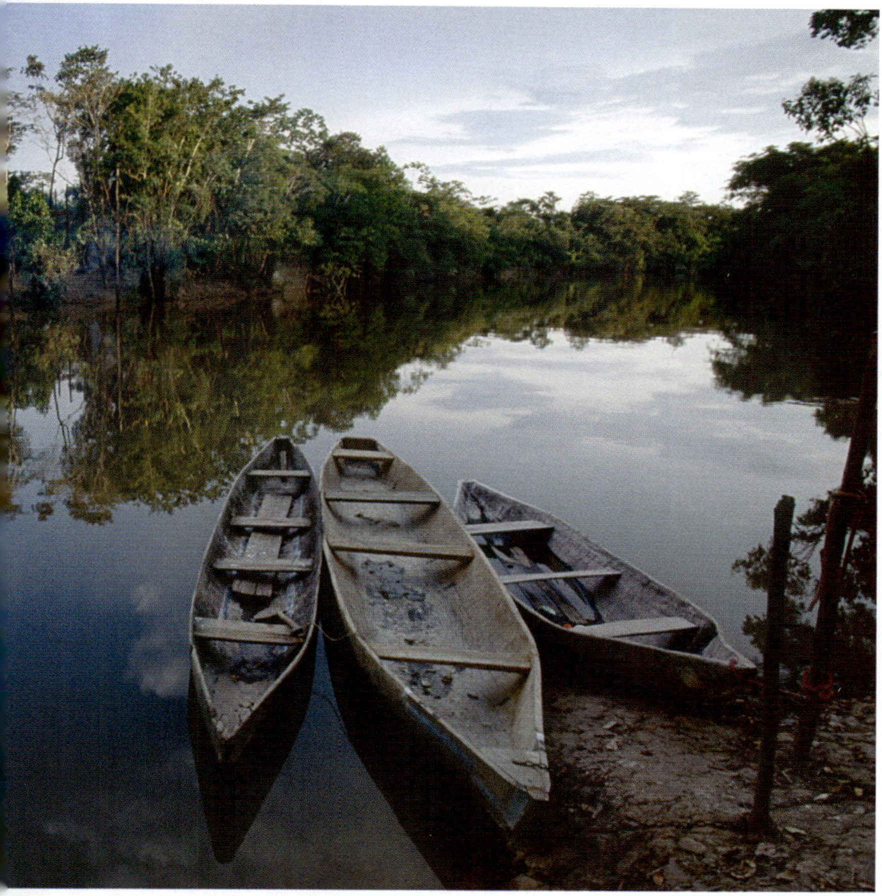

wirken solche Aufnahmen, wenn sich die Wasserfläche zwischen dem Fotografen und dem breiten Horizont ausdehnt.

Salzwasser greift Kameras noch stärker an als Süßwasser. Reinigen und trocknen Sie Ihre Kamera am Meer unbedingt täglich gründlich. Durch die Gischt verteilt sich Spritzwasser in der Luft. Schützen Sie Ihre Ausrüstung gut, wenn Sie nahe am Wasser arbeiten.

Mit der nötigen Sorgfalt können Sie jeden Aspekt einer Flussfahrt oder eines Segeltörns genauso fotografieren wie spielende Kinder am Wasser.

JIMMY CHIN
Der beste Blickwinkel

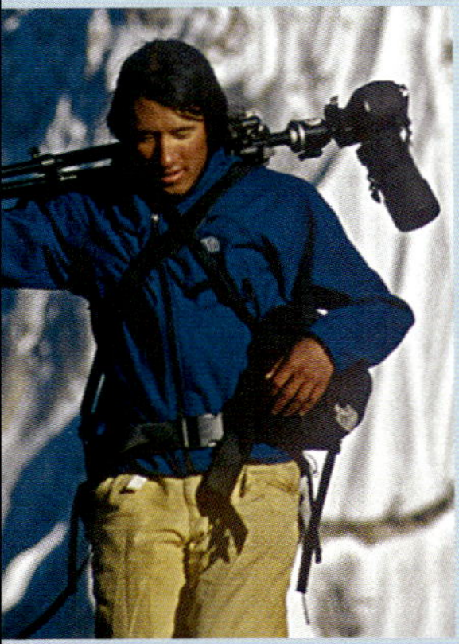
Brady Robinson

EINE KINDHEIT IN DEN weiten Ebenen Südminnesotas ist keine besonders gute Voraussetzung für einen Weltklasse-Bergsteiger und Abenteuerfotografen. »Mit zwölf Jahren machte ich mit meiner Familie Urlaub im Glacier Nationalpark. Diese erste Begegnung mit den Bergen war für mich eine Erleuchtung. Ich fand Amerikas Westen und die Berge des Nationalparks einfach umwerfend schön. Dieser Aufenthalt veränderte mein Leben. Ich wusste stets, dass ich dorthin zurückkehren würde, und so geschah es auch. Mit 18 und 19 Jahren arbeitete ich zwei Sommer lang im Park und erstürmte dabei so viele Gipfel wie möglich. Ich hatte auch im Joshua Tree Nationalpark zu klettern begonnen. Bergsteigen und Klettern wurden zu meiner großen Leidenschaft.« Zur Fotografie kam Jimmy Chin erst später durch einen glücklichen Zufall. Während einer Klettertour durch den Yosemite Nationalpark, wo er für eine Expedition durch Pakistan trainierte, machte Chin mit der Kamera eines Freundes während der Besteigung des El Capitan ein Foto. Der Freund bot einem Outdoorausstatter einige Aufnahmen an, und der Katalogredakteur wählte ausgerechnet Chins Foto aus. Daraufhin kaufte Chin seine erste eigene Kamera und hat diesen Schritt niemals bereut. Seine auf-

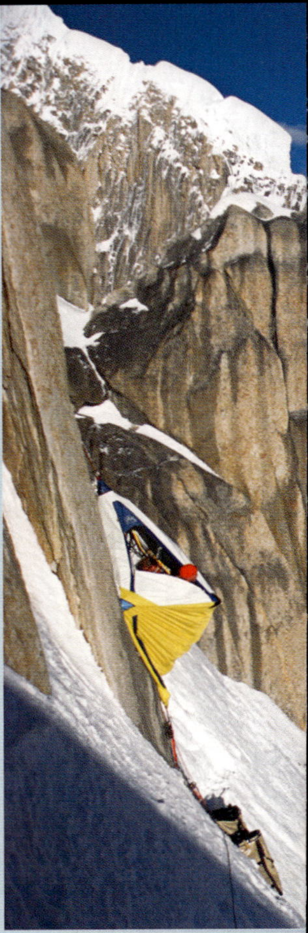

Während wir eine neue Route an der Südwestwand des K7 suchten, wurden wir von einem fünftägigen Sturm im Hochgebirge überrascht. Conrad Anker, Brady Robinson und ich mussten in eisiger Höhe in unserem kleinen Zwei-Personen-Portalegde Schutz suchen. Wegen des starken Windes

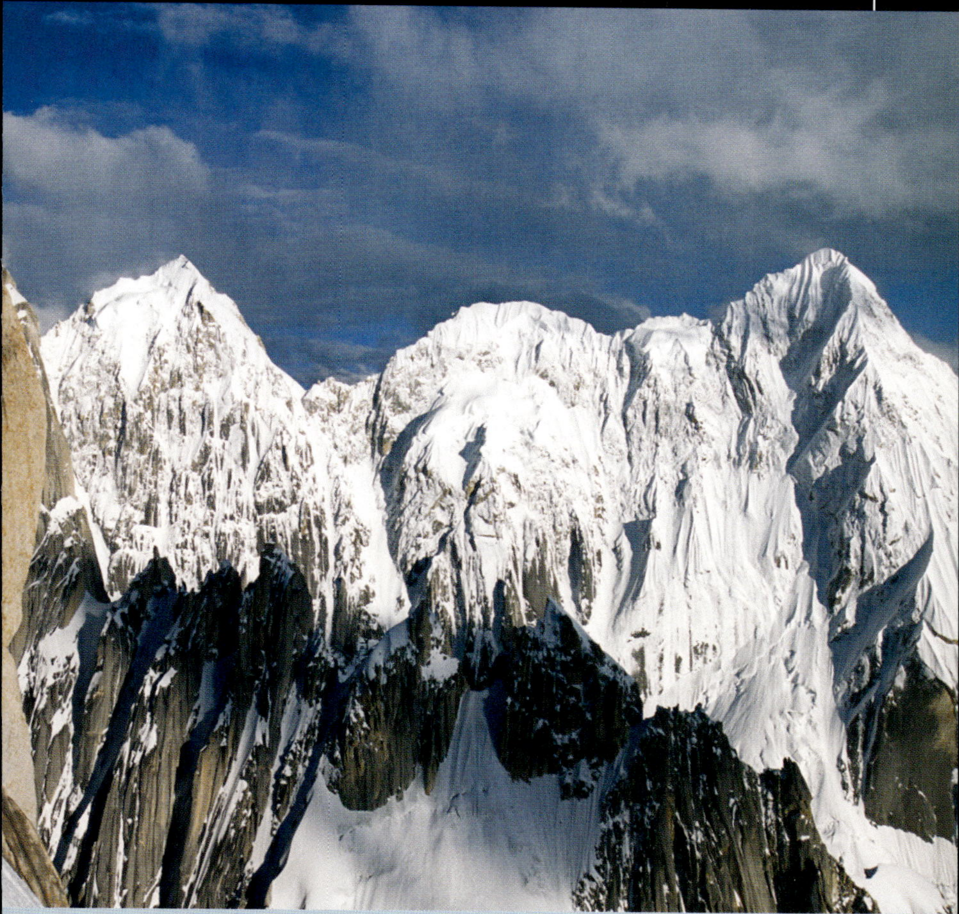

und Schnees sahen wir beim Aufbau des Portaledges nahezu nichts. Als der Sturm sich endlich legte und wir erkannten, wo wir uns befanden, kletterte ich aus dem Portaledge und stieg zu einem kleinen Schneefeld hinüber, um die Aufnahme zu machen.

regenden Fotos von Menschen in Extremsituationen im Hochgebirge erscheinen in vielen Zeitschriften, unter anderem bei *NATIONAL GEOGRAPHIC, Adventure, Outside, Men's Journal, ESPN Magazine, The North Face* und *Patagonia.* Er erntet für sie Ruhm und Preise und gilt heute als einer der besten Bergfotografen überhaupt.

Chins Fotos beeindrucken nicht nur wegen der darauf abgebildeten phantastischen Berglandschaften, sondern vor allem durch ihre Komposition. Nur selten hat jemand so viel Talent, dass bereits die erste Aufnahme einer Serie zur Veröffentlichung taugt. Andererseits hatte Chin sich durchaus schon mit Kompositionen anderer Art

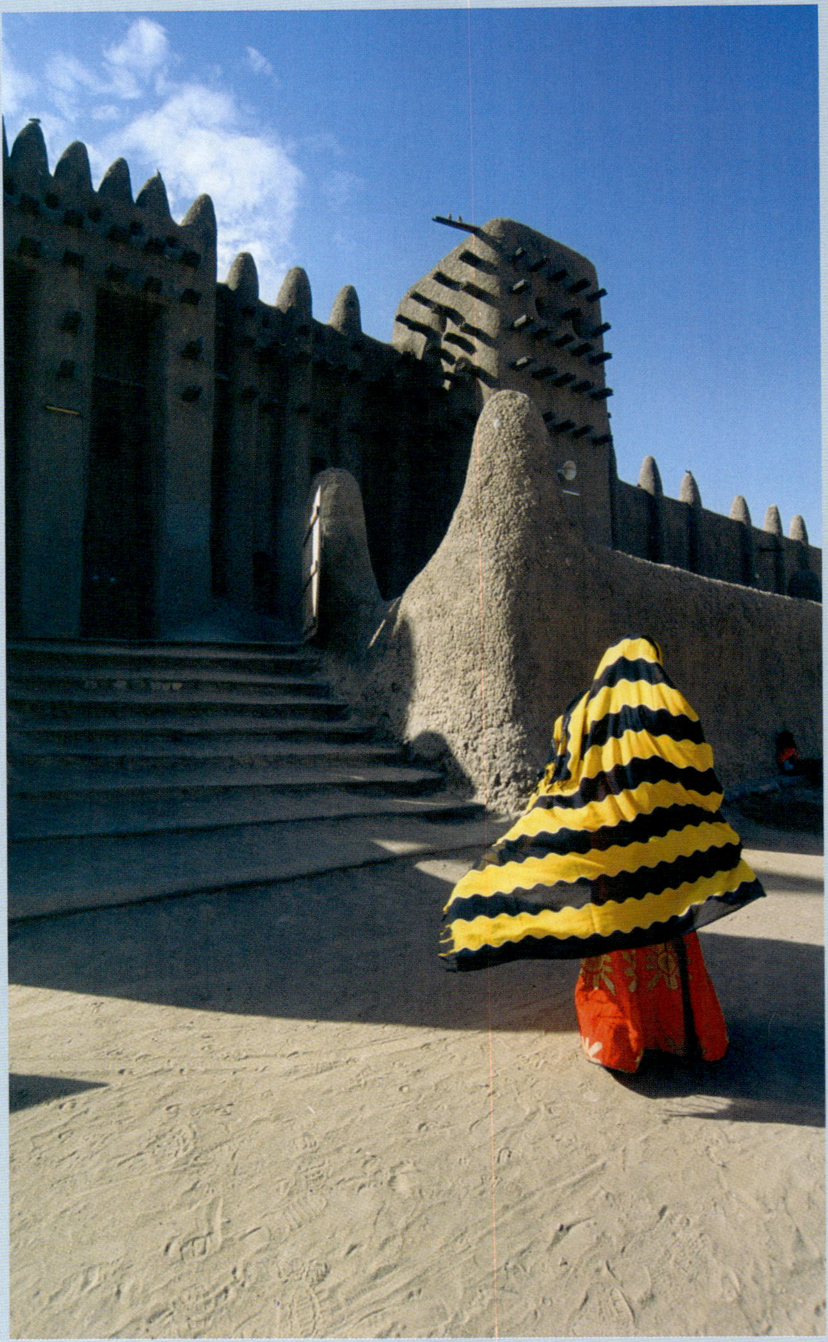

befasst. Seine chinesisch-amerikanischen Eltern wollten ihren Sohn mit ihrer Herkunftskultur vertraut machen. Zu Hause sprachen sie Chinesisch und lehrten ihn, seit er fünf Jahre alt war, mit Pinsel und Tinte chinesische Schriftzeichen zu malen. »Ich entwickelte kalligrafisches Talent«, erinnert er sich. »Ich zeichnete gerne, vor allem aber genau festgelegte Schriftzeichen. Man muss auf jedes Detail achten und die verschiedenen Symbole innerhalb des Rahmens ausgewogen darstellen. Das Symbol für Wasser etwa muss perfekt gezeichnet werden, weil es sonst nicht harmonisch wirkt.« Chin glaubt, dass er Fotos so mühelos komponieren kann, weil er jahrelang chinesische Schriftzeichen zeichnen übte. »Als ich die ersten Fotos machte, dachte ich über Komposition kaum nach, alles entwickelte sich ganz natürlich«, sagt er.

Auch seine außergewöhnlichen Fähigkeiten als Kletterer und Skifahrer fielen Chin in den Schoß. Er bewegte sich mühelos im Gebirge und im Schnee und wurde auf diese Weise zu einem Vertreter der »teilnehmenden Fotografie«, wie der Fotograf Galen Rowell dies einmal nannte. Chin nimmt seine Kamera an Orte mit, an die sich nur wenige vorwagen, und kehrt mit wundervollen Bildern zurück. Auf Expeditionen teilt er seine Kräfte sorgfältig ein und nimmt seine Aufgaben als Teammitglied genauso ernst wie seine Arbeit als Fotograf. Chin findet, dass es bei einer Expedition in erster Linie wichtig ist, sich auf ihn verlassen zu können, und die Fotografie erst an zweiter Stelle steht. »Der Erfolg einer Expedition und die Sicherheit der Teilnehmer haben oberste Priorität. Als Kletterer steht man bei Expeditionen vor zahlreichen Herausforderungen. Als Fotograf muss man versuchen, auch unter starkem Stress kreativ zu bleiben. Man muss genau vorausahnen, wann der richtige Moment für ein Foto kommt, und sowohl seine kreative als auch seine physische Energie effizient nutzen.«

Im Dezember 2003 reiste ich mit einem Team von Kletterern nach Mali, um die Felsen der Hand der Fatima zu erklimmen, einer Formation am Südrand der Sahara, welche die höchsten frei stehenden Sandsteintürme der Welt umfasst. In Djenne rasteten wir und versorgten uns mit Proviant und Wasser. Um die Mittagshitze zu meiden, ging ich frühmorgens auf den Markt, wo ich diese Frau fotografierte, die zur Moschee eilte.

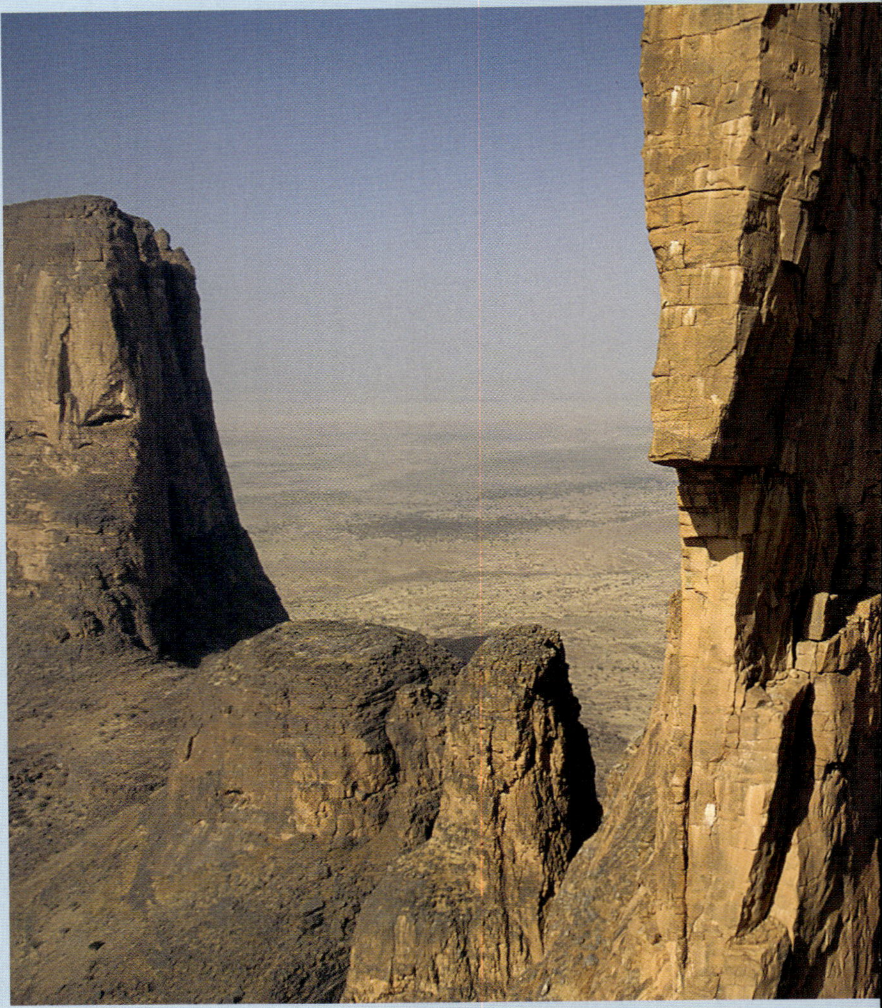

Chin nimmt pro Jahr an drei bis vier großen Expeditionen teil. »Keine Expedition gleicht der anderen, und man weiß nie, wie sich die Dinge entwickeln. Oft lege ich vor der Reise eine Liste denkbarer Fotos an und überarbeite sie unterwegs ständig. Diese Liste ruft mir mögliche Motive in Erinnerung, die z. B. den Teamzusammenhalt, bestimmte Anforderungen, Entdeckungen, Abenteuer und Erfolge ins Bild fassen. Während einer

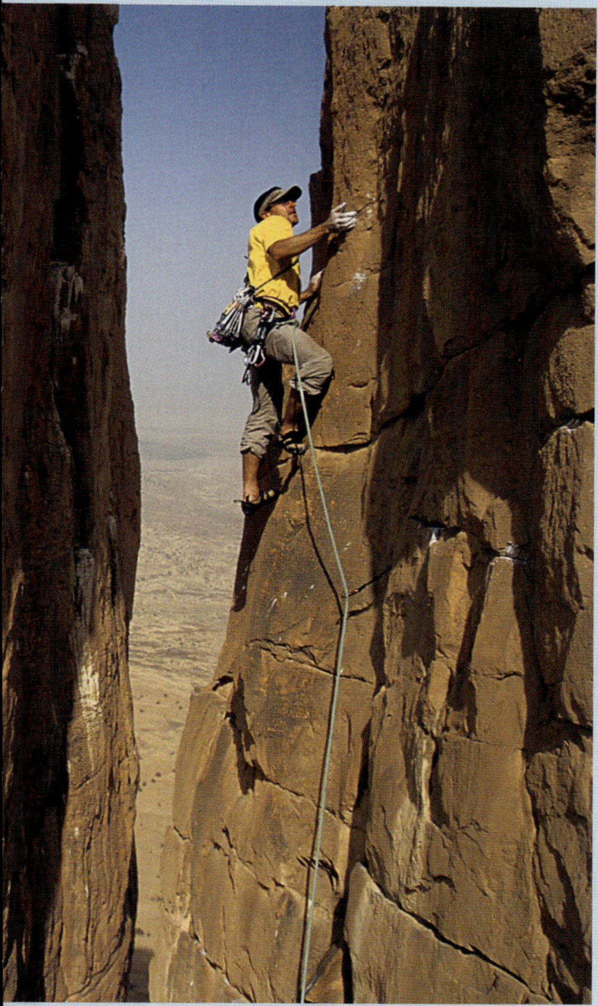

Während wir die Felsen der Hand der Fatima in Mali hinaufkletterten, erprobten Evan Howe und ich eine neue Route, »African Reality«, um Kletterer auf einem der anderen Türme fotografieren und die Einzigartigkeit des geologischen Phänomens ins Bild fassen zu können. Ich machte mehrere Fotos aus dieser Position, fand aber später, dass die Spontanaufnahmen von Cedar Wright, der die neue Route erkundete, den Zweck optimal erfüllten.

Expedition zu fotografieren ähnelt ein wenig dem Drehen eines Films – man erzählt eine Geschichte. Ich suche immer nach Momenten des Übergangs, etwa der Ankunft im Basislager, dem Aufbau von Zwischenlagern, dem großen Aufstieg und dem Tag der Gipfelbesteigung.«

Chin arbeitet mit vielen verschiedenen Techniken, doch als besonders wichtig empfindet er die Wahl des richtigen Standortes. »Ich versuche, bei

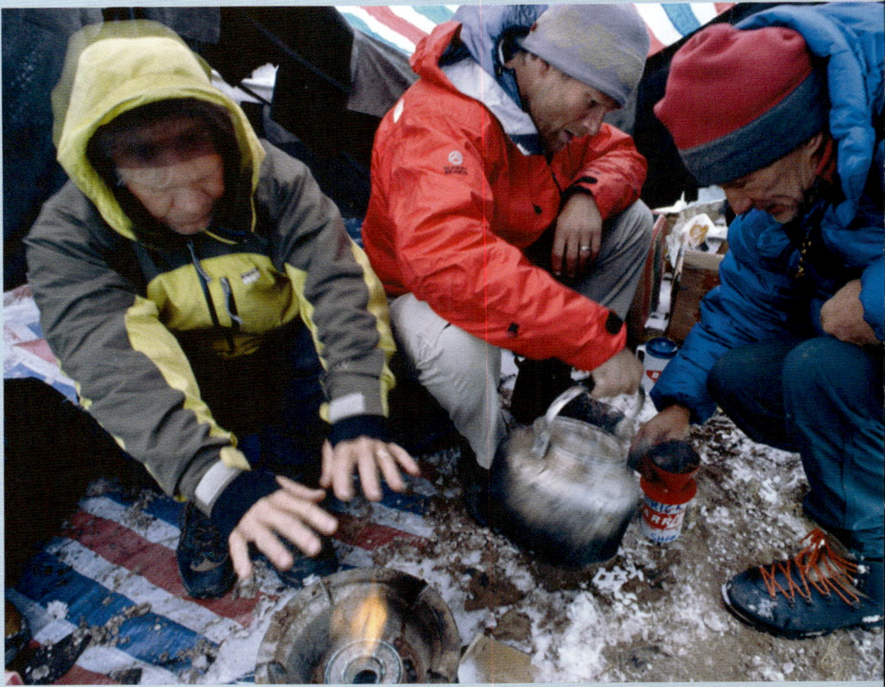

Im Frühjahr 2002 lud man mich ein, Galen Rowell, Rick Ridgway und Conrad Anker bei der Überquerung des Chang-Tang-Plateaus zu begleiten, des höchsten Wüstenplateaus der Erde. Wir wollten den Pfaden der scheuen und bedrohten Tibetantilope (Tschiru) folgen. Dieses Bild meiner drei Lehrer und Begleiter hält einen für mich besonders wichtigen und erinnernswerten Augenblick fest.

meinen Aufnahmen möglichst effizient zu arbeiten. Wenn ich vorausgehe, nehme ich das Team auf, wie es mir entgegenkommt. Dann wieder bleibe ich ein wenig zurück und mache Nahaufnahmen, fotografiere Ausschnitte oder Details wie Schuhe oder Hutkrempen aus einem besonders interessanten Blickwinkel, oder ich nehme die Gruppe auf, wie sie ins offene Land hinausläuft. Von einer einzigen Position aus kann man die unterschiedlichsten Bilder machen.«

Die Aufnahme, an die Chin sich am liebsten zurückerinnert, entstand am Ende einer Expedition in den Lebensraum der bedrohten Tibetantilope auf dem chinesischen Chang-Tang-Plateau. Zu den Expeditionsteilnehmern gehörte auch Chins Lehrer Galen Rowell. Beim Aufstieg musste das Team ein Loch durch Kranzgesims dicht unter dem Gipfel bohren. »Ich hatte gerade meinen Kopf durch das Loch gesteckt und schaute zurück, da sah ich

Galen, der hinter mir herkletterte«, erzählt Chin. »Meine Füße hingen in der Luft, doch meine Arme, mein Eispickel und die Kamera waren frei. Ich hätte aus dem Loch klettern und mir einen sicheren Standort suchen können, doch ich wusste, dass der Moment dann vorbei gewesen wäre. So stützte ich mich mit einem Arm auf und machte drei Fotos. Eines davon wurde später als Doppelseite im *NATIONAL-GEOGRAPHIC*-Magazin abgedruckt.«

Tipps von Jimmy Chin

- Erstellen Sie vor jeder Reise eine Liste mit möglichen Fotos, und überarbeiten Sie diese täglich. Auf diese Weise behalten Sie Ihr Anliegen im Blick und können wichtige Aufnahmen rechtzeitig planen. Wenn ich einige Schlüsselbilder gemacht habe und »warm geworden« bin, wage ich mich auch an ausgefallenere Fotos.
- Planen Sie genau, wann Sie welchen Ort erreichen, besonders, wenn Sie Ihre Aufnahmen unter bestimmten Lichtverhältnissen machen möchten. Ich mache immer erst ein Probefoto, und wenn es gelingt, weiß ich, was möglich und nötig ist, und womit es sich nicht lohnt, Zeit zu verschwenden.
- Bei Expeditionen bleibe ich nach Möglichkeit an der Spitze. Packen Sie Ihre Ausrüstung frühzeitig, und seien Sie startklar. So können Sie beim Campabbau helfen und trotzdem vorne mit dabei sein, wenn es losgeht.
- Nehmen Sie unbedingt einen wasserfesten Stift mit, um Ihre Filmrollen zu beschriften, außerdem Plastikbeutel, um Filme gegen Wasser zu schützen und sie zu sortieren, und ein Ledertuch, um Wasser von Kameras und beschlagenen Objektiven zu entfernen.
- Führen Sie Tagebuch über alle wichtigen Ereignisse des Tages sowie Namen von fotografierten Personen etc.
- Wenn Sie sich nicht sicher bei der Belichtung eines Filmes sind, sollten Sie ihn mit der Aufschrift »schneiden« markieren. Machen Sie dann zunächst einige Testfotos. Zu Hause im Labor wird man zunächst diese Fotos entwickeln und die Entwicklungszeit für den Rest danach bemessen. Wenn Sie mehrere Filme bei gleichen Lichtverhältnissen belichtet haben, packen Sie sie am besten in einen Beutel mit dem zu schneidenden Film.
- Wenn ich meine Kamera abends reinige, »räume ich sie auf«, das heißt, ich stelle alle Schalter, Knöpfe und veränderbaren Teile zurück auf null oder auf die Grundeinstellung.

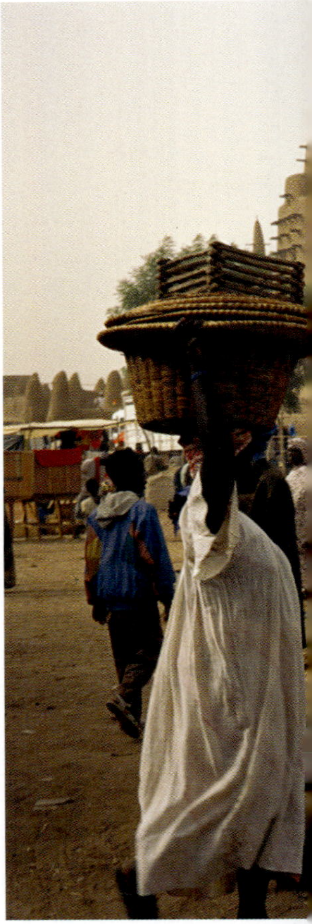

Vorbereitungen und Vorkehrungen

BEVOR SIE ZU EINER REISE AUFBRECHEN, sollten Sie, besonders wenn Sie das Flugzeug nehmen, überlegen, wie Sie Kontrollen und Zoll passieren. Nehmen Sie Kameras, Filme und Digitalzubehör stets im Handgepäck mit ins Flugzeug oder aufs Schiff. Diebstahl, Beschädigungen und Röntgenstrahlen sind die größten Gefahren für eine Kameraausrüstung auf Reisen. Überprüfen Sie rechtzeitig, ob Ihre Versicherung für Schäden aufkommt, die in den bereisten Ländern an Ihrer Ausrüstung entstehen können.

Wenn eine Kamera im Ausland kaputtgeht oder gestohlen wird, kann man sie zwar notfalls ersetzen, doch ist dies meist zeit- und kräftezehrend. Am besten beugen Sie dagegen vor, indem Sie die Kamera immer bei sich tragen. Nehmen Sie nach Möglichkeit eine Ersatzkamera mit, zumal dann, wenn Sie auf schlechten Straßen reisen oder mehrere Wochen bzw. Monate unterwegs sind.

Auf Abenteuerreisen nimmt man oft eine umfangreiche Ausrüstung mit, besonders, wenn man mit Hartschalenkoffern reist, um die Kameras gegen Wüstensand, Wasser, Schnee etc. zu schützen. Vor der Abreise sollten Sie sich bei Ihrer Fluggesellschaft nach dem zulässigen Gepäck- bzw. Handgepäckgewicht erkundigen. Auf Inlandsflügen gelten hierfür oft strengere Beschränkungen als auf Interkontinentalflügen. Meist sind ein Gepäckstück und ein Stück

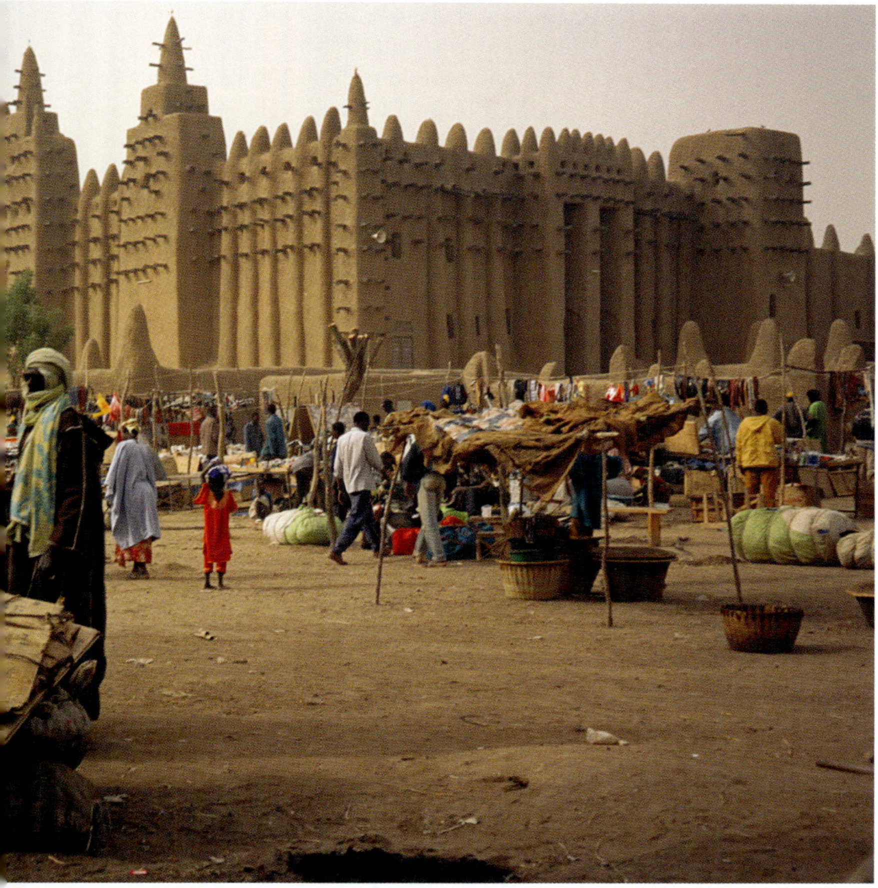

Handgepäck erlaubt, für alles, was darüber hinausgeht, zahlen Sie zusätzlich, und das kann teuer werden. Wenn mehrere Anschluss- und Inlandsflüge auf Ihrem Reiseplan stehen, sollten Sie besonders umsichtig packen.

Wenn ich ins Ausland reise, fertige ich eine Liste aller mitgenommenen Kameras und Objektive mit Seriennummern an. Diese Liste unterschreibe und datiere ich und lasse sie anschließend beglaubigen.

Geht auf der Reise tatsächlich etwas kaputt oder verloren, ist eine solche Liste äußerst hilf-

Als ich den Ort am Tag zuvor erkundet hatte, war mir aufgefallen, dass die Morgensonne die Moschee von Djenne (Mali) ins beste Licht setzte. Ich entfernte mich nicht von meinem Standort und fotografierte die Händler und Käufer, die mich passierten.

reich. Sie belegt, dass Sie die Gegenstände vor Ihrem Aufbruch tatsächlich besaßen.

Ich achte auf Reisen immer sehr auf die Sicherheit meiner Kameras. Falls möglich, trage ich sie die ganze Zeit über bei mir und lasse sie nicht aus den Augen. Zwar wurden mir bereits einige Ausrüstungsgegenstände gestohlen, doch meine Kameras kamen noch nie abhanden. Einmal wäre es fast dazu gekommen. Wir waren in Thailand gelandet, und ein Passagier packte unsere Kameratasche und hastete zum Ausgang. Wir nahmen sofort die Verfolgung auf, und der Dieb ließ die Tasche fallen. Die beste Versicherung besteht darin, die Kameratasche scharf zu bewachen.

Tipp

Im Ausland genügt es häufig, auf die Kamera und das Motiv zu deuten, damit die Leute verstehen, dass man sie oder ein Objekt gerne aufnehmen würde. Erkundigen Sie sich aber vor der Reise nach gebräuchlichen einheimischen Sitten. Und haben Sie immer ein Lächeln auf den Lippen!

Röntgenstrahlen und Flughafenkontrollen

Seit die USA und andere Länder eingechecktes Gepäck mit leistungsstarken neuen Geräten durchleuchten, müssen Sie Ihre Filme unbedingt separat packen, da die Strahlen sie in jedem Fall beschädigen.

Die Handgepäckkontrollgeräte sind dagegen für Filme ungefährlich, es sei denn, es handelt sich um 400-ASA-Filme oder noch empfindlichere Filme. Die Strahlenwirkung summiert sich übrigens. Dennoch können Sie Ihre Filme auf der Reise problemlos 15-mal durch die Kontrollen bringen, ehe sie Schaden nehmen. Manchmal sind die Kontrolleure auch mit einem Handcheck einverstanden. Dies kostet allerdings Zeit, kommen Sie daher rechtzeitig zum Flughafen und zur Abflugkontrolle. In einigen Fällen prüfen die Sicherheitsbeamten tatsächlich jede einzelne Filmdose auf Sprengstoff. Sie beschleunigen den Vorgang, wenn Sie alle Filme vorab aus den Dosen nehmen.

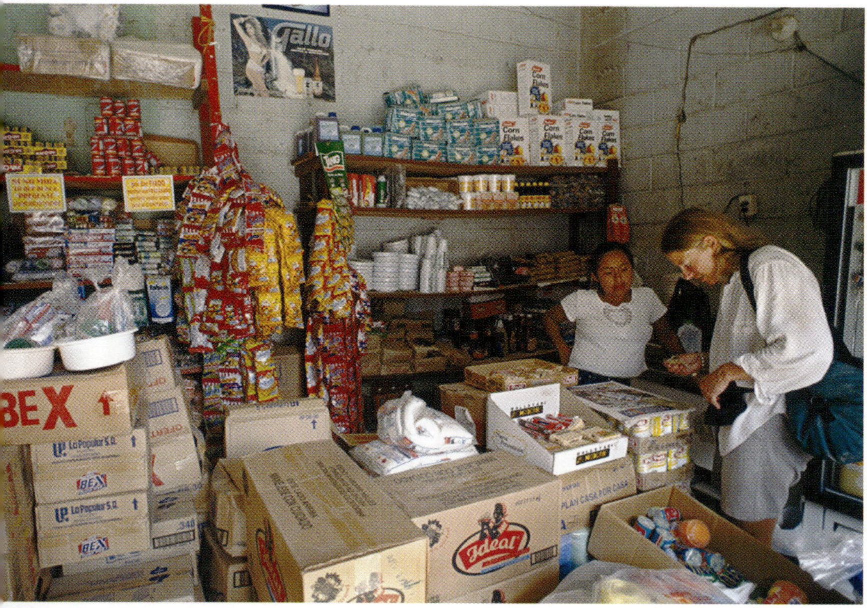

Die getrockneten Lebensmittel weckten in diesem Laden in Guatemala meine Aufmerksamkeit, weil sie für das Leben dort typisch waren. Für mehr Licht im Inneren öffnete ich die Türen weit.

Benutzer von Digitalkameras können sich bequem zurücklehnen. Die Röntgenstrahlen schaden weder Kameras noch Blitz oder Speicherkarten.

Impfung

Erkundigen Sie sich bei Ihrem Hausarzt oder, wenn es sehr eilig ist, im Internet nach den aktuellen Einreisebestimmungen für Ihr Reiseland. Bei manchen Krankheiten, beispielsweise Cholera, beschränkt sich die Ansteckungsgefahr erfahrungsgemäß meist auf ein kleines Gebiet innerhalb des Landes.

Die Malariaprophylaxe richtet sich nach der jeweiligen Region, in die Sie fahren. Rufen Sie am besten die Internetseite des Landes ab, das Sie besuchen. Dort informiert man ebenfalls schnell und zuverlässig über Impf- und Vorsorgebestimmungen.

FOLGENDE SEITE: Ein Sommer in Alaska zeichnet sich vor allem durch Stechmücken aus. Auf diesem Sommertrip durch die Brooks Range behaupteten die Einheimischen, die Mückenplage dieses Jahres sei die schlimmste aller Zeiten.

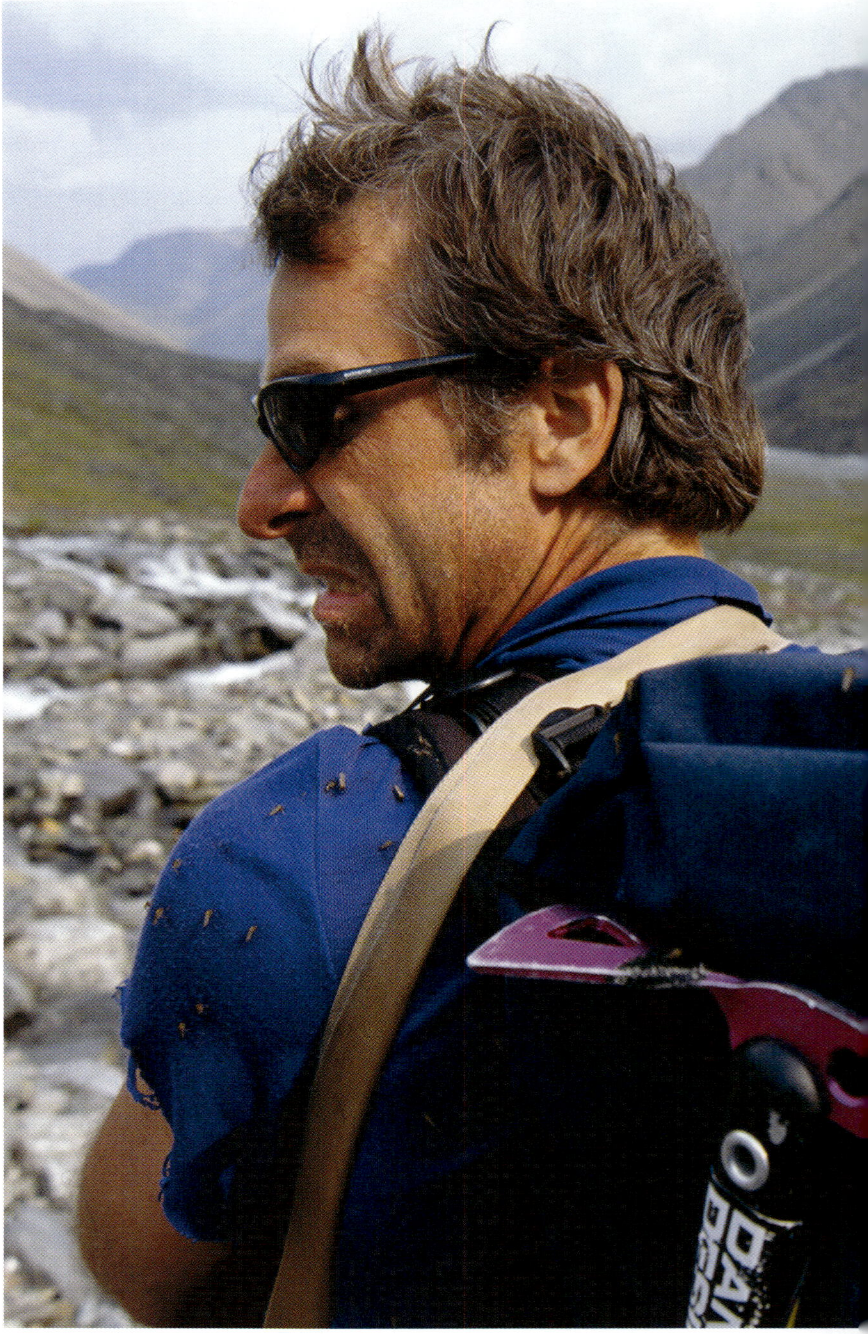

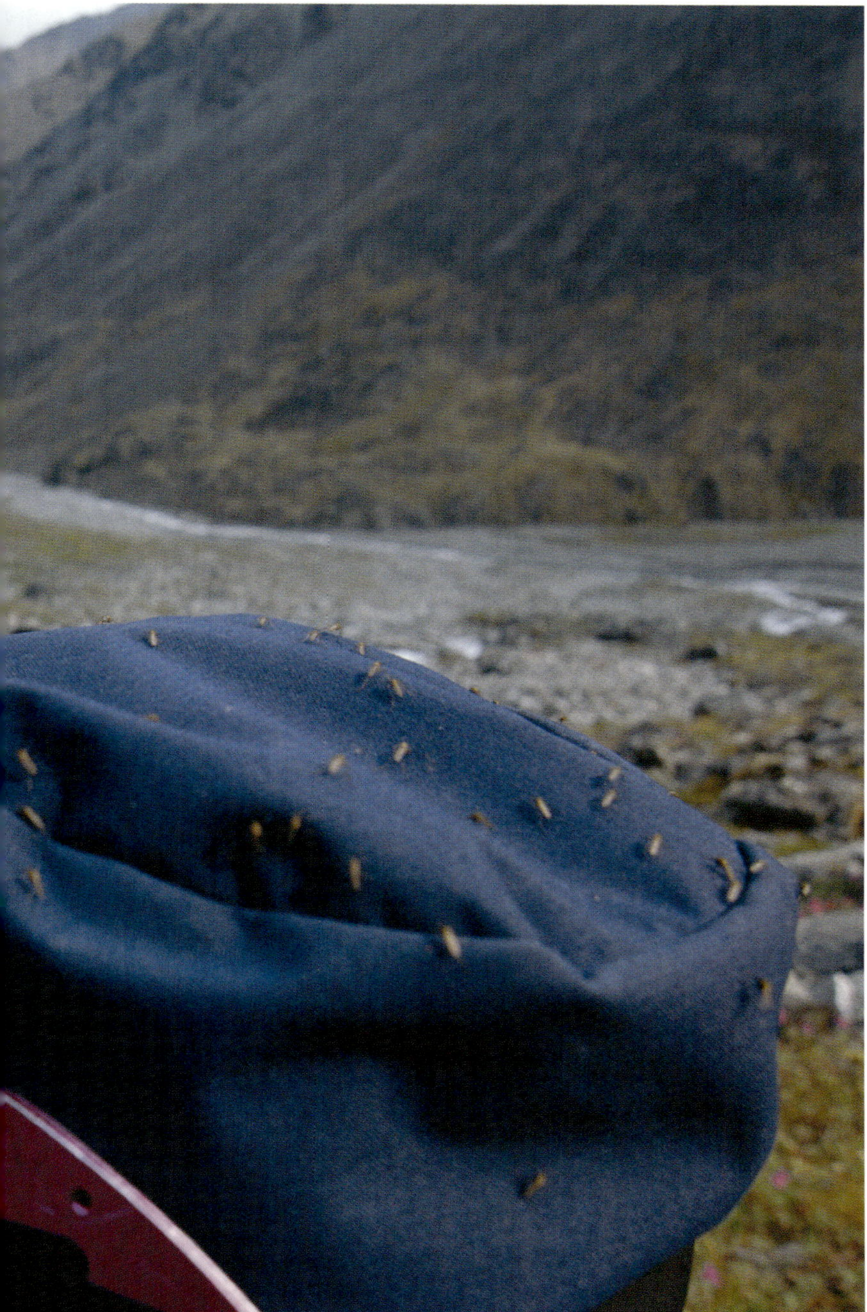

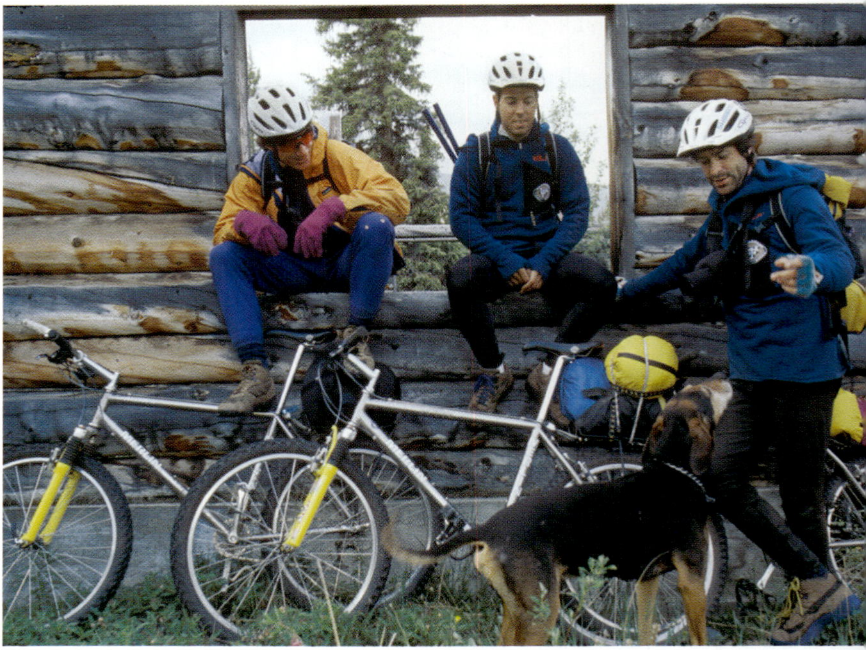

Abenteuer ist nicht immer gleich Action. Während einer achtwöchigen Fahrradtour durch die Berge Alaskas entspannen sich Abenteurer in einem Angelcamp.

Heimkehr

Wenn Sie nach Hause kommen, geht es ans Auspacken und Aufräumen. Überprüfen Sie Ihre gesamte Ausrüstung. Stellen Sie sicher, dass alle Teile funktionieren und Wasser oder Sand keine Schäden angerichtet haben. Reinigen Sie die Kameragehäuse außen mit einem Ledertuch und innen mit Pressluft und Pinsel.

Kontrollieren Sie den Sensor der Digitalkamera, indem Sie ein weißes Blatt Papier fotografieren. Schauen Sie sich das Ergebnis auf Ihrem Monitor an. Sind schwarze Flecken zu sehen, befindet sich Staub auf dem CCD- oder CMOS-Sensor. Verwenden Sie einen Sensorreiniger aus dem Fotoladen, um den Schmutz zu entfernen. Folgen Sie den Anweisungen des Beiblattes, um Schäden zu vermeiden. Sie können den Sensor auch in einer Werkstatt reinigen lassen.

Fotos sortieren und archivieren

Sortieren Sie Ihre Fotos unbedingt direkt nach der Rückkehr. Wenn Sie zunächst einige Zeit verstreichen lassen, verfliegt die Begeisterung über die Reise, und Sie haben immer weniger Lust, Hunderte von Fotos zu sichten und zu ordnen. Lassen Sie Filme so schnell wie möglich entwickeln.

Speichern Sie alle Digitalaufnahmen in einem Ordner auf Ihrer Festplatte, und legen Sie unbedingt zusätzlich eine Sicherheitskopie auf CD oder DVD an, die Sie an einem getrennten Ort lagern.

Beginnen Sie nun mit der Archivierung Ihres Materials. Sortieren Sie zuerst alle misslungenen Aufnahmen aus. Unscharfe oder unterbelichtete Bilder gehören in den Müll.

Am leichtesten archiviert man Fotos, wenn man sie in drei Kategorien teilt: In die erste Gruppe gehören die zehn bis 20 besten, für sich sprechenden Aufnahmen der Reise, in die zweite Gruppe die nächstbesten Fotos, die sich für Vorführungen eignen, und schließlich kommt der Rest – diejenigen Fotos, die zwar nicht extrem gut gelungen sind, aber auch nicht zum Ausschuss zählen.

Wenn Sie Dias oder Kontaktabzüge archivieren, lohnt es sich vielleicht, die Fotos der ersten Kategorie einzuscannen und auf CD oder DVD zu brennen. Dann können Sie sie leicht ausdrucken, auf dem Computer speichern, per Internet verschicken oder auf Ihre Website stellen.

Wenn Sie keinen Scanner besitzen, übernimmt auch ein Labor solche Aufgaben. Suchen Sie nach einem guten Labor, denn Qualität und Preis weichen hier zum Teil erheblich voneinander ab.

Bevor Sie Negative, Abzüge und Dateien archivieren, sollten Sie das Material so be-

Tipp

Wenn Sie Abenteuer- und Actionfotos machen, müssen Sie überlegen, wie gefahrenbewusst die Personen sind, die Sie aufnehmen möchten. Manche Leute gehen für ein Foto bis an ihre Grenzen und scheuen kein Risiko.

Die Frau auf dem Bild versuchte die Technik nachzuahmen, mit der Einheimische Kokosnüsse pflücken. Ich kannte sie als gute Sportlerin und erfahrene Bergsteigerin. Als sie mich fragte, ob ich sie aufnehmen würde, wusste ich, dass sie die Gefahr einschätzen konnte und für die Aufnahme kein unnötiges Risiko einging.

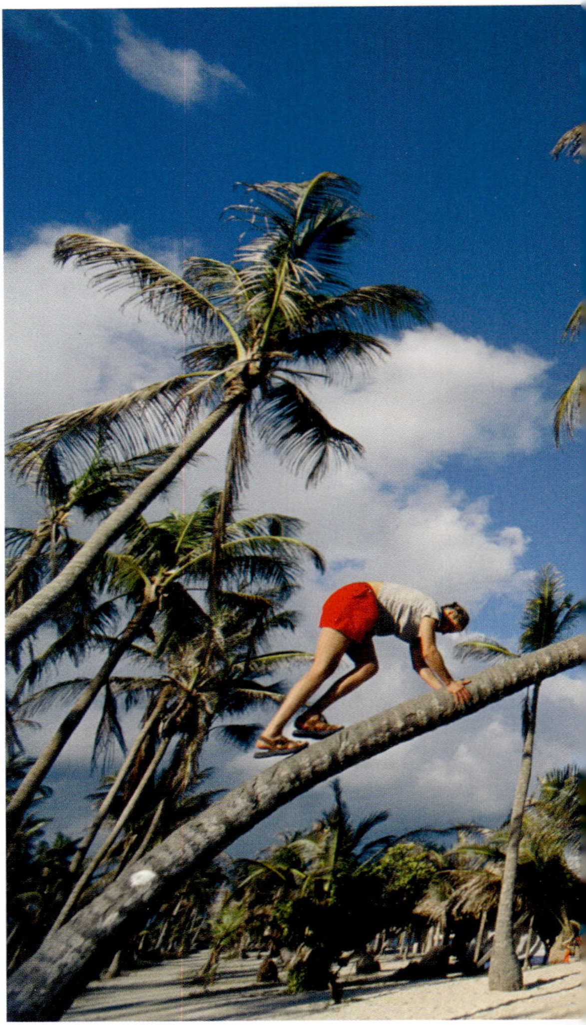

schriften, dass Sie sich auch nach Jahren noch problemlos darin zurechtfinden.

Lagern Sie Fotos und Negative an einem kühlen, dunklen Ort, etwa in einem Wand- oder Archivschrank. Bewahren Sie CDs und Speichermedien an einem separaten Platz auf.

Wenn Sie all diese Arbeiten abgeschlossen haben, ist es an der Zeit, die Aufnahmen den

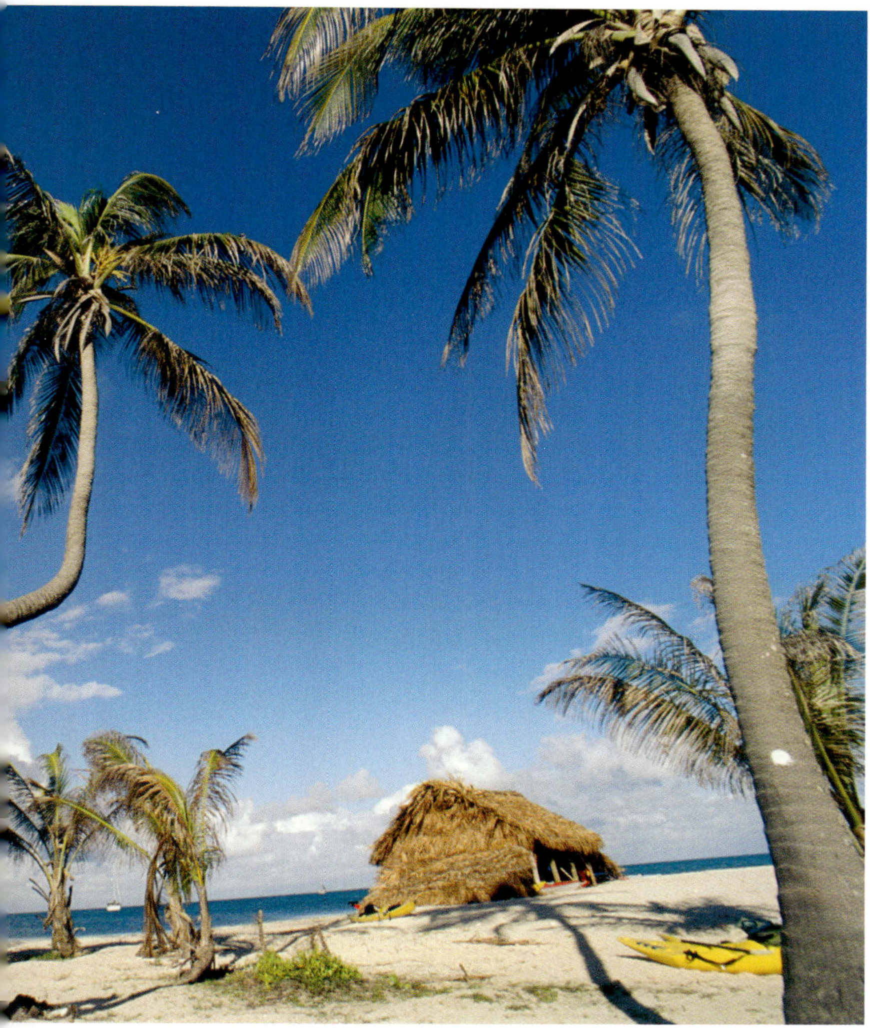

Freunden oder der Familie zu zeigen. Es gibt inzwischen gute und preiswerte Präsentationssoftware auf dem Markt, mit der Sie Fotos aufbereiten und anschließend über einen Beamer auf einer Leinwand oder auf dem Bildschirm Ihres Fernsehers präsentieren können.

ÜBUNGEN FÜR ZU HAUSE

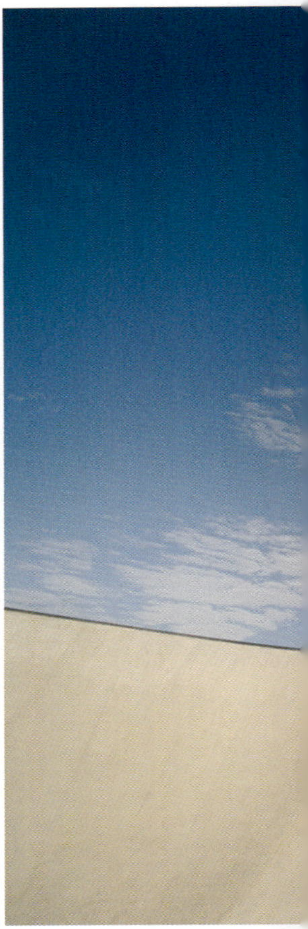

Es mag so scheinen, als hätten nur Profisportler und echte Abenteurer überhaupt die Gelegenheit, Abenteuerfotos zu machen, doch das stimmt keinesfalls. Wenn man gelernt hat, Actionfotos zu machen, kann man seine Kenntnisse und Fähigkeiten auch fernab von Hochgebirgen und reißenden Flüssen anwenden und erweitern. In diesem Kapitel möchte ich zeigen, wie man die Techniken der Abenteuerfotografie auch für weniger aufregende Szenen und Events nutzen kann.

Mit Sicherheit finden in Ihrer Nachbarschaft oder in Ihrer näheren Umgebung eine Menge Aktivitäten im Freien statt. Auch Sportveranstaltungen mit Amateurteams können Ihren Blick für Abenteuer- und Actionfotos schärfen. Es geht zunächst gar nicht darum, die Reaktionsgeschwindigkeit zu erhöhen. Mit der Zahl der Bilder und Gelegenheiten steigt man immer tiefer ins Geschehen ein und wird automatisch schneller. Vielmehr sollen Sie lernen, sich so auf ein Spiel oder eine Veranstaltung einzustellen, wie ein Profifotograf dies auf einer Expedition auch tun würde. Sie üben, ein Sportereignis nicht mehr als Zuschauer, sondern als Fotograf zu sehen, also Ausschau nach Bildern und Motiven zu halten, die eine Geschichte erzählen.

In der Einleitung habe ich dargestellt, dass Abenteuerfotografen Situationen einerseits vorausahnen, andererseits auf sie reagieren müssen. Das beste Training besteht nicht darin, auf ein Floß zu steigen und in der nächstbesten Stromschnelle zu fotografieren, sondern zu Hause am

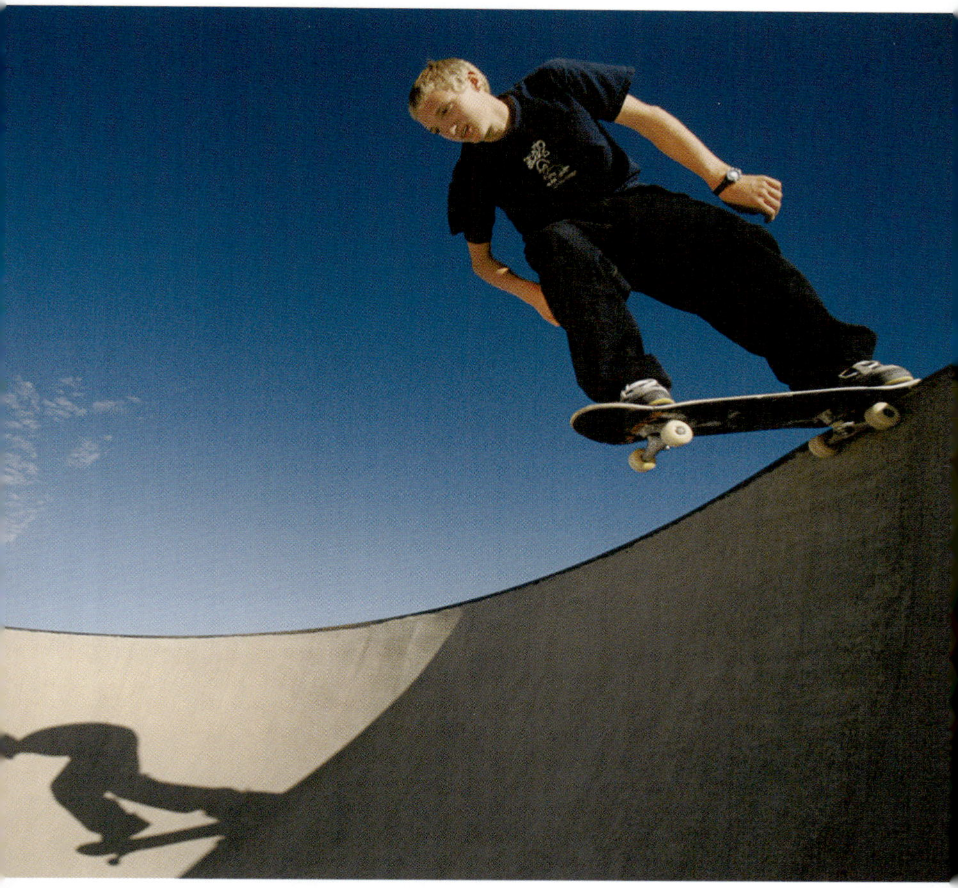

Sportplatz, im Skateboardpark oder auf einer Fahrradtour Erfahrungen zu sammeln. Die Vorbereitungen, die man trifft, um ein Fußballspiel der B-Jugend oder Skater an der Halfpipe aufzunehmen, sind dieselben wie für jedes Sportereignis oder Abenteuer.

Ein gutes Foto unterscheidet sich von einem Schnappschuss gerade durch die Planung. Profifotografen haben immer eine Vorstellung davon im Kopf, was sie aufnehmen wollen. Wenn Sie eine Ahnung davon haben, was auf Sie zukommt, können Sie besser planen, welche

Das warme Licht der Abendsonne und das extreme Weitwinkelobjektiv verleihen dieser Aufnahme eines Skateboardfahrers Dramatik.

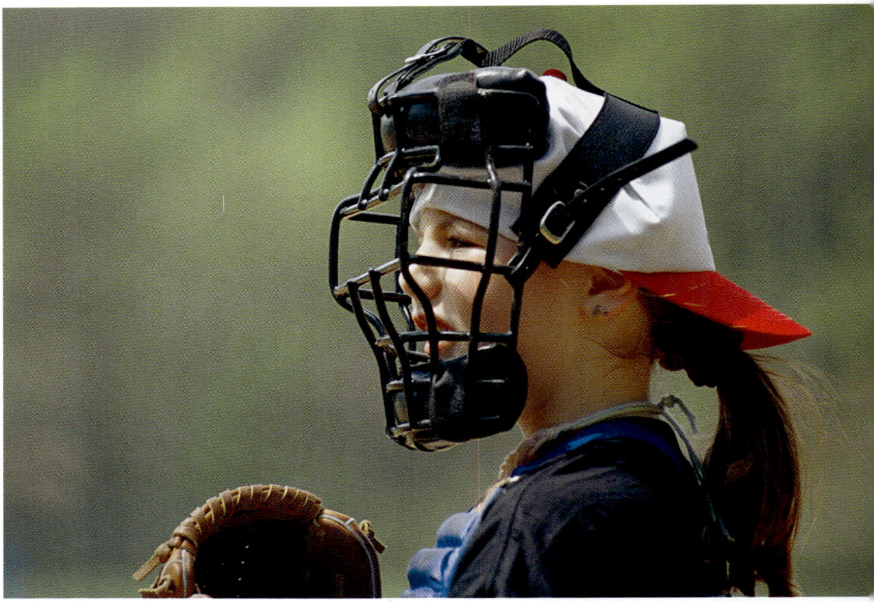

Charles Kogod

Mit einem 300-Millimeter-Teleobjektiv und geringer Tiefenschärfe gelang diese Porträtaufnahme einer Catcherin beim Softballspiel.

Kamera, welches Objektiv Sie mitnehmen, und was Sie sonst noch an Ausrüstungsgegenständen benötigen.

Allerdings sollten Sie kein zu komplexes und starres Raster vor Augen haben. Bevor Sie Kinder bei einem Fußballspiel fotografieren, können Sie sich z. B. eine spannende Tor- oder Kopfballsituation vorstellen. Mit einem solchen allgemein gehaltenen Plan Ihrer Motive konzentriert sich Ihr Blick. Sie packen nicht nur die richtigen Objektive ein, sondern stellen sich auch so auf, dass Ihre Fotos tatsächlich gelingen.

Bleiben wir beim Fußballspiel der B-Jugend. Sie haben sich bereits überlegt, was Sie aufnehmen möchten. Nun müssen Sie darüber nachdenken, welche Ausrüstung Sie dafür benötigen. Um Kinder bei einem Fußballspiel zu fotografieren, brauchen Sie ein Teleobjektiv, am besten ein 70–300- oder ein 70–400-Millimeter-Objektiv. Warum? Genau wie bei einem Abenteuertrip müssen Sie auch hier berechnen, wie viele Meter der durchschnittliche Abstand von Ihrem Standort zum Motiv beträgt. Bei einem Fußballspiel stehen Sie am Spielfeldrand, kommen Ihrem Motiv also niemals besonders nahe. Aus diesem Grund brauchen Sie hier ein Teleobjektiv.

Wenn Sie dagegen Skater in der Halfpipe aufnehmen, stehen Sie direkt am Rand und können mit einem Weitwinkel- oder sogar einem 16-Millimeter-Fisheye-Objektiv arbeiten, das einen Winkel von 180 Grad umfasst. Wenn Sie beim Fußball mit einem starken Objektiv fotografieren, sind Sie meistens mindestens 20 bis 30 Meter vom Geschehen entfernt. Dies und den typischen Spielverlauf müssen Sie vor Augen haben, wenn Sie Ihren Standort wählen.

Bedenken Sie bei Ihren Vorbereitungen, dass Sie dieselben Entscheidungen treffen müssten, wenn Sie an einer Wildwasserfahrt oder einer Klettertour teilnehmen würden. Immer geht es darum, vorher zu überlegen, von welchem Standort aus man die Aktivitäten am besten ins Bild bekommt. Wenn Sie Ihre Position festlegen, müssen Sie aber auch den Stand der Sonne zum Motiv mit einbeziehen. Motive, die von vorn oder von der Seite angestrahlt werden, sind intensiver belichtet als solche, auf die das Licht von hinten fällt. Wenn Sie bei starkem Sonnenschein mit einem Teleobjektiv arbeiten, müssen Sie unbedingt den Schutzaufsatz verwenden, um Lichtreflexe zu vermeiden.

Wenn ich Sportarten wie Fußball fotografiere, richte ich meine Aufmerksamkeit nicht nur auf die Tore oder den Strafraum, sondern achte auch darauf, was sich am Spielfeldrand tut. Manchmal verändere ich meine Position, um Ersatzspieler auf der Bank oder den Trainer aufzunehmen. Die Geschichte, die ich erzählen will, entscheidet darüber, welche Motive ich fotografiere. Will ich

Tipp

Wenn Sie bei starker Sonne auf einem offenen Spielfeld fotografieren wollen, sollten Sie an Wasser, Sonnenschutz und Kraftriegel denken.

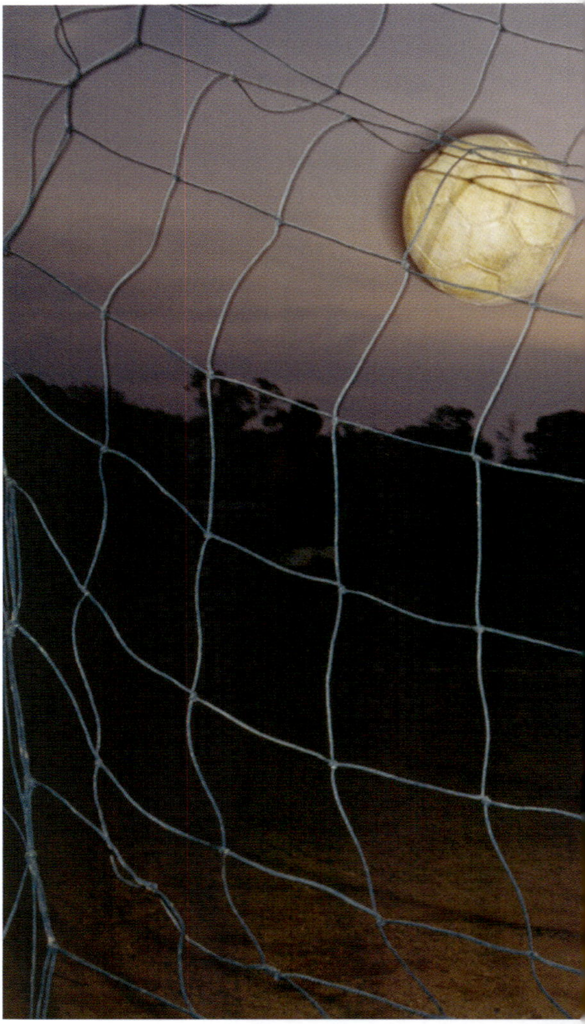

Mit einem separaten Blitz gelang es, den Einsatz des Torwartes im Licht der untergehenden Sonne einzufangen.

zeigen, wie ein einzelner Spieler das Spiel erlebt, oder möchte ich eine längere Story erzählen, die erklärt, wie ein Team seinen Sieg errungen hat? Manchmal lohnt es sich, auch hier mit einem Weitwinkelobjektiv die Spieler auf dem Feld zu fotografieren. Wenn es zum Schluss noch einmal spannend wird, richte ich die Kamera vielleicht auf die Zuschauer, um ihre Emotionen

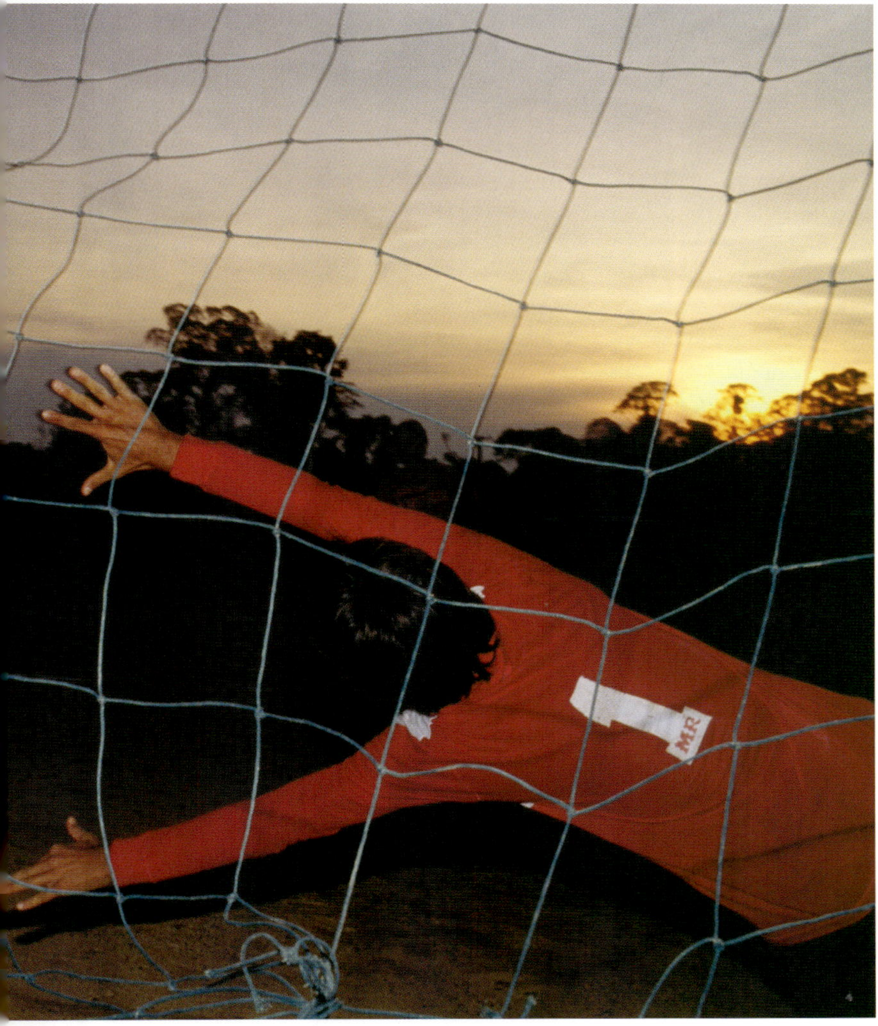

Michael Nichols

einzufangen, oder ich fotografiere den aufgeregten Trainer.

Lassen Sie uns eine andere Aktivität in den Blick nehmen. Radtouren mit Freunden oder Kindern eignen sich ebenfalls gut zum Üben, weil sich hier verschiedene Blickwinkel bieten und Bewegung sowie Aktion auf einer vorher festgelegten Strecke garantiert sind.

Wir haben uns entschieden, ein Actionfoto zu machen und eines, das etwas über die Beschaffenheit der Strecke aussagt. Für die Actionaufnahme wenden wir die Technik des Mitziehens an, die wir in früheren Kapiteln besprochen haben. Wir stellen uns dazu am Wegrand auf und fotografieren die Radfahrer, während sie an uns vorbeifahren. Das zweite Foto soll eine Panoramaaufnahme sein, welche die Radler auf dem Weg zeigt. Mit diesen Ideen im Hinterkopf müssen wir wiederum entscheiden, welche Kamera und welche Objektive wir benötigen. Für das erste Foto brauchen wir eine Kamera, bei der wir die Verschlussgeschwindigkeit möglichst langsam einstellen können, damit der Hintergrund verschwimmt, wenn wir die vorbeifahrenden Radfahrer aufnehmen. Als Objektiv eignet sich ein Weitwinkel- bis Normal-Zoom-Objektiv, etwa ein 28–105-Millimeter-Zoom. Für die zweite Aufnahme können wir dieselbe Kamera-Objektiv-Kombination verwenden.

Auf dieser Aufnahme bildet der Zaun einen zusätzlichen Rahmen und trennt die Zuschauer von den Spielern.

Bei vielen Autofokuskameras kann man die Verschlussgeschwindigkeit so einstellen, dass ein Bild mit verschwommenem Hintergrund möglich ist. Eine Spiegelreflexkamera eignet sich ebenfalls, hier kann man dank der Transportautomatik sogar eine ganze Sequenz von Bildern fotografieren. Bei Bildern mit verschwommenem Hintergrund richtet sich die Position des Fotografen nach dem Stand der Sonne. Da man mit einer langsamen Verschlussgeschwindigkeit arbeitet, sollte man mit dieser Technik zunächst an einem eher bewölkten Tag experimentieren. Um mit mindestens einem guten Bild nach Hause zu kehren, können Sie die Radfahrer bitten, mehrmals an Ihrer Kamera vorbeizufahren.

Das zweite Bild dieser Übung, das Panoramabild der Radlergruppe, sollte etwas über die Strecke aussagen. Deshalb müssen Sie Ihren

Standort hierfür besonders sorgfältig wählen. Die beste Perspektive bei Bildern von Radfahrern bietet sich meist von etwas oberhalb. Suchen Sie eine kleine Anhöhe an der Strecke oder eine Brücke, unter der die Radler durchfahren. Sie können die Strecke entweder vorab erkunden oder während der Fahrt genau auf

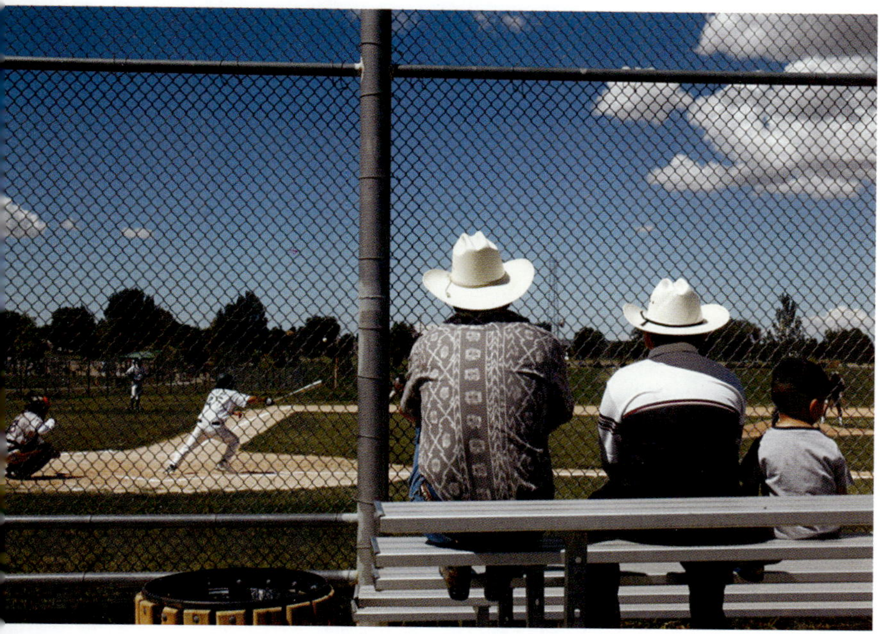

solche Gelegenheiten achten. Sagen Sie Ihren Begleitern vor der Abfahrt, dass Sie gelegentlich anhalten möchten, um zu fotografieren. Einzelheiten können Sie dann unterwegs einfacher regeln.

Durch diese und andere Übungen lernen Sie, vorab zu bedenken, welche Kameras Sie brauchen könnten, und wie Sie am besten vorgehen. Mit ein wenig Training sind Sie schon bald in der Lage, Aufnahmen von Sportereignissen oder Abenteuern wie ein Profifotograf vorzubereiten.

FOLGENDE SEITE:
Die letzten Strahlen der untergehenden Sonne beleuchten die Füße der Jogger. Der Blickwinkel vom Boden aus rückt die Füße der Läufer ins Zentrum.

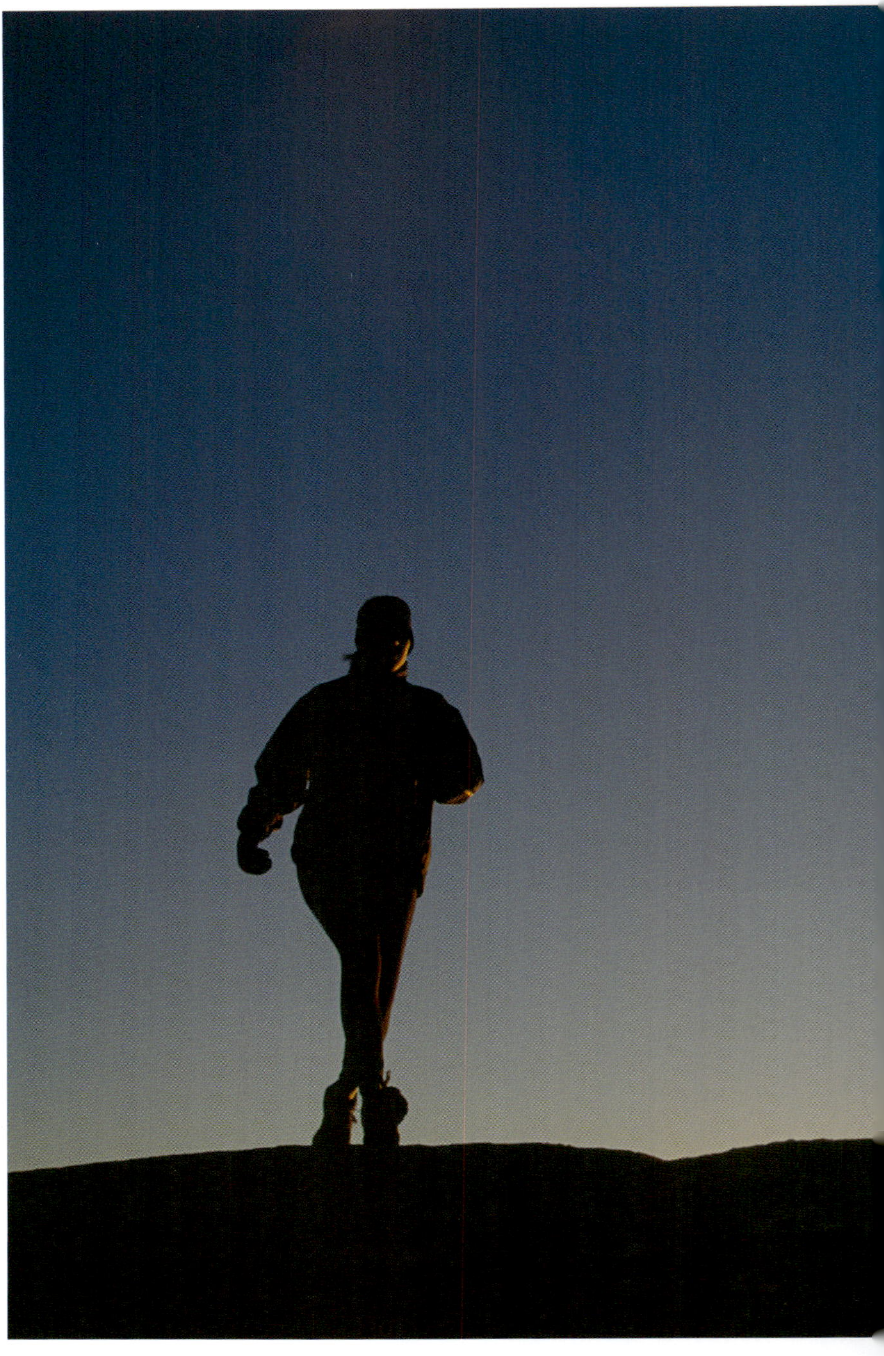

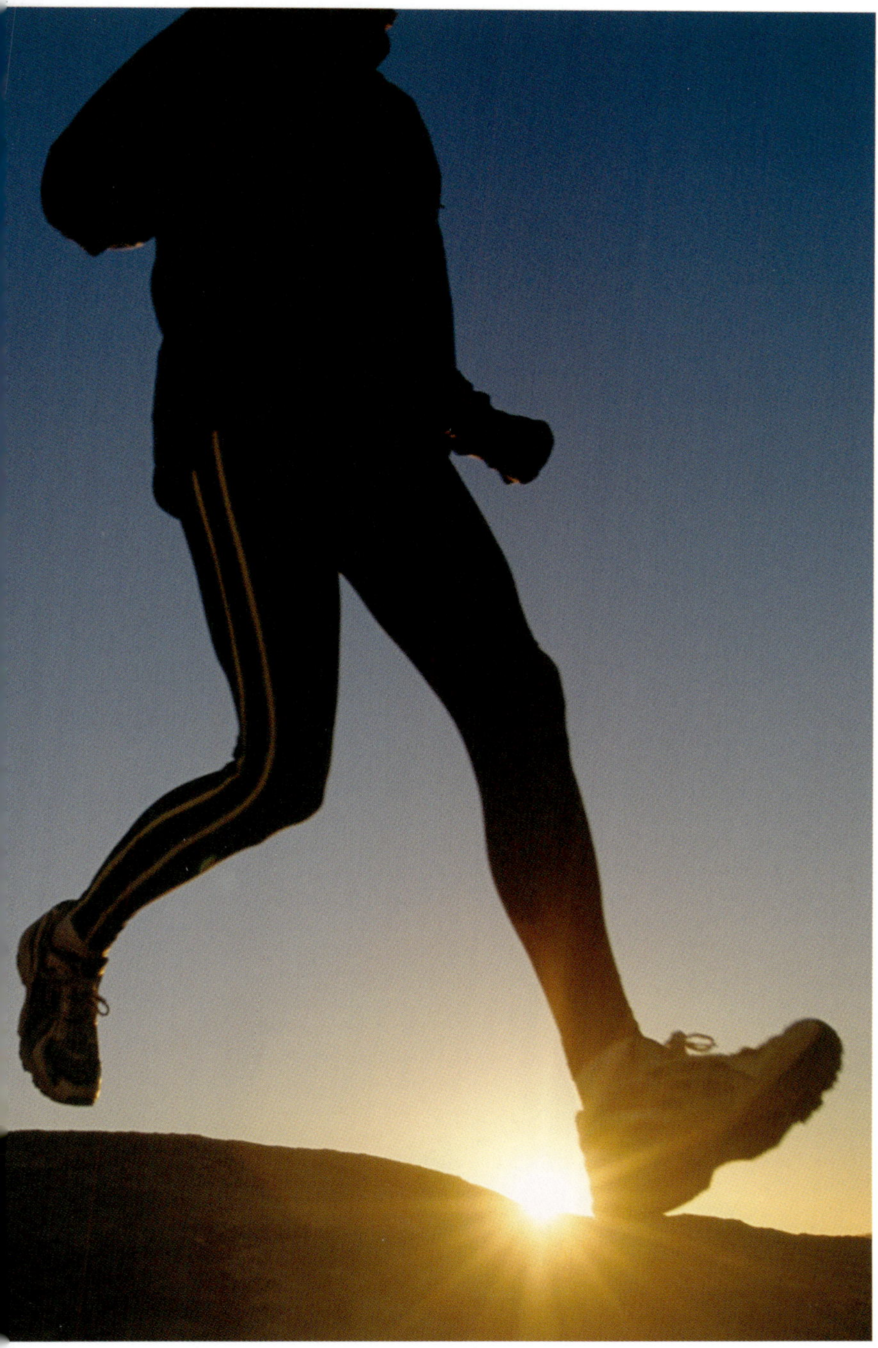

AUSRÜSTUNGSCHECKLISTE

Minimalausrüstung

- gepolsterte Kameratasche
- Kameragehäuse
- ein bis zwei Objektive mit Aufsätzen und Deckeln
- Filme oder Speicherkarten
- Objektivpinsel
- Blitz
- Ersatzbatterien
- Stift und Notizbuch in Plastikhüllen

Zusätzliche Ausrüstung optional

- weiteres Kameragehäuse
- Spezialobjektive: 16-Millimeter-Fisheye, Makro, großes Teleobjektiv
- Filter: Polarisationsfilter, Wärmefilter 81a, 81b, Neutraldichtefilter
- Belichtungs- und Blitzmesser
- Anschlusskabel für separaten Blitz
- Stativ, Einbein- oder Ministativ
- Pressluft zum Säubern von Kamera und Objektiven
- kleine Softbox oder Reflektor
- Fernbedienung für den Auslöser
- wasserdichter Hartschalenkoffer
- Silikongel, um die Kamera in den Tropen trocken zu halten
- Kühlakkus und -tasche für die Aufbewahrung von Filmen bei Hitze
- Taschenlampe oder Laserlampe
- Plastikbeutel, um Filme, Objektive und andere Gegenstände wasser- und staubdicht zu verpacken
- Ledertuch, um Wasser von Kamera und Objektiven zu entfernen

Werkzeug

- Schweizer Messer mit Pinzette
- Juwelierschraubenzieherset
- kleine Zangen
- Isolierband

Weitere nützliche Gegenstände

- Trinkwasser
- Kraftriegel
- Regen- oder Windjacke
- Kopflampe
- Sonnenkappe oder Wollmütze (je nach Jahreszeit)
- kleine Erste-Hilfe-Tasche
- Kompass

WEBSITES

Abenteueraktivitäten
http://www.adventuresportsholidays.com
Adventure Sports Journal Online
http://www.adventuresportsjournal.co
The Alpine Club of Canada
www.alpineclubofcanada.ca
American Alpine Club
www.americanalpineclub.org
Deutscher Alpenverein (DAV)
www.alpenverein.de
DAV Summit Club
www.dav-summit-club.de
American Society of Media Photographers
www.asmp.org
Bill Hatcher Photography
www.billhatcher.com
Gesundheit und Vorsorge: Department of Health and Human Services:
www.cdc.gov/travel
Climbing Magazine
www.climbing.com
Angaben zu Ländern und Reisehinweise: Auswärtiges Amt
www.auswaertiges-amt.de
Dawn Kish Photography
www.dawnkishphotography.com
Digital Photography Review
www.dpreview.com
Gordon Wiltsie-AlpenImage, Ltd.
www.alpenimage.com
Jimmy Chin Photography
www.jimmychinphotography.com
Mountain Bike Magazine
http://www.mountainbike.com
National Geographic Adventure Photography Tips:
http://www.nationalgeographic.com/pathtoadventure/phototips
Nationalparkservice
www.nps.gov
Wettervorhersage: Service Internet Weather Source: http://weather.noaa.gov
oder
www.wetteronline.de
Outdoor Photographer
www.outdoorphotographer.com
Outside Magazine
http://outside.away.com
pdnonline (photo district news)
www.pdnonline.com

Popular Photography and Imaging
www.popphoto.com
Project Visa
http://www.projectvisa.com
Rock & Ice The Climbers Magazine
http://www.rockandice.com
SportsShooter.com
www.sportsshooter.com
USGS Geography: The National Map
http://nationalmap.gov
USGS Infos über Flüsse:
http://waterdata.usgs.gov/nwis
Weather Underground
www.wunderground.com

ZEITSCHRIFTEN

American Photo (zweimonatlich) – Interviews und Beiträge über bekannte Fotografen, Ausrüstung, Neuerscheinungen auf dem Markt.

Outdoor Photography (10-mal jährlich) – Natur, Landschaft, Abenteuer, Sport, Unterwasserfotos etc.; Kameras und Objektive; Reisetipps und Kolumnen von Profifotografen.

Photo District News (monatlich) – Profimagazin. Marktneuheiten, Interviews, Ausrüstung; Thema des Monats z. B. Fotojournalismus, Mode etc.

Petersens PHOTOgraphic (monatlich) – Magazin für Hobbyfotografen mit Infos über Ausrüstung, Tipps für gute Fotos, Anzeigen etc.

Popular Photography (monatlich) – Fotobesprechungen, Kameras und Objektive im Test, Tipps und Tricks, Anzeigen.

Shutterbug (monatlich) – Allgemeines zur Fotografie mit Tipps, Marktneuheiten und Ausrüstungsgegenständen im Test.

Digital Photographer (monatlich) – Führer für Digitalkameras und Ausrüstung, Tipps und Artikel zur Fotoausrüstung.

PC Photo magazine – Alles über Digitalfotografie und Fotosoftware für Computer. Interviews mit Profis, Tipps und Tricks, Ausrüstung und Kameras im Test.

Outdoor and Nature photography (vierteljährlich) – Artikel über Outdoorthemen aller Art, Reise, Natur, Action- und Abenteuerfotografie.

National Geographic Adventure (monatlich) – Beiträge über Abenteuer und Expeditionen mit Fotos der besten Outdoorfotografen.

Outside (monatlich) – Magazin für Hobbyfotografen mit ein bis zwei Beiträgen über Outdoorspezialisten und Expeditionen. Informiert über Trends im Outdoorsport und Freizeitbereich.

BÜCHER

Mountain Light, von Galen Rowell, Sierra Club Books
Adventure America, National Geographic Books
Galen Rowell: The Art of Adventure, Sierra Club Books
Chased by Light, von Jim Brandenberg, Northward Press
Workbook of Photo Technique, von John Hedgecoe, Michael Beazly Publishers
Rick Sammon's Complete Guide to Digital Photography, W.W. Norton & Co.
National Geographic Expeditions Atlas Hot Shots: 21st Century Sports Photography, Sports Illustrated Press
Peter K. Burian, Robert Caputo: Der große National Geographic Fotoguide, National Geographic

Bill Hatcher arbeitet regelmäßig für NATIONAL GEOGRAPHIC und viele weitere Zeitschriften wie *American Photo, Newsweek, Life, Outside, Adventure* und *Outdoor Photographer*. Im Rahmen seiner 20-jährigen Tätigkeit als Fotograf hat er Schauplätze in aller Welt besucht und die Arbeit von Abenteurern, Forschungsteams und Expeditionen dokumentiert. Er lebt in Colorado.

IMPRESSUM

Titel der amerikanischen Originalausgabe:
NATIONAL GEOGRAPHIC PHOTOGRAPHY FIELD GUIDE ACTION & ADVENTURE
Text und Fotografien von Bill Hatcher

Veröffentlicht von der National Geographic Society, Washington, D.C., 2006. Alle Rechte vorbehalten

Veröffentlicht von der National Geographic Society

John M. Fahey, Jr.	*President and Chief Executive Officer*
Gilbert M. Grosvenor	*Chairman of the Board*
Nina D. Hoffman	*Executive Vice President; President, Books and Education Publishing*

Herausgegeben von der Buchredaktion

Kevin Mulroy	*Vice President and Publisher*
Kristin Hanneman	*Illustrations Director*
Marianne R. Koszorus	*Design Director*
Leah Bendavid-Val	*Director, Photography Books*

Mitarbeiter dieses Buches

Rebecca Lescaze	*Editor*
John C. Anderson	*Illustrations Editor*
Cinda Rose	*Art Director*
Kay Hankins	*Designer*
R. Gary Colbert	*Production Director*
Mike Horenstein	*Production Project Manager*
Rachel Sweeney, Teresa Neva Tate	*Illustrations Specialists*
Dana Chivvis	*Illustrations Assistant*
Connie D. Binder	*Indexer*

Herstellung und Qualitätskontrolle

Christopher A. Liedel	*Chief Financial Officer*
Phillip L. Schlosser	*Financial Analyst*
John T. Dunn	*Technical Director*
Chris M. Brown	*Manager*

Die National Geographic Society wurde 1888 gegründet, um »die geographischen Kenntnisse zu mehren und zu verbreiten«. Seither unterstützt sie die wissenschaftliche Forschung und informiert ihre mehr als neun Millionen Mitglieder in aller Welt.

Die National Geographic Society informiert durch Magazine, Bücher, Fernsehprogramme, Videos, Landkarten, Atlanten und moderne Lehrmittel. Außerdem vergibt sie Forschungsstipendien und organisiert den Wettbewerb *National Geographic Bee* sowie Workshops für Lehrer.

Die Gesellschaft finanziert sich durch Mitgliedsbeiträge und den Verkauf der Lehrmittel.

Die Mitglieder erhalten regelmäßig das offizielle Journal der Gesellschaft: das NATIONAL-GEOGRAPHIC-Magazin.

Falls Sie mehr über die National Geographic Society, ihre Lehrprogramme und Publikationen wissen wollen: Nutzen Sie die Website unter www.nationalgeographic.com.

Die Website von NATIONAL GEOGRAPHIC DEUTSCHLAND können Sie unter www.nationalgeographic.de besuchen.

Deutsche Ausgabe veröffentlicht von NATIONAL GEOGRAPHIC DEUTSCHLAND, G+J/RBA GmbH & Co KG, Hamburg 2006

Übersetzung: Marion Pausch
Titelgestaltung: Lutz Jahrmarkt
Satz: Typographischer Betrieb Walter Biering Hans Numberger

TITELFOTO: Unter der harten Nachmittagssonne entstand dieses von dynamischen Schatten geprägte Foto eines Radfahrers bei den Grand Falls, Arizona.

Koordination/Redaktion:
Carlo Lauer/CLP
Druck und Verarbeitung: Cayfosa

Printed in Spain
ISBN 3-937606-59-9